코딩은 처음이라

유동환 지음

with

자바

VS Code로
시작하는
자바 코딩

Coding

코딩은 처음이라
with
자바

ISBN : 978-89-314-6608-9

독자님의 의견을 받습니다.

이 책을 구입한 독자님은 영진닷컴의 가장 중요한 비평가이자 조언가입니다. 저희 책의 장점과 문제점이 무엇인지, 어떤 책이 출판되기를 바라는지, 책을 더욱 알차게 꾸밀 수 있는 아이디어가 있으면 팩스나 이메일, 또는 우편으로 연락주시기 바랍니다. 의견을 주실 때에는 책 제목 및 독자님의 성함과 연락처(전화번호나 이메일)을 꼭 남겨 주시기 바랍니다. 독자님의 의견에 대해 바로 답변을 드리고, 또 독자님의 의견을 다음 책에 충분히 반영하도록 늘 노력하겠습니다.

파본이나 잘못된 도서는 구입처에서 교환 및 환불해 드립니다.

이메일 : support@youngjin.com

주 소 : (우)08507 서울시 금천구 가산디지털1로 128 STX-V타워 4층 영진닷컴 기획1팀

등 록 : 2007. 4. 27. 제16-4189호

STAFF

저자 유동환 | **총괄** 김태경 | **기획** 김용기 | **표지디자인** 강민정 | **내지디자인 · 편집** 박지은
교정 · 교열 윤모린 | **영업** 박준용, 임용수, 김도현
마케팅 이승희, 김근주, 조민영, 채승희, 김민지, 임해나, 김도연, 이다은 | **제작** 황장협 | **인쇄** 제이엠

▶▶ 지은이의 글

필자가 자바를 배운 것은 대학교 2학년때인 1999년입니다. 당시 학교에서 가르쳐주지 않았기 때문에 다음 (DAUM)에 있는 온라인 커뮤니티인 자바 카페(JavaCafe)에서 첫 모임을 시작하였습니다. 그렇게 인연을 맺은 자바를 지금까지 현업에서 개발하고 있습니다.

자바 언어는 국내외에서 확실히 주류(main stream) 프로그래밍 언어가 되었고 안드로이드와 같은 모바일 분야에서부터 스프링(Spring) 프레임워크 기반의 쿠팡, 배민과 같은 대형 쇼핑몰에 이르기까지 다양한 분야에 활용되고 있습니다. 국내의 경우 자바 언어만 잘해도 취업 걱정은 하지 않는다는 얘기도 개발자들 사이에 심심치 않게 들을 수 있습니다.

자바는 1995년에 처음 나왔고 이제 만 26년이 되었습니다. 충분히 성숙한 플랫폼이고 최신 버전은 JDK 17(LTS 버전)입니다. 자바는 순수한 객체 지향 언어로서 초보자가 배우기 쉽지 않은 것도 사실입니다. 따라서 수많은 자바 기본서들이 나왔지만 여전히 새로운 자바 도서에 대한 수요가 있는 것도 사실입니다.

저는 현직 개발자로서 어떻게 하면 자바를 손쉽게 배울 수 있는지 고민하였습니다. 최대한 어려운 용어는 배제하고 배경지식을 최소한으로 하여 핵심적인 것을 익힌 후에는 다수의 실습 문제와 미니 프로젝트를 통해 자바에 대한 자신감을 얻을 수 있도록 구성하였습니다.

자바는 충분히 강력하고 유망한 언어입니다. 본서를 통해 자신감을 가지고 힘차게 객체 지향 언어를 정복할 수 있도록 최선을 다해 돕겠습니다. 감사합니다.

2021년 12월

유동환 드림 (책쓰는 프로그래머)

▶▶ 이 책의 특징

대상 독자

이 책은 자바 언어를 처음 접하는 독자를 대상으로 합니다. 만약 C나 파이썬 같은 기초 프로그래밍을 학습한 독자라면 1부 내용을 더욱 쉽게 이해할 수 있으나 필수적인 것은 아닙니다. VS Code도 처음 설치부터 다루기 때문에 사전에 알지 않아도 됩니다.

이 책의 구성

이 책은 크게 세 부분으로 구성되어 있습니다. Part1에서 Part4는 사전지식을 최소화하는 관점에서 대부분의 프로그래밍 언어의 공통적인 요소를 배우고 Part5에서 Part9는 자바 언어의 정수라고 할 수 있는 객체 지향 프로그래밍과 표준 API와 같은 자바 플랫폼의 전반적인 내용을 배웁니다. 마지막으로 공공 API를 호출하는 프로젝트를 만들면서 배운 내용을 총정리합니다. 틈틈이 혼자 정리하는 자바를 통해 실무에서 통하는 팁들을 제공합니다.

각 장의 주요 내용은 다음과 같습니다.

Part1 자바 입문

자바의 역사와 특징에 관해서 설명하고 VS Code 기반의 자바 개발 환경을 설치합니다. 자바를 왜 배워야 하는지에 대해서도 다루며 'Hello World!'를 직접 손코딩하고 실행해봅니다.

Part2 자바 언어 기본

자바 언어의 기본이 되는 변수와 기본 타입에서 배웁니다. 또한 각종 연산자와 데이터 입출력을 다루고 마지막으로 배열을 배웁니다.

Part3 제어문

프로그램 로직을 구성하는 기본 요소인 반복문(for, while, do while 문)과 분기문(if, switch 문)같은 제어문을 예제와 함께 배웁니다.

Part4 함수와 String 클래스

함수와 메서드의 개념을 통해 프로그램을 구조화하는 방법에 대해 배웁니다. 또한 int, double과 함께 가장 자주 사용하는 데이터 타입인 String 클래스에 대해 배웁니다. 객체 지향 프로그래밍을 배우기 위한 바로 문 앞에 있습니다.

Part5 객체지향 입문

객체 지향 프로그래밍(OOP)의 기본 개념인 클래스와 객체의 개념에 대해 배웁니다. 직접 클래스를 만들어보고 멤버 변수와 메서드를 만들어봅니다. 그 외 접근 제어자와 static 키워드와 객체의 표현력을 풍부하게 하는 메서드 오버로딩에 대해 다룹니다.

Part6 객체지향 핵심

객체 지향 프로그래밍의 좀더 깊은 곳을 배웁니다. 인터페이스와 상속과 같은 필수적인 개념과 조금 더 어려운 추상 클래스와 4가지 중첩 클래스의 사용법에 대해 배웁니다.

Part7 표준 API 활용

이미 잘 만들어진 기능들을 모아놓은 자바 표준 API들을 배웁니다. Date와 Calendar 클래스와 같은 시간 관련 클래스에서부터 난수 생성, 수학 기능 및 System 클래스 등도 차례로 다룹니다.

Part8 자료구조

자바는 강력한 기본 자료구조를 제공합니다. 자바 컬렉션 프레임워크(JCF)에서 제공하는 List, Map, Set 인터페이스와 그 구현 클래스들의 개념과 사용법을 다룹니다.

Part9 입출력과 예외 처리

표준 입출력과 파일 입출력과 같은 자바 입출력 클래스들을 배우며 CSV와 JSON과 같은 데이터 처리 방법도 배웁니다. 또한 프로그램의 실행 시 발생할 수 있는 다양한 예외를 다룰 수 있는 try, catch, finally 와 같은 문법 등을 배웁니다.

Part10 공공 API 활용 프로젝트

지금까지 배운 내용을 모두 활용할 수 있는 공공 API 활용 프로젝트를 다룹니다. 공공 데이터를 요청하고 XML 혹은 JSON으로 받아옵니다. 실무에서 활용할 수 있는 okhttp와 GSON같은 라이브러리를 활용하여 공공 데이터를 분석하여 원하는 결과를 출력합니다.

개발 환경

도구	버전
VS Code	1.60 이상
JDK	11 이상 (8도 실행 가능함)
운영체제	윈도우 10

예제 소스

각 장에 맞는 예제 코드를 이 책의 깃허브 저장소에서 받을 수 있으며 단독으로 실행 가능한 main() 함수를 포함하고 있습니다. 예제 파일명은 최대한 본문의 내용을 함축하는 이름으로 명명하였고 변수와 메서드 이름도 세심하게 작성하였습니다.

예제 다운로드: https://github.com/yudong80/coding-java

주제 별 구성

한 번으로 끝나는 것이 아니라 발전하는 예제들이 있습니다. 장이 넘어가면서 어떤 기능과 개념이 추가되는지 확인하기 바랍니다.

주제	예제 파일	비고
String 배열 예제	ArrayString.java	Part2
	ArrayStringExampleV2.java	Part3
피보나치 수열	FibonacciV1.java	Part3
	FibonacciV2.java	Part4
	FibonacciV3.java	Part4
	FibonacciV4.java	Part4
전기 요금 계산기	ElectricityBillV1.java	Part3
Continue 예제	EventOddNumbersV1.java	Part3
	EventOddNumbersV2.java	Part3
짝수 홀수 판별기	EventOddNumbersV1.java	Part4
	EventOddNumbersV2.java	Part4
MyStroage 프로젝트	MyStorageV1.java	Part4
	MyStroageV2.java	
클래스 개념 잡기 (Person 예제)	PersonExampleV1.java	Part5
	PersonExampleV2.java	
	PersonExampleV3.java	
	PersonExampleV4.java	
	PersonExampleV5.java	
객체지향 개념 잡기 (Car 예제)	CarExampleV1.java	Part5
	CarExampleV2.java	Part6
	CarExampleV3.java	
	CarExampleV4.java	
	CarExampleV5.java	
은행 계좌 예제	BankAccount.java	Part6
	SavingAccount.java	
	SavingAccountV2.java	
List 예제	ListExampleV1.java	Part8
	ListExampleV2.java	
Map 예제	MapExampleV1.java	PART8
	MapExampleV2.java	

시 입출력 예제	PoemWriterV1.java PoemWriterV2.java PoemWriterV3.java	PART9
공공 API 프로젝트 (라이브러리 적용전)	ApiExplorer.java ApiExplorerV2.java ApiExplorerV3.java ApiExplorerV4.java	Part10
공공 API 프로젝트 (OkHttp, GSON 적용)	OkPublicApi.java OkPublicApiV2.java	Part10

저자 동영상 강의

영진닷컴 유튜브 채널

(https://www.youtube.com/channel/UCi7L8rROh6lUePhwrWcCR8A)에서 저자의
동영상 강의를 제공합니다. QR코드를 통해 접속하시면 더 쉽게 확인할 수 있습니다.

코딩 플랫폼 문제 제공

온라인 코딩 교육 플랫폼 구름EDU(https://edu.goorm.io/)에서 '코딩은 처음이라 with 자바' 강의 수강
후 코딩 연습과 결과를 바로 확인해 볼 수 있습니다. 책의 내용을 완벽히 따라하려면 개인 PC에 프로그램
을 설치해서 진행하기를 권장합니다.

스터디 카페

네이버 카페(**개프로** – 개발자 되기 프로젝트) : https://cafe.naver.com/codingbeginner
개프로 카페에서 다양한 코딩 꿀팁과 스터디 정보를 빠르게 얻을 수 있습니다.

▶▶ 베타 리더

김기혁(직장인)

오랜만에 자바 입문서를 베타 리더로 참여하면서 프로그램의 가독성과 유지 보수성을 고려하며 하드 코딩을 지향하려는 것을 친절히 설명하고 있어 따라 하기 쉽게 되어있는 책입니다. 하나의 예제로 코드 내용을 이해시키기 위해 리팩터링 기법을 적용하여 함수와 다양한 API로 같은 결과를 사용자가 코드를 보고 쉽게 이해할 수 있도록 하는 예제들을 경험하면서 저자의 조언도 담고 있기 때문에 좋은 입문서라는 것을 체감하였습니다.

이재원(대학생)

이 책은 처음 프로그래밍을 배우는 사람이 독학으로 공부하기 충분한 속도로 구성되어 있습니다. 혼자 공부할 때 겪으면 난감한 오류에 대해서도 해결 방법까지 알려줍니다. 자바로 프로그래밍을 시작하고 싶은 사람에게 가장 적절하고, 타 언어 개발자에게도 충분히 참고할 수 있는 입문서입니다.

전공자에게도 자바는 익숙해지기 어려운 언어 중 하나입니다. 그러한 걱정을 해소하는 데에도 이 책이 큰 도움이 될 것입니다.

이준희(고등학생)

2년 전에 처음으로 유튜브를 통해 자바를 만나게 되었습니다. 그 당시에는 모든 게 낯설었는데 이 책이 있었다면 더 수월하게 배웠을 것 같습니다. 특히 입문자가 의문을 가질 수 있는 모든 부분을 매우 자세하게 설명해 주고 있습니다. 예를 들면 프로그래밍을 위한 특수 기호를 읽는 방식, 자바를 효과적으로 배우는 방법 등등. 또한 코딩을 아예 처음 접할 때 이해가 쉽지 않은 부분을 적절한 비유를 통해 입문자의 눈높이에 맞춰서 설명을 하고 있습니다. 대표적으로 데이터 타입을 수학 시간에 배운 일종의 "수의 종류"에 비유한 것이 매우 놀랐습니다. 이렇듯 처음 자바를 배우는 사람이라면 이 책으로 시작하는 것을 추천합니다.

김주찬(취업준비생)

자바를 바탕으로 객체지향 프로그래밍의 원리를 가장 친절하게 설명하는 책
디테일을 잘 살린 내용으로 초심자의 부담은 낮추고 집중력은 높여 코딩의 길로 이끌어 줍니다.

김대희(SK 11번가 백엔드 개발자)

자바는 여러 분야에서 다양하게 쓰입니다. 여전히 자바 생태계는 빠르게 발전하죠. 이 책은 기본적인 개념부터 시작하여 생소하게 다가올 전문 용어도 자세히 설명하여 인상 깊었습니다. 혼자 공부하는 자바 항목이 깊이를 더합니다. 〈코딩은 처음이라 with 자바〉는 자바를 처음 시작하는 분들에게 친절한 개념서이자 참고서로 다가올 겁니다. 기존에 자바를 알고 있었다면 스키마를 견고히 다질 좋은 교재입니다.

나상혁(LG전자 개발자)

소프트웨어 교육은 2015년부터 초등학교에서 필수화가 된 이후 현재는 SW 중심사회가 됐습니다. 데이터 홍수는 AI와 Bigdata로 발전을 낳았고 Security와 NFT, 로봇, 자율 주행으로 이어진 SW는 다양한 모습으로 우리 생활에 스며있고 지금도 끊임없이 진화하고 있습니다. 최근에는 코로나로 인해 그 속도가 더 가속화됐습니다. 그런 변화무쌍한 SW시대 중심에서 우리는 논리적인 사고를 입증하고 정형화하며 제품으로 발전해나가기 위한 도구가 필요합니다. SW중심사회의 도구는 바로 SW프로그래밍 언어이며 자유롭게 이용할 수 있는 언어 1개는 필수 교양이 됐습니다.

프로그래밍 언어를 처음 접하신 분, 그리고 아직 메인 프로그래밍 언어를 마련하고 싶으신 분이라면 본 교재가 분명한 기회와 도움이 될 것 임을 확신합니다. 교재는 독자가 언어에 집중하도록 주제에 충실한 예제를 중심으로 준비했으며, 즐겁게 마주할 수 있게 곳곳에 개발 노트와 트렌드를 소개하여 보다 실생활과 맞닿은 SW 현실세계를 소개합니다. 화면에 출력하는 단순한 예제 프로그램이지만 조급함을 버리고 차근차근 교재를 따라가시다 보면 개발자가 자주 사용하는 VS Code와 Github도 익숙해지실 것입니다. 그런 저자의 섬세함과 진심 어린 조언은 교재 곳곳에서 확인 할 수 있습니다.

자바는 배우기 쉬우면서 동시에 다양한 서버/단말 분야에서 널리 사용되고 있는 '잘 알려진' 언어입니다. 더불어 2014년 이후로 함수형 언어 문법이 통합되고 고급화된 기법들을 탑재하면서 기술 역량 스펙트럼이 상당한 언어로 진화하고 있습니다. 이렇듯 현재도 꾸준히 변화하면서 살아 움직이는 언어입니다. 본 교재를 통해 접하실 자바는 미래에 무한한 분야로 확장할 수 있고, 상당한 도전의 기회와 깊이 있는 역량을 쌓을 수 있는 발판이 될 것입니다.

본 도서를 통해 여러분의 희망과 꿈에 더 빠르게 다가갈 수 있길 응원합니다.

▶▶ 목차

1 PART

자바
입문

이 장의 내용

- 자바 소개
- VS Code 설치
- HelloWorld 자바 프로젝트 생성
- HelloWorld.java 코딩
- 자바를 공부하는 방법

1 자바 입문

이번 장에서는 자바 언어의 역사와 특징을 알아보며, 자바 개발 환경을 설치합니다. 특히 최신 개발 환경인 VS Code를 설치하고 자바 관련 확장들을 설치합니다. 마지막으로 첫 번째 프로그램을 작성하고 실행해봅니다.

1. 자바 소개

자바는 1995년에 썬 마이크로 시스템즈(Sun Microsystems, Inc) 의 제임스 고슬링(James Gosling)이 발표한 프로그래밍 언어입니다. 당시 주류 언어는 C/C++이었지만 좀 더 순수한 객체 지향 언어라는 특징이 있습니다. 대표적으로 C언어에 있는 포인터(Pointer)를 제거하고 자바 가상 머신(Java Virtual Machine; 이하 JVM)을 도입함으로써 "한 번 작성하면 어디서든 실행한다"라는 Write Once Run Anywhere(WORA) 개념이 개발자들 사이에서 많은 인기를 누렸습니다.

2020년은 자바 25주년으로 매우 뜻 깊은 의미가 있습니다[1]. 당시 내장형 기기(Embeded Systems)에 사용하려고 만들었던 언어가 이제 안드로이드 모바일 분야에서 스프링 프레임워크로 유명한 엔터프라이즈 웹 응용 프로그램 분야에 이르기까지 산업 전반에서 그 역할을 다하고 있기 때문입니다.

자바 언어는 세계적으로 인기 있는 프로그래밍 언어입니다. go.java 사이트에 따르면 전 세계에서 5백만 명 이상의 학생들이 자바를 학습하고 있으며 1200만 명의 자바 실무 개발자가 활동하고 있습니다. 또한 전 세계 1등 프로그래밍 언어이며 클라우드 환경에서도 널리 쓰이고 있습니다.

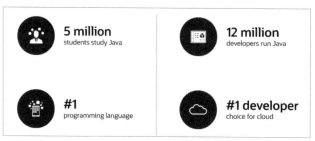

[그림 1-1] 자바 언어의 위상 (출처: https://go.java/)

---

1   https://zdnet.co.kr/view/?no=20200617122420

전 세계 프로그래밍 언어의 인기를 보여주는 TIOBE Index 2021(2021년 9월자 최신)에 따르면 자바는 C 언어, 파이썬에 이어 전체 3위입니다. 앞서 2020년의 같은 기간엔 2위였음을 보면 여전히 전 세계에서 가장 널리 사용되는 주류 프로그래밍 언어입니다. 다음은 1위에서 5위까지의 순위입니다.

Nov 2021	Nov 2020	Change	Programming Language	Ratings	Change
1	2	^	Python	11.77%	-0.35%
2	1	v	C	10.72%	-5.49%
3	3		Java	10.72%	-0.96%
4	4		C++	8.28%	+0.69%
5	5		C#	6.06%	+1.39%

[그림 1-2] 전 세계 프로그래밍 인기 순위 (TIOBE Index - 2021년 9월자 최신)

자바는 그 자체로 플랫폼을 이루고 있습니다. 이 책에서 다루는 자바 플랫폼은 Java SE(Standard Edition) 로 데스크탑 응용 프로그램을 개발하거나 웹 응용 프로그램을 작성할 수 있습니다. 그 외에도 Java EE (Enterprise Edition)와 Java ME(Micro Edition) 등이 있습니다.

자바 소스 코드는 .java 파일로 저장됩니다. 자바 소스 코드를 실행하기 위해서는 자바 컴파일러(Java Compiler)를 실행하여 .class 파일로 컴파일합니다. 컴파일된 클래스 파일(.class)은 자바 가상 머신에서 실행할 수 있습니다. 기존의 C/C++과 다른 점은 한 번 컴파일된 클래스 파일은 윈도우, 리눅스 와 맥OS 등에서 재컴파일하지 않아도 바로 실행할 수 있다는 점입니다. 보통 어떤 OS에 잘 동작하는 프로그램을 다른 OS에서 실행할 때 이식한다(porting)고 하며, 이식하는 데 노력이 만만치 않게 들거나 경우에 따라 불가능한 경우도 있습니다. 하지만 자바는 이러한 걱정을 할 필요 없이 해당 OS에 맞는 JVM만 설치되어 있으면 바로 실행 가능합니다.

앞으로 다음 내용만 기억하시면 됩니다.
❶ 자바 소스 코드는 .java 파일로 저장된다.
❷ 자바 소스 파일을 컴파일하면 .class 파일이 생성된다.
❸ 자바 가상 머신은 컴파일된 클래스 파일(.class)을 실행한다.

2. 개발 환경 설치

2.1 VS Code 설치

VS Code는 마이크로소프트(이하 MS)에서 만든 통합 개발 환경(IDE)으로 자바뿐만 아니라 파이썬

(Python) 및 C/C++과 같은 다양한 언어를 개발할 수 있습니다. [2] 그동안 무료 자바 개발 환경으로 이클립스(Eclipse) 혹은 인텔리제이(IntelliJ IDEA) 커뮤니티 에디션(Community Edition) 등이 유명했지만 이제는 VS Code가 가벼우면서도 확장(Extensions)을 통한 풍부한 기능을 제공합니다.

먼저 다음 사이트에서 플랫폼에 맞는 VS Code를 다운로드합니다. 현재 최신 버전은 1.63입니다.

https://code.visualstudio.com/download

현재 윈도우, 리눅스와 맥OS를 지원합니다. 이 책에서는 윈도우를 기반으로 합니다.

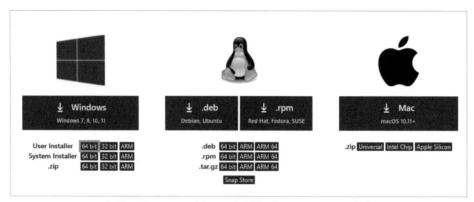

[그림 1-3] VS Code 다운로드 하기 (윈도우즈 User Installer 선택)

윈도우의 경우 윈도우 버전의 User Installer(64bit)을 선택하고 다운로드합니다. 다운로드받은 실행 파일을 클릭하여 실행합니다.

---

2   필자도 현재 VS Code를 이용해 자바, 파이썬, C++로 현업 개발하고 있습니다.

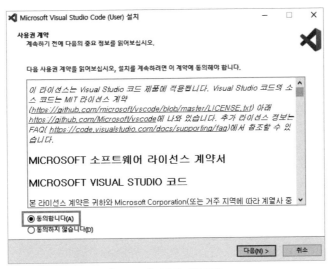

[그림 1-4] 사용권 계약 동의

사용권 계약을 동의하고 다음(N) 버튼을 누릅니다. 다음은 설치 위치를 선택합니다.

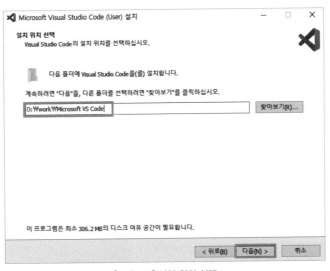

[그림 1-5] 설치 위치 선택

설치 위치를 지정한 후 다음(N) 버튼을 누릅니다. 이 책에서는 D:₩work₩Microsoft VS Code 폴더를 설치 위치로 지정했습니다.

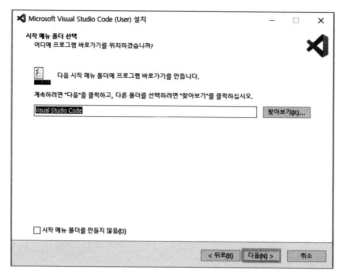
[그림 1-6] 시작 메뉴 폴더 선택 화면

시작 메뉴 폴더 선택 화면으로 이동합니다.

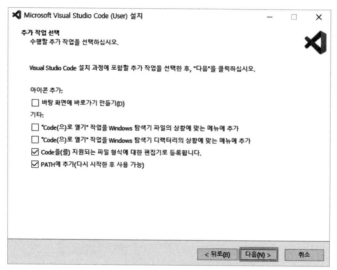
[그림 1-7] 추가 작업 선택 화면

다음은 추가 작업 선택 화면으로 바로 다음(N) 버튼을 누릅니다.

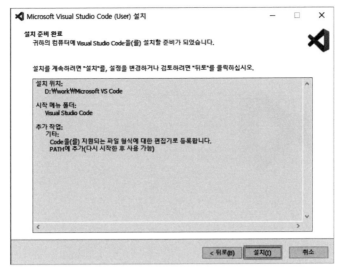

[그림 1-8] 설치 준비 완료 화면

설치 준비 완료 화면에서 설치(I) 버튼을 누릅니다.

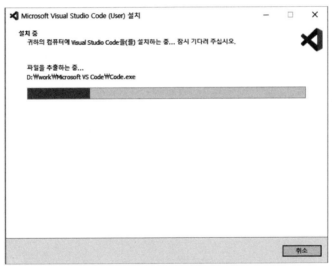

[그림 1-9] 설치 진행 중

설치가 진행 중입니다.

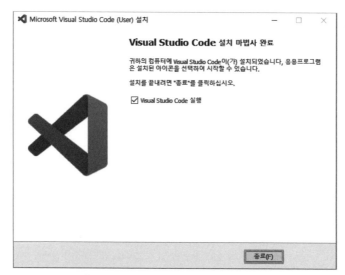

[그림 1-10] VS Code 설치 마법사 완료 화면

설치 마법사 완료 화면에서 종료(F) 버튼을 누릅니다.

[그림 1-11] VS Code 첫 실행 화면

[그림 1-11]과 같이 VS Code가 실행됩니다.

2.2 Coding Pack for Java 설치

VS Code에서 자바 코딩을 하기 위해서는 자바 확장 프로그램을 설치해야 합니다. 다음 사이트로 이동합니다.

https://code.visualstudio.com/docs/languages/java

[그림 1-12] Coding Pack for Java 다운로드

Install the Coding Pack for Java – Windows 버튼을 누르면 설치 파일이 다운로드됩니다. 다운로드 후 파일을 실행합니다. 반드시 사전에 VS Code가 설치된 상태여야 합니다.

[그림 1-13] Coding Pack for Java 설치 화면

라이선스에 동의하고 Next 버튼을 누릅니다.

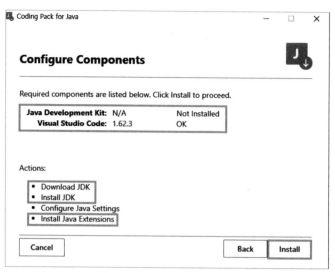

[그림 1-14] 컴포넌트 설정 화면

컴포넌트 설정 화면은 크게 두 부분으로 나뉩니다. 위 부분은 Coding Pack for Java를 설치하기 위한 사전 조건을 확인합니다. 자바 개발자 키트(Java Development Kit; 이하 JDK)은 미설치 상태(N/A)이며 VS Code 는 1.62.3 버전이 설치되어 있습니다.

아래 부분은 Coding Pack for Java 설치의 세부 사항입니다. 먼저 JDK를 다운로드하여 설치합니다. 자바 관련 내용을 설정하고 마지막으로 자바 확장(Java Extensions)을 설치합니다. Install 버튼을 누릅니다.

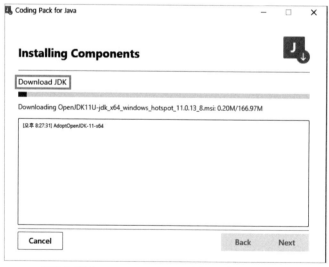

[그림 1-15] Coding Pack for Java 설치 화면 (JDK 다운로드)

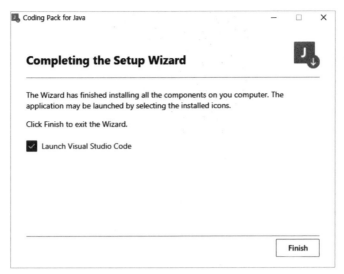

[그림 1-16] Coding Pack for Java 설치 완료

설치가 완료되면 [그림 1-16]과 같은 화면으로 이동합니다. 설치 완료 화면이 나오면 Finish 버튼을 누릅니다. VS Code가 새로 실행됩니다. 앞서 마지막에 자바 확장을 설치했는데, 실제로 어떤 확장들이 설치되었는지 확인합니다.

[그림 1-17] 좌측 확장 메뉴

좌측의 확장 메뉴 버튼을 눌러 확장 메뉴로 이동합니다.

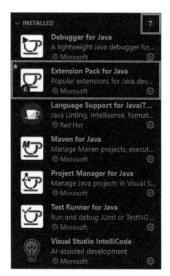

[그림 1-18] 설치된 자바 확장들 (총 7개)

[그림 1-18]과 같이 설치된 자바 확장들을 확인할 수 있습니다.

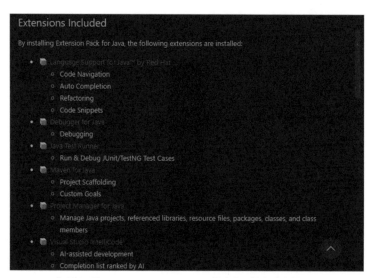

[그림 1-19] Extension Pack for Java 확장에 포함된 자바 확장들

총 7개의 확장들이 있지만 결국은 Extension Pack for Java가 중심입니다. Extension Pack for Java를 클릭합니다. Extensions Included 항목을 보면 나머지 6개 확장을 포함하고 있음을 알 수 있습니다.

2.3 VS Code 메뉴 설명

이번 절에서는 VS Code의 각 메뉴들에 대해서 설명합니다.

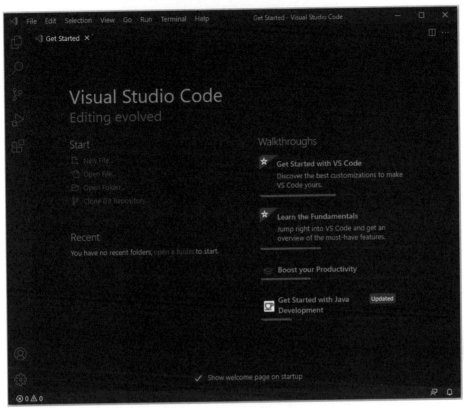

[그림 1-20] VS Code 첫 실행화면

[그림 1-20]은 VS Code의 첫 실행화면입니다. 상단에는 File, Edit, Selection 과 같은 일반 메뉴가 있고 좌측에는 탐색(Explorer), 검색(Search), 소스 제어(Source Control), 확장(Extensions) 등의 버튼이 있습니다. 상단 메뉴에서는 File과 Edit 메뉴가 대표적입니다.

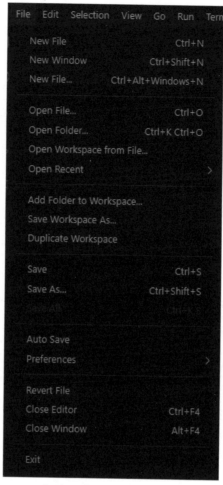

[그림 1-21] VS Code의 File 메뉴

New File 메뉴는 새로운 텍스트 파일 혹은 자바(.java) 파일 등을 생성할 수 있습니다. New Window 메뉴는 새로운 VS Code 창을 띄웁니다. VS Code는 특정 폴더(혹은 프로젝트 폴더)를 중심으로 하나의 창(Window)을 구성합니다. 새로운 자바 프로젝트를 만들면 새로운 창을 띄워야 합니다.

Open File 메뉴는 프로젝트 폴더 혹은 내가 원하는 개별 파일을 열 수 있습니다. Open Folder 메뉴는 현재 창의 최상위 폴더를 변경합니다. 만약 처음 VS Code를 실행시킨 상태에서 Open Folder 메뉴를 실행하여 내가 원하는 프로젝트로 이동할 수 있습니다.

Save와 Save As... 메뉴는 열린 파일을 저장하는 기능입니다. Close Window 메뉴를 실행하면 현재 창이 종료됩니다. 다수의 VS Code 창이 띄워진 상태에서는 Exit 메뉴를 선택하면 열린 모든 창이 종료됩니다.

[그림 1-22] VS Code의 Edit 메뉴

[그림 1-22]는 Edit 메뉴입니다. Undo, Redo, Cut, Copy와 Paste 메뉴는 일반적인 메모장의 기능과 동일합니다. 각각 실행 취소, 다시 실행, 자르기, 복사하기와 붙여넣기 기능입니다. Find와 Replace 메뉴도 문자열 찾기와 바꾸기 기능과 같습니다.

VS Code에서는 Find in Files 기능이 유용합니다. 프로젝트 전체에서 원하는 문자열 혹은 파일 등을 찾는 기능으로 좌측 메뉴에도 같은 기능을 제공합니다.

다음은 VS Code로 코딩할 때 자주 쓰는 기능을 모아놓은 화면 좌측에 있는 액티비티 바(Activity Bar) 입니다.

[그림 1-23] 액티비티 바(Activity Bar)

첫 번째는 탐색(Explorer) 버튼으로 VS Code 창에서 Open Folder 메뉴로 프로젝트 폴더를 지정하면 그 하위의 파일들을 표시합니다. 예를 들어 예제 깃의 ch01_HelloWorld 프로젝트를 열어봅니다. VS Code

창의 Get Started 페이지에 있는 Open Folder... 링크를 클릭합니다. 만약 Get Started 페이지가 보이지 않는 경우 File > Open Folder.. 메뉴를 실행해도 됩니다.

[그림 1-24] Open Folder.. 버튼

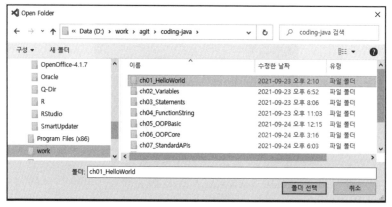

[그림 1-25] ch01_HelloWorld 폴더 선택 (D:₩work₩agit₩coding-java 폴더 기준)

그 다음 예제 깃의 ch01_HelloWorld 폴더를 선택합니다. 예를 들어 D:₩work₩agit₩coding-java 에 예제 깃을 다운로드 한 경우 다음과 같이 선택하고 [폴더 선택] 버튼을 누릅니다.

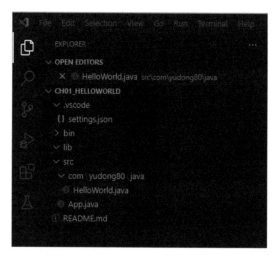

[그림 1-26] ch01_HelloWorld 폴더의 탐색 패널

[그림 1-26]과 같이 탐색 패널이 표시됩니다.

OPEN EDITORS 는 열려 있는 파일의 목록을 표시합니다. CH01_HELLOWORLD 하위에는 ch01_HelloWorld 폴더 하위에 있는 폴더와 파일들이 표시됩니다.

3. HelloWorld 프로젝트 생성

첫 번째 프로그램을 만들기 위해서는 자바 프로젝트를 생성해야 합니다. 첫 프로젝트를 생성합니다. 프로젝트의 이름은 HelloWorld입니다.

[그림 1-20] Welcome 화면의 Open a Folder 링크

VS Code를 실행한 후에 Get started에 있는 Open a Folder... 링크를 누릅니다.

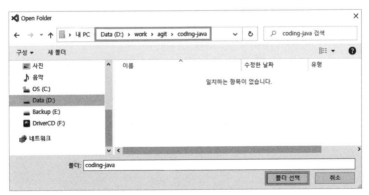

[그림 1-21] coding-java 폴더 선택 (예 – D:₩work₩agit₩coding-java)

본 책에서는 D:₩work₩agit₩coding-java 폴더를 기준으로 합니다.

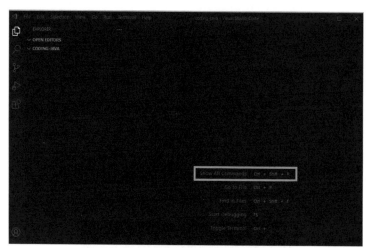

[그림 1-22] 작업 폴더로 이동

폴더 선택 버튼을 누르면 [그림 1-22]과 같이 작업 폴더로 이동합니다. 여기에서 자바 프로젝트 생성을 위해 Show All Commands 명령(단축키 F1 혹은 Ctrl + Shift + P)을 실행합니다. 이 명령은 다양한 목적으로 쓰이게 되니 단축키를 꼭 외워두세요.

·주의· 만약 Coding Pack for Java가 설치되어 있지 않다면 이 명령은 표시되지 않습니다.

[그림 1-23] Java: Create Java Project... 선택

명령 창에서 Java: Create Java Project…를 선택하세요.

[그림 1-24] No build tools 선택

그다음 빌드 도구(Build tools)에서 No build tools를 선택합니다.

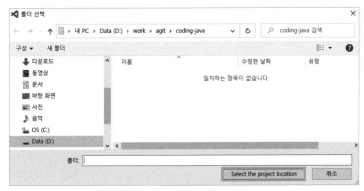

[그림 1-25] 프로젝트 위치 설정

이제 프로젝트 위치를 설정합니다.

[그림 1-26] 프로젝트 이름 입력

[그림 1-26]과 같이 프로젝트 이름을 입력합니다. 프로젝트 이름은 "ch01_HelloWorld"로 합니다.

[그림 1-27] ch01_HelloWorld 프로젝트

[그림1-27] 같이 첫 자바 프로젝트가 생성되었습니다.

settings.json 파일은 자바 프로젝트에 필요한 기본적인 설정들과 빌드 및 실행과 같은 태스크(tasks)들을 정의합니다. 확장자인 json에서도 알 수 있지만 내용은 JSON 방식으로 저장합니다. JSON에 대해서는 Part9에서 자세히 다룹니다.

파일 ch01_HelloWorld/.vscode/settings.json

```
{
    "java.project.sourcePaths": ["src"],
    "java.project.outputPath": "bin"
}
```

java.project.sourcePaths 는 자바 소스 코드의 폴더를 지정하며 현재 src 폴더를 의미합니다. [](대괄호)는 배열을 의미하며 src 폴더 외에도 추가적으로 소스 코드 폴더를 지정할 수 있습니다. java.project.outputPath는 컴파일한 클래스 파일들을 위한 폴더를 의미합니다. bin은 이진 파일(binary files)을 의미합니다.

4. 첫 자바 코딩

자바 소스 폴더인 src 폴더에 있는 App.java 파일을 엽니다.

파일 ch01_HelloWorld/src/App.java

```
public class App {
    public static void main(String[] args) throws Exception {
        System.out.println("Hello, World!");
    }
}
```

이 파일을 컴파일하여 실행해봅니다.

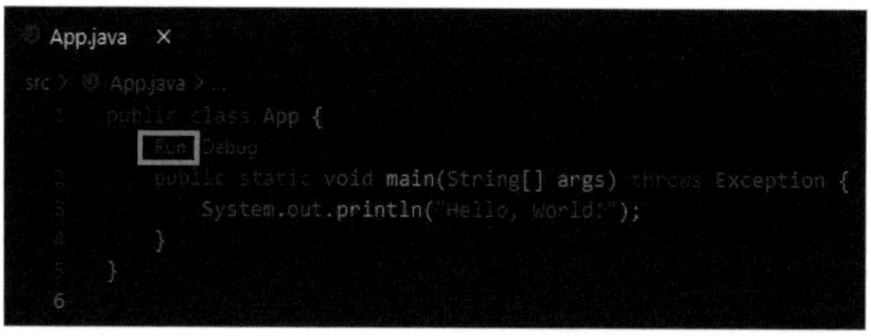

[그림 1-28] App.java 의 실행

Run 버튼을 누르면 App.java 파일이 컴파일되어 실행됩니다.

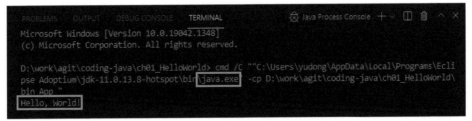

[그림 1-29] App.java 의 실행 결과

예상대로 Hello, World! 라는 문자열이 출력되었습니다.

첫 코딩을 시작해봅니다. 다음과 같이 그대로 손코딩을 해봅니다. 사실 손코딩은 콩글리시지만 개발자들 사이에서 빈번하게 쓰이는 용어입니다.

◀ 혼자 정리하는 자바 ▶

손코딩을 권합니다

손과 코딩의 합성어입니다. 책에 있는 예제를 직접 따라서 적어보는 행위를 의미합니다. 좋은 프로그래머가 되려면 좋은 코드를 많이 작성해봐야 합니다. 본인의 생각대로 코딩하는 것이 필수지만 다른 사람이 작성한 코드를 그대로 입력해보는 것도 자바 공부에 많은 도움이 됩니다.

취업 면접 시에도 손코딩을 시켜보는 경우가 종종 있습니다. 예를 들어 자바로 큐(Queue)나 스택(Stack) 같은 간단한 자료구조 문제를 키보드가 아닌 종이와 펜으로 어떻게 구현하는지 시험하기도 합니다. 필자도 예전에 다른 회사 면접을 볼 때 해봤던 기억이 있네요.

좌측 탐색 창의 폴더 추가 버튼을 눌러 com 폴더를 만든 후 하위 폴더로 yudong80 폴더를, 그리고 그 yudong80의 하위 폴더인 java 폴더를 차례로 만듭니다. 생성된 폴더 구조는 다음과 같습니다.

```
src
└ com
    └ yudong80
        └ java
```

[그림 1-30] 폴더 추가 버튼

java 폴더에서 파일 추가 버튼 을 눌러 HelloWorld.java 파일을 생성합니다. 책의 예제 코드는 github(이하 깃헙)에 공개되어 있습니다. 깃헙에 있는 코드는 다음과 같이 패키지를 포함하고 있습니다.

파일 ch01_HelloWorld/src/com/yudong80/java/HelloWorld.java

```java
package com.yudong80.java;

public class HelloWorld {
    public static void main(String[] args) {
        System.out.println("Hello World!");
    }
}
```

이번 장에서는 손코딩을 해봅니다.

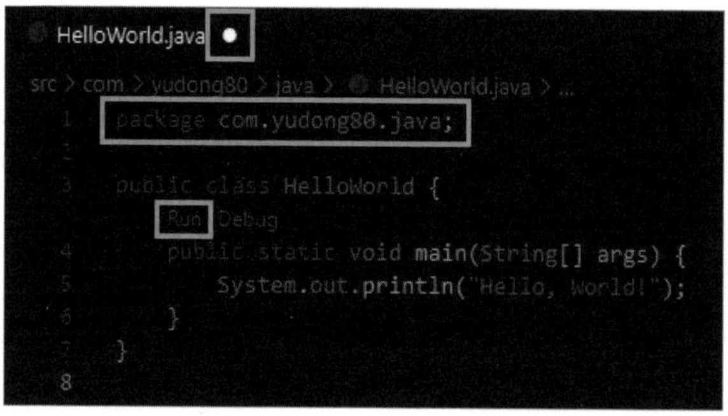

[그림 1-31] HelloWorld 파일 손코딩 결과

[그림 1-31]을 보면 HelloWorld.java라는 파일명이 표시된 것을 알 수 있으며, 파일명 우측에 점(●)이 보입니다. 이는 아직 저장되지 않은 내용이 있다는 뜻으로 Ctrl + S를 눌러 저장을 하면 점이 사라집니다.

코딩 완료 후 같은 방식으로 Run 버튼을 누릅니다. 실행 결과는 VS Code 하단의 Terminal에 표시되며 다음과 같습니다.

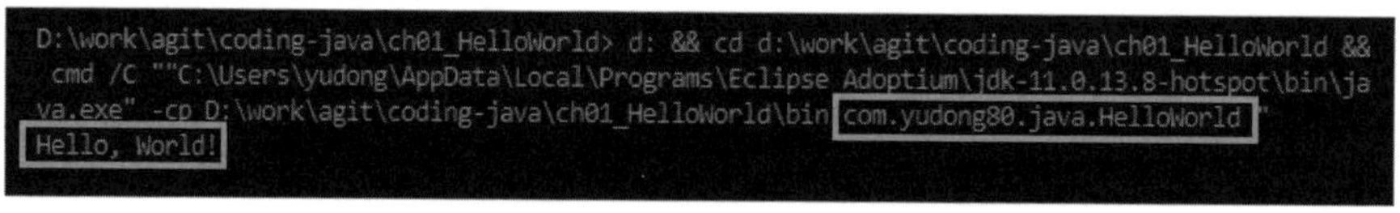

[그림 1-32] HelloWorld 프로젝트 실행 결과

App.java의 실행과 다른 점은 이때는 com.yudong80.java라는 패키지가 적용되었다는 점입니다. 자바 패키지에 대해서는 다음 절에서 다룹니다.

5. HelloWorld 소스 분석

HelloWorld 클래스의 내용은 매우 단순합니다. 그 기능에 대해 논할 필요 없이 단순히 콘솔(Console) 혹은 터미널에 "Hello World!"라는 문자열을 출력합니다.

단순히 문자열을 출력하려면 C 언어처럼 main( ) 함수에서 println( ) 함수만 호출하면 될 것 같은데 왜 이렇게 복잡할까요?

예를 들어 동일한 내용을 파이썬 언어로 코딩하면 한 줄이면 끝납니다. [3]

```
>>> print('Hello, world!')
Hello, world!
>>>
```

[그림 1-33] 파이썬 언어에서 print( ) 예제

그 이유는 자바 언어가 다음과 같은 규칙이 있기 때문입니다.

```
package com.yudong80.java; ①


public class HelloWorld { ②
    public static void main(String[] args) { ③
        System.out.println("HelloWorld!"); ④
    }
}
```

❶ 패키지를 선언한 경우 해당 폴더 위치에 있을 것. 예를 들어 HelloWorld.java 파일은 com.yudong80.
java 패키지에 있으므로 그 파일은 실제로 src 폴더 하위인 com/yudong80/java 폴더에 있어야 합니다. 실행할 때도 마찬가지로 경로를 com.yudong80.java.HelloWorld로 지정해 주어야 합니다.
❷ 자바 파일의 이름은 public class의 이름과 동일할 것: 즉, HelloWorld.java 파일을 만들게 되면 그 안에는 public class HelloWorld 가 반드시 포함되어야 합니다.
❸ main( ) 함수는 특정 클래스에 포함되어야 하며 public static void 형을 가질 것
즉, main( ) 함수는 단독으로 존재할 수 없으며 public class에 속해야 합니다.
❹ println( ) 함수는 System 클래스 내부의 정적 클래스(static class)인 out에 포함되어 있으며 println( ) 함수(더 정확히는 메서드라고 표현하며 메서드에 대해서는 Part5에서 배웁니다)는 파이썬 [4]

---

3 https://dojang.io/mod/page/view.php?id=2156
4 파이썬도 무조건 그냥 사용할 수 있는 것이 아니고 내장 라이브러리가 암묵적으로 포함되어 있기 때문에 별도 조건 없이 print( ) 함수를 호출할 수 있는 것입니다.

처럼 바로 호출할 수 없으며 반드시 System.out을 통해 호출합니다.

우리가 구현하고 싶은 기능은 문자열을 출력하는 것이지만 기본적인 자바 언어의 문법을 지켜야 합니다. 외울 필요는 없으며 원리만 알면 자연스럽게 사용할 수 있습니다.

아직은 자바 언어에 대한 기본 규칙을 좀 더 배워야 합니다. 영어의 주어, 동사, 목적어 등을 배운다고 생각하시면 됩니다.

6. 자바 효과적으로 배우기

자바 프로그래밍을 공부하는 데 도움이 될 만한 몇 가지 팁을 알아봅니다. 비단 자바 언어뿐만 아니라 다른 프로그래밍 언어를 배울 때도 활용 가능합니다.

첫 번째, 손코딩의 중요성입니다. 코딩을 할 때 개념을 머리로 이해하고 코드를 보는 것도 좋지만 이해가 되지 않더라도 손으로 먼저 예제 코드를 코딩해보고, 오류를 수정하고 결과를 직접 실행하여 확인하는 것이 더 중요합니다.

예제 코드를 그대로 따라 코딩할 때 한 번에 실행되지 않는 경우가 종종 있습니다. 똑같이 했는데 안 되는 것 같지만 집중해서 비교해보면 무언가 정답과는 다른 점이 보일 것입니다. 처음에는 종종 겪는 일이며, 시행착오를 줄여간다는 것이 중요합니다.

두 번째, 만들고 싶은 것을 생각하세요. 이 책에는 다양한 예제와 미니 프로젝트, 그리고 공공 API를 활용한 프로젝트가 제공됩니다. 필자도 이 책을 구성할 때 다양한 아이디어를 낸 만큼 독자인 여러분도 자바를 학습하면서 "나는 무엇을 만들고 싶은가?"를 생각해보시기 바랍니다. 그래야 빠르게 자바를 배울 수 있습니다.

세 번째, 제공되는 예제를 조금씩 바꿔보며 결과를 예상해보세요. 특히 자바가 여러분이 배우는 첫 번째 언어라면 예제를 그대로 받아들이기보다 조금씩 바꿔보면서 내가 잘 이해하고 있는지 도전해보세요.

네 번째, 문제가 생기면 구글에 검색하는 것을 두려워하지 마세요. 제공되는 예제를 그대로 따라 하되 틈틈이 같은 개념을 다른 문서에서는 어떻게 설명하는지 비교해보는 것도 큰 도움이 됩니다. 마치 다양한 비타민을 섭취하는 것과 같은 이치입니다. 검색도 반복하다 보면 원하는 답을 더 쉽게 찾을 수 있습니다.

프로그래밍을 위한 특수 기호는 어떻게 읽을까?

다음의 특수 기호는 원어로 알고 계셨으면 좋겠습니다. 검색할 때 큰 도움이 됩니다. 그 외 특수 기호는 https://codedragon.tistory.com/2052 문서를 참고하세요.

애스터리스크(Asterisk) : *

대시(Dash) : −

언더스코어(Underscore, Underline) : _

브레이스(Brace) : {}

앰퍼샌드(Ampersand) : &

익스클라메이션 포인트(Exclamation Point) : !

이번 장의 마무리

지금까지 자바 개발 환경인 VSCode와 Coding Pack for Java 확장을 설치한 후 첫 자바 프로젝트를 생성하였습니다. ch01_HelloWorld 프로젝트에는 HelloWorld.java 파일이 있으며 이것을 실행하여 "Hello World!"라는 문구를 출력해 보았습니다. 다음 장에서는 자바 언어의 기본 요소인 변수와 데이터 타입 등에 대해 알아봅니다.

연습 문제

01 자바는 1995년 썬 마이크로시스템즈에서 개발한 [   ] 프로그래밍 언어입니다.

02 자바 언어의 특징은 "한 번 작성하면 어디서든 실행할 수 있다"를 의미하는 WORA(Write Once Run Anywhere)에 있습니다. WORA를 가능하게 하는 자바 실행 환경을 무엇이라고 부를까요?

03 어떤 자바 프로그램을 실행하려면 반드시 [ ] 함수가 존재해야 합니다. 이 함수의 이름은 무엇일까요?

① begin( )   ② main( )   ③ master( )   ④ run( )

04 자바 소스 코드는 확장자 .java 파일로 저장됩니다. 그리고 실행을 하려면 이 파일을 확장자 .class 파일로 변환해야 합니다. 이 과정은 무엇일까요?

① 편집   ② 로딩   ③ 확인   ④ 컴파일

05 VS Code는 마이크로소프트에서 만든 통합 개발 환경(IDE) 입니다. VS Code에서 제공하는 기능이 아닌 것은 무엇일까요?

① 소스 코드 편집   ② 자바 코드 컴파일   ③ 소스 코드 비교   ④ 파이썬 코드 실행

06 VS Code는 자바뿐만 아니라 C/C++, 파이썬 등의 언어도 코딩 및 실행할 수 있습니다. 이렇게 다양한 기능을 설치/제거할 수 있는 기능 단위를 VS Code에서는 무엇이라고 부를까요?

① 플러그인   ② 확장   ③ 소켓   ④ 라이브러리

memo

PART 2

자바
언어 기본

이 장의 내용

- 변수와 상수
- 기본 타입
- 각종 연산자(산술, 대입, 비교, 논리, 비트 연산자)
- 데이터의 입력과 출력
- 배열

2 자바 언어 기본

이번 장에서는 프로그램의 기본이 되는 변수, 상수와 자바의 기본 데이터 타입에 대해서 알아봅니다. 또한 변수를 다루는 각종 연산자(operators)들에 대해서도 알아봅니다.

1. 변수와 상수

자바 언어의 기본은 변수입니다. 변수를 통해 프로그래머는 필요한 값을 메모리에 할당합니다. 그리고 변수를 사용하여 원하는 계산을 하고 그 결과를 저장합니다.

변수의 기본 사용법은 다음과 같습니다.

파일 ch02_Variables/src/com/yudong80/java/ch02/VariableBasic.java

```java
package com.yudong80.java.ch02;

public class VariableBasic {
    public static void main(String[] args) {
        //1. 변수 선언
        int studentNum;
        String name;
        double gradeJava;
        double gradeC;
        double avg;

        //2. 변수 정의(초기화)
        studentNum = 500;
        name = "Dong Hwan Yu";
        gradeJava = 4.0;
        gradeC = 3.8;
```

```
                avg = 0;

                //3. 연산 (재정의)
                avg = (gradeJava + gradeC) / 2;
                name = "Yu, DongHwan";
                studentNum = 600;
        }
}
```

변수를 사용하기 위해서는 먼저 변수를 선언해야 합니다. 변수를 선언하는 형식은 다음과 같습니다.

[데이터 타입] [변수 이름]
```
int studentNum;
String name;
```

프로그램에서 변경될 수 있는 부분을 변수로 선언하고 이름을 짓는다는 사실을 배웠습니다. 그렇다면 데이터 타입이란 무엇일까요? 데이터 타입은 수학 시간에 배운 일종의 "수의 종류"라고 생각하면 이해하기 쉽습니다.

예를 들어 우리는 수학 시간에 다음과 같은 수들을 배웠습니다.

❶ 자연수
❷ 정수
❸ 유리수
❹ 실수
❺ 허수

왜 이러한 수의 종류를 구별하고 배울까요? 그것은 데이터의 종류에 따라 연산의 종류가 달라지기 때문입니다. 현재는 변수의 선언에 대해 배우고 있기 때문에 여기까지만 이해하셔도 됩니다.

다음은 변수의 초기화입니다. 다른 말로 변수를 정의한다고도 합니다. 현재는 데이터 타입과 이름만 있기 때문에 쓰임새를 알 수 없습니다.

다음 예에서는 학생 번호(studentNum) 변수는 500으로, 이름(name) 변수는 "Dong Hwan Yu"로, 자바 학점(gradeJava) 변수는 4.0으로, C언어 학점(gradeC) 변수는 3.8로, 마지막으로 평점(avg) 변수는 0으로 정의하였습니다.

변수를 사용한 연산입니다. 문자열 변수의 경우 계산이란 말이 다소 어색할 수 있으나 연산을 통해 문자열의 일부를 줄이거나 다른 문자열을 할당할 수 있으므로 같은 의미입니다. 또한 새로운 값을 할당하므로 재정의한다고 볼 수도 있습니다.

다음 예에서는 변수의 선언과 정의를 한 번에 실행합니다. 코드를 보세요.

파일 ch02_Variables/src/com/yudong80/java/ch02/VariableUsage.java

```java
package com.yudong80.java.ch02;


public class VariableUsage {
    public static void main(String[] args) {
        //1. 변수 선언과 정의를 한 번에
        int studentNum = 500;
        String name = "Dong Hwan Yu";
        double gradeJava = 4.0;
        double gradeC = 3.8;
        double avg = 0;


        //2. 연산 (재정의)
        avg = (gradeJava + gradeC) / 2;
        name = "Yu, DongHwan";
        studentNum = 600;
    }
}
```

변수를 선언하고 정의한 부분을 하나로 합쳤습니다. 선언과 정의를 분리하거나 혹은 이 예제처럼 합하는 것은 프로그래머의 선택입니다.

이렇게 선언과 정의를 한 번에 해도 이후의 연산은 동일하게 수행할 수 있습니다.

VariableBasic.java 파일과 VariableUsage.java 파일은 변수를 선언, 정의와 연산하기만 하기만 할 뿐 어떤 결과를 출력하지는 않습니다. 따라서 예제를 실행해도 아무것도 출력되지 않습니다.

변수(변하는 수)가 있다면 변하지 않는 수도 있습니다. 자바 언어를 포함한 일반적인 프로그래밍 언어에서는 이를 상수(Constants)라고 합니다. 상수는 왜 필요할까요? 이유는 코드의 의도를 명확하게 하고 변경되는 범위를 최소화하기 위해서입니다.

변동성을 최소화한다는 관점에서 상수는 필요한 만큼 충분하게 넣어주세요.

변하는 부분이 적을수록 프로그램의 오류는 적어집니다. 이는 실무 개발자라면 모두 동의할 것입니다. 자바에서 상수는 어떻게 정의할까요? 다음은 자바에서 상수를 정의하고 활용하는 예제입니다.

```java
package com.yudong80.java.ch02;

public class ConstantBasic {
    //1. 일반적 상수 정의 (기본 용법)
    static final double PI = 3.14159236; //원주율
    static final int MAX_COUNT = 100; //최대 개수
    static final String COLUMN_STUDENT_NAME = "student_name"; //학생 이
름 컬럼

public static void main(String[] args) {
        //2. 함수 내 상수 정의 (필요한 경우)
        final int MAX_INTEGER = Integer.MAX_VALUE;

        //3. 함수 내 상수 선언 (비추천)
        final char DEFAULT_GRADE;

        //상수는 선언과 정의가 분리되어 있으면 가독성이 떨어짐
        DEFAULT_GRADE = 'C';

        System.out.println("상수 PI : " + PI);
        System.out.println("최대 개수 : " + MAX_COUNT);
        System.out.println("학생 이름 컬럼 : " + COLUMN_STUDENT_NAME);
        System.out.println("최대 int 값 : " + MAX_INTEGER);
        System.out.println("기본 성적 : " + DEFAULT_GRADE);
    }
}
```

자바에서 상수를 정의하는 가장 올바른 방법은 함수 외부에(즉, 클래스 수준으로) 정의하는 것입니다. 상
수는 변하지 않는 값이므로 이름에 대문자와 언더스코어(_)만 사용합니다.

예제 코드에 정의된 상수는 다음과 같습니다.

상수 이름	데이터 타입	상수 값
PI	double	3.14159236
MAX_COUNT	int	100
COLUMN_STUDENT_NAME	String	"student_name"

[표 2-1] constant Basil.java 의 정의된 상수

상수는 main( ) 함수 및 프로그램의 다른 부분에서 제약 없이 사용할 수 있습니다.

```
System.out.println("상수 PI : " + PI);
System.out.println("최대 개수 : " + MAX _ COUNT);
System.out.println("학생 이름 컬럼 : " + COLUMN _ STUDENT _ NAME);
```

만약 특정 함수 안에서만 사용하는 상수가 있다면 함수 안에서 정의하는 것이 맞습니다. 앞서 상수에 static final 이라는 지시자가 붙어 있다면 함수 안에서만 정의하는 상수는 final 만 가집니다. static과 final 키워드에 대한 자세한 내용은 Part5에서 다룹니다.

마지막으로, 추천하는 방식은 아니지만 이렇게 사용할 수도 있다는 것을 보여주는 예제입니다. 함수 안에서 사용되는 상수지만 선언과 정의를 따로 하는 경우입니다.

```
final char DEFAULT _ GRADE;
DEFAULT _ GRADE = 'C';
```

예제의 실행 결과는 다음과 같습니다.

```
상수 PI : 3.14159236
최대 개수 : 100
학생 이름 컬럼 : student _ name
최대 int 값 : 2147483647
기본 성적 : C
```

2. 데이터 타입

자바 언어에서 제공하는 다양한 데이터 타입의 정의와 사용법에 대해 알아봅니다. 다음 예제는 정수형, 실수형, 문자형 등의 데이터 타입을 소개합니다.

```java
package com.yudong80.java.ch02;

public class DataTypes {
    public static void main(String[] args) {
        //1. 정수형 데이터 타입
        int num = 100;
        long bigNumber = 9303489;
        short s = 999;
        byte b = 0x03;

        //2. 실수형 데이터 타입
        double grade = 4.3;
        float param = 1.32f;

        //3. 문자형 데이터 타입
        char singleCharacter = 'a';
        String str = "HelloWorld!";

        //4. 부울형 데이터 타입
        boolean isEnabled = true;
    }
}
```

먼저 정수형 데이터입니다. 일반적으로 int 타입이면 충분하며 그 외의 타입은 용도에 따라 사용하면 됩니다. 만약 int 보다 큰 수를 처리해야 하는 경우라면 long 타입을 사용하며, 그 외 용도에 따라 short 혹은 byte를 사용할 수 있으나 많이 쓰이지는 않습니다.

데이터 타입	크기(bits)	범위	비고
int	32	$-2^{31} \sim 2^{31}-1$	−2147483648 ~ 2147483647
long	64	$-2^{63} \sim 2^{63}-1$	−9223372036854775808 ~ 9223372036854775807
short	16	$-2^{15} \sim 2^{15}-1$	−32768 ~ 32767
byte	8	$-2^{7} \sim 2^{7}-1$	−128 ~ 127

[표 2–2] 정수형 데이터 타입

다음은 실수형 데이터입니다. 예를 들어 3.14와 같이 소수점을 갖는 수를 표현합니다. 전문용어로 부동소수점(floating point)이라고도 합니다.[5] double 타입이 대표적입니다.

데이터 타입	크기(bits)	범위	비고
double	64	0x0.0000000000001P−1022 ~ 0x1.fffffffffffffP+1023	
float	32	0x0.000002P−126f ~ 0x1.fffffeP+127f	

[표 2-3] 실수형 데이터 타입

다음은 문자형 데이터입니다. 대표적인 타입은 String이며 자세한 내용은 Part4에서 다룹니다. 또한 char 타입이 있으며 단독적으로 사용되기보다는 문자열의 개별 문자로 취급합니다.

데이터 타입	크기(bits)	범위	비고
String	변경가능	없음	객체이지만 기본 데이터 타입처럼 다룸
char	16	₩u0000 ~ ₩uffff	$0 \sim 2^{15}-1$

[표 2-4] 문자형 데이터 타입

마지막으로는 부울형 데이터 타입입니다. 논리의 참/거짓처럼 true와 false만 가질 수 있습니다.

데이터 타입	크기(bits)	범위	비고
boolean	1	true, false	

[표 2-5] 부울형 데이터 타입

2.1 원시형과 참조형

지금까지는 정수형, 실수형, 문자형, 부울형과 같이 데이터의 관점에서 데이터 타입을 나눴습니다. 하지만 자바에서는 언어 특성상 원시형(primitive type)과 참조형(reference type)으로 데이터 타입을 구별하기도 합니다.

이는 자바 언어가 만들어질 때 C언어의 전통에 기반하여 객체 지향의 개념을 얹었기 때문에 발생한 분류법입니다.

먼저 원시형 데이터 타입은 객체가 아닌 나머지 타입을 의미합니다. 앞서 배운 것 중 String을 제외하면 모두 원시형에 해당합니다.

---

5 부동소수점에 대한 자세한 내용은 https://ko.wikipedia.org/wiki/부동소수점 을 참고하세요.

데이터 타입을 모두 사용해야 할까?

자바를 처음 배우는 분들은 다음의 데이터 타입에 집중하세요.

int

double

String

int 타입은 –2147483648 ~ 2147483647의 범위를 가지고 있기 때문에 금융이나 과학 계산과 같이 큰 수를 사용하는 경우가 아닌 대부분의 경우 사용할 수 있습니다.

double 타입은 부동형 소수점을 표현할 때 사용합니다. float 타입이 있지만 그보다 훨씬 정밀한 소수 점을 다룰 수 있고 float에 비해 성능이 크게 차이가 나지 않기 때문에 double만 쓰셔도 됩니다.

마지막으로는 String 타입입니다. String 타입은 Part4에서 별도로 다루며 int, double과 함께 가장 많이 씁니다. 최근에 만들어진 현대적 언어들은 문자열을 데이터 타입으로 다루는 경우도 많습니다.

3. 연산자

앞서 배운 변수와 데이터 타입으로 실제 연산을 할 수 있는 연산자(Operators)에 대해 알아봅니다. 자바의 연산자는 크게 5가지로 분류됩니다.[6]

❶ **산술 연산자**: 사칙연산과 모듈러 연산 등
❷ **대입 연산자**: 변수에 값을 대입하거나 다른 연산자와 복합 동작
❸ **비교 연산자**: 두 변수의 크기를 비교
❹ **논리 연산자**: AND, OR 과 같은 논리 연산을 수행
❺ **비트 연산자**: 주로 16진수의 값을 좌측, 우측 시프트 연산

다음은 산술 연산자 예제입니다.

파일 **ch02_Variables/src/com/yudong80/java/ch02/산술연산자.java**

```
package com.yudong80.java.ch02;

public class 산술연산자 {
    public static void main(String[] args) {
    int added = 100 + 200;
```

---

6   분류의 기준은 https://www.w3schools.com/java/java_operators.asp 을 참고하였습니다.

```
        int subtracted = 500 - 300;

        int multiplied = 10 * 20;

        double divided = 100 / 3;


        System.out.println("덧셈 결과: 100 + 200 = " + added);

        System.out.println("뺄셈 결과: 500 - 300 = " + subtracted);

        System.out.println("곱셈 결과: 10 * 20 = " + multiplied);

        System.out.println("나눗셈 결과: 100 / 3 = " + divided);


        int 몫 = 100 / 3;

        int 나머지 = 100 % 3;

        System.out.println("몫: 100 / 3 = " + 몫);

        System.out.println("나머지: 100 / 3 = " + 나머지);


        ++added;


        --subtracted;

        System.out.println("증가: ++added = " + added);

        System.out.println("감소: --subtracted = " + subtracted);
    }
}
```

산술 연산자는 크게 덧셈(+), 뺄셈(−), 곱셈(*), 나눗셈(/) 연산자와 나눗셈의 나머지를 구할 수 있는 모듈러(%) 연산자로 구분됩니다.

위 메서드의 실행 결과는 다음과 같습니다.

```
덧셈 결과: 100 + 200 = 300
뺄셈 결과: 500 - 300 = 200
곱셈 결과: 10 * 20 = 200
나눗셈 결과: 100 / 3 = 33.0
몫: 100 / 3 = 33
나머지: 100 / 3 = 1
증가: ++added = 301
감소: --subtracted = 199
```

다음은 대입 연산자입니다. 변수를 정의할 때 사용한 연산자와 동일하며, 어떤 변수에 값을 대입하는 것을 할당(assign)한다고 표현하기도 합니다. 대입은 다소 수학적인 표현이며 할당은 변수에 어떤 값을 대입하면 물리적으로 메모리의 특정 공간을 사용하게 되므로 할당한다고 표현합니다.

대입 연산자에는 = 연산자와, 이를 산술 연산자와 함께 사용하는 복합 연산자[7]로 구별합니다. 예제는 다음과 같습니다.

파일 **ch02_Variables/src/com/yudong80/java/ch02/대입연산자.java**

```
package com.yudong80.java.ch02;

public class 대입연산자 {
    public static void main(String[] args) {
        int studentNo = 100;
        String studentName = "Dong Hwan Yu";
        double grade = 4.0;

        System.out.println("학번: " + studentNo);
        System.out.println("이름: " + studentName);
        System.out.println("학점: " + grade);

        double v = 100;
        v+=3; System.out.println("v += 3: " + v);
        v-=3; System.out.println("v -= 3: " + v);
        v*=3; System.out.println("v *= 3: " + v);
        v/=3; System.out.println("v /= 3: " + v);
        v%=3; System.out.println("v %= 3: " + v);
    }
}
```

먼저 studentNo, studentName, grade 변수에 각각 학번과 이름, 그리고 성적 데이터를 넣었습니다. 그리고 값을 출력하였습니다. 이것이 대입 연산자의 기본 사용법입니다.

그다음 v 라는 변수에 100이라는 값을 넣고 나머지 대입 연산자들을 적용해 보았습니다. 먼저, += 연산자는 우변의 값을 더하고, 값을 좌변으로 대입해주는 복합 동작을 수행합니다. -= 연산자는 뺄셈과 대입

---

7   복합 연산자는 공식 용어는 아니며 설명을 돕기 위한 표현입니다.

을 함께하고, *= 연산자와 /= 연산자는 각각 우변과의 곱셈과 나눗셈을 수행한 후 결과를 좌변에 대입합니다. 마지막으로 %= 연산자는 나눗셈을 수행하며 나머지(모듈러 연산)를 좌변에 저장합니다.

예제 실행 결과는 다음과 같습니다.

```
학번: 100
이름: Dong Hwan Yu
학점: 4.0
v += 3: 103.0
v -= 3: 100.0
v *= 3: 300.0
v /= 3: 100.0
v %= 3: 1.0
```

다음은 비교 연산자입니다. 두 변수의 값이 서로 같거나 다른지, 크거나 작은지 비교할 수 있습니다. 비교 연산자 예제는 다음과 같습니다.

파일 ch02_Variables/src/com/yudong80/java/ch02/비교연산자.java

```java
package com.yudong80.java.ch02;

public class 비교연산자 {
    public static void main(String[] args) {
    int a = 100;
    int b = 100;
    int c = 200;
    int d = 95;

    System.out.println("a 와 b는 같다? " + (a == b));
    System.out.println("a 와 c는 다르다? " + (a != c));
    System.out.println("c 는 a보다 크다? " + (c > a));
    System.out.println("a 는 c보다 작다? " + (a < c));
    System.out.println("a 는 d 이상이다? " + (a >= d));
    System.out.println("a 는 c 이하이다? " + (a <= c));
    }
}
```

변수 a, b, c, d에 각각 100, 100, 200, 95의 값을 대입합니다. 그다음 등호(=) 연산자를 사용하여 a와 b의 값이 같은지 확인합니다. 결과는 boolean 형으로 나옵니다. 부등호(!=) 연산자를 활용하여 a와 c의 값이 같은지 확인합니다.

비교 연산자는 크기 비교도 할 수 있습니다. 크다(>) 연산자와 작다(<) 연산자로, 각각 c는 a보다 큰지 확인하고 a는 c보다 작은지 확인합니다. 또한 이상(>=) , 이하(<=) 연산자를 활용하여 각각 a는 d 이상인지, a는 c 이하인지 비교할 수 있습니다.

예제의 실행 결과는 다음과 같습니다.

```
a 와 b는 같다? true
a 와 c는 다르다? true
c 는 a보다 크다? true
a 는 c보다 작다? true
a 는 d 이상이다? true
a 는 c 이하이다? true
```

논리 연산자는 AND, OR, NOT 같은 논리 연산을 수행합니다. 예제는 다음과 같습니다.

파일 ch02_Variables/src/com/yudong80/java/ch02/논리연산자.java

```java
package com.yudong80.java.ch02;

public class 논리연산자 {
    public static void main(String[] args) {
    int a = 4;
    boolean inTheMiddle = 3 < a && a < 5;
    boolean isNaturalNumber = a > 0 || a == 0;
    boolean isPositive = !( a < 0);

    System.out.println("a 는 3보다 크고 4보다 작다? " + inTheMiddle);
    System.out.println("a 는 자연수이다? " + isNaturalNumber);
    System.out.println("a 는 양수이다? " + isPositive);
    }
}
```

inTheMiddle 변수는 논리적 AND(&&) 연산자를 활용하여 a 값이 3보다 크고 5보다 작은지 확인합니다. isNatualNumber 변수는 논리적 OR(||) 연산자를 활용하여 a 값이 자연수의 요건인 0보다 크거나 같은

지 확인합니다. 마지막으로 isPositive 변수는 논리적 NOT 연산자(!)를 활용하여 a 값이 음수가 아닌지 확인합니다.

예제의 실행 결과는 다음과 같습니다.

```
a 는 3보다 크고 4보다 작다? true
a 는 자연수이다? true
a 는 양수이다? true
```

마지막으로 비트 연산자입니다. 간혹 내장 기기와 같이 성능이 낮은 기기를 다루게 되면 비트 단위로 데이터를 조작하는 경우가 생깁니다. 비트 연산자에는 비트 이동 연산자(〈〈, 〉〉, 〉〉〉)와 비트 논리 연산자(&, |, ^, ~)가 있지만 예제에서는 비트 논리 연산자인 AND(&)와 OR(|)만 다룹니다.

예제는 다음과 같습니다.

파일 **ch02_Variables/src/com/yudong80/java/ch02/비트연산자.java**

```java
package com.yudong80.java.ch02;

public class 비트연산자 {
    public static void main(String[] args) {
    //비트 AND(&)
    int a = 0x0A;    //1010
    int mask1 = 0x01;       //0001
    int mask2 = 0x02;       //0010
    System.out.println("16진수 a의 첫 번째 자리수는? " + (a & mask1));
    System.out.println("16진수 a의 두 번째 자리수는? " + (a & mask2));

    //비트 OR(&)
    System.out.println("7(111) OR 16(10000) = " + (7 | 16));
    System.out.println("8(1000) OR 15(1111) = " + (8 | 15));
    }
}
```

먼저 0×0A는 2진수로 1010 에 해당하며, mask1과 비트(bitwise) AND 연산[8] 을 수행하면 우측 첫 번째 비트 자리수인 0이 되며 mask2 변수와 비트 AND 연산(비트 마스킹이라고 함)하면 두 번째 비트 자리인

8　　**비트연산:** https://ko.wikipedia.org/wiki/비트연산

2(0×10)이 됩니다.

같은 방법으로 비트 OR 연산을 합니다. 7(111)과 16(10000)을 비트 OR 연산하면 23(10111)이 되며 같은 방법으로 8(1000)과 15(1111)을 비트 OR 연산하면 15(1111)이 됩니다.

예제의 실행 결과는 다음과 같습니다.

```
16진수 a의 첫 번째 자리수는? 0
16진수 a의 두 번째 자리수는? 2
7(0x111) OR 16(0x1000) = 23
8(0x100) OR 15(0x111) = 15
```

4. 데이터의 입력과 출력

사용자로부터 데이터를 입력받아 처리하고 그 결과를 다시 사용자에게 출력하는 입출력 기능에 대해 알아봅니다. 전문적인 용어로 사용자와 상호작용(interaction)한다고 표현합니다.

먼저 사용자로부터 입력을 받는 예입니다. 아직 제어문을 배우지 않았기 때문에 숫자를 하나씩 입력받아 간단한 계산을 하는 계산기를 만듭니다.

다음은 int 타입의 정수를 입력받는 예제입니다.

파일 ch02_Variables/src/com/yudong80/java/ch02/InputNumber.java

```java
public class InputNumber {
    public static void main(String[] args) {
        Scanner s = new Scanner(System.in);

        System.out.println("첫 번째 숫자를 입력하세요? ");
        int first = s.nextInt();

        System.out.println("두 번째 숫자를 입력하세요? ");
        int second = s.nextInt();
        int added = first + second;
        System.out.println("두 숫자의 합은 " + added + " 입니다.");
    }
}
```

먼저 사용자 입력을 받기 위해서는 Scanner 객체가 필요합니다. 책에서 객체라는 단어가 처음 나왔습니다. 객체와 클래스에 대해서는 Part5에서 다룹니다. 여기에서는 사용자 입력을 받을 때는 Scanner 클래스를 사용한다는 것만 기억하세요.

숫자를 입력받기 위해서는 Scanner 클래스의 nextInt( ) 메서드를 호출합니다. 객체지향 프로그래밍에 대해서는 Part5에서 다루기 때문에 여기에서는 필요한 기능 위주로 설명합니다.

우리가 주목해야 할 것은 first라는 변수에 내가 원하는 숫자를 입력받을 수 있다는 점입니다. "첫 번째 숫자를 입력하세요?"가 나오면 숫자를 입력하면 됩니다.

두 번째 second 변수에는 두 번째 숫자를 입력받아 added 변수에 두 변수의 합을 계산하여 저장합니다. 다음의 실행 결과에서 첫 번째 숫자로는 100을 입력하고 두 번째 숫자로는 200을 입력하였습니다. 최종 결과는 300입니다.

```
첫 번째 숫자를 입력하세요?
100
두 번째 숫자를 입력하세요?
200
두 숫자의 합은 300 입니다.
```

다음은 실수(double)형 데이터를 입력받는 예제입니다. 차이점은 nextInt( ) 메서드 대신 nextDouble( ) 메서드를 호출한다는 것입니다. 이렇게 객체 지향 언어를 사용하면 관련된 기능을 한곳으로 모아둘 수 있습니다. 이런 식으로 자바의 기본 기능들을 배워갑니다.

파일 ch02_Variables/src/com/yudong80/java/ch02/InputDouble.java

```java
public class InputDouble {
    public static void main(String[] args) {
        Scanner s = new Scanner(System.in);

        System.out.println("첫 번째 실수를 입력하세요? ");
        double first = s.nextDouble();

        System.out.println("두 번째 실수를 입력하세요? ");
        double second = s.nextDouble();

        double added = first + second;
        System.out.println("두 실수의 합은 " + added + " 입니다.");
```

중요 부분은 볼드체로 표시하였습니다. 사용자가 숫자를 입력하면 자바가 알아서 double형의 변수에 넣어줍니다.

다음의 프로그램 실행 결과는 임의로 실수 10.7과 22.3의 값을 입력한 결과입니다.

```
첫 번째 실수를 입력하세요?
10.7
두 번째 실수를 입력하세요?
22.3
두 실수의 합은 33.0 입니다.
```

다음은 "Hello"와 같이 문자열을 입력받는 예제입니다.

파일 ch02_Variables/src/com/yudong80/java/ch02/InputString.java

```java
package com.yudong80.java.ch02;

import java.util.Scanner;

public class InputString {
    public static void main(String[] args) {
        Scanner s = new Scanner(System.in);

        System.out.println("이름을 입력하세요? ");
        String name = s.nextLine();

        System.out.println("사는 곳을 입력하세요? ");
        String city = s.nextLine();

        System.out.println(city + "에 사는 " + name + "님 반갑습니다!");
    }
}
```

문자열을 입력받을 때는 nextLine( ) 메서드를 호출합니다. 나머지는 동일합니다.

프로그램의 실행 예는 다음과 같습니다.

```
이름을 입력하세요?
Jane
사는 곳을 입력하세요?
New york
New york에 사는 Jane님 반갑습니다!
```

·주의· 한글을 입력하는 경우에는 VS Code의 기본 터미널에서 한글이 깨져서 표시되는 문제가 있습니다. 그럴 경우 Ctrl + Shift + C 를 눌러 외부 터미널을 실행합니다. 그다음 bin 폴더로 이동하여 java com.yudong80.java.ch02.InputString 을 실행하면 정상 동작합니다.

이와 같이 Scanner 클래스를 통해 입력 받을 수 있는 데이터는 다음과 같습니다. nextInt( ), nextDouble( ), nextLine( )을 제외하면 나머지는 자주 사용되지 않습니다.

메서드	입력 데이터 타입
nextInt( )	int
nextDouble( )	double
nextLine( )	String
nextBoolean( )	boolean
nextByte( )	byte
nextFloat( )	float
nextLong( )	long
nextShort( )	short

[표 2-6] Scanner 클래스의 메서드와 입력 데이터 타입

5. 배열

프로그램의 묘미는 대량의 데이터를 다룰 수 있는 능력입니다. 지금까지 우리는 숫자형, 실수형, 문자열과 같이 단일 데이터를 변수에 넣고 다루는 정도만 실습했습니다. 또한 데이터를 가공하거나 변경하는 기능도 사칙 연산 정도만 다루었을 뿐입니다.

다수의 데이터를 활용하는 첫 걸음은 배열(array)입니다. 배열은 무엇일까요? int, double과 String 같은 타입의 데이터를 여러 개 모아놓은 것입니다. 예를 들어 학생 유동의 성적의 평균을 내고자 합니다.

예 학생 유동

− 국어: 80점

− 수학: 95점

− 영어: 92점

− 과학: 70점

이 점수의 평균을 출력하려면 어떻게 해야 할까요?

지금까지 배운 지식으로 간단하게 예제를 따라 해봅시다.

파일 ch02_Variables/src/com/yudong80/java/ch02/BeforeArray.java

```java
package com.yudong80.java.ch02;

public class BeforeArray {
    public static void main(String[] args) {
        int korean = 80;
        int math = 95;
        int english = 92;
        int science = 70;

        System.out.println("국어: " + korean);
        System.out.println("수학: " + math);
        System.out.println("영어: " + english);
        System.out.println("과학: " + science);

        double average = ((double)(korean + math + english + science))
 / 4;

        System.out.println("유동의 평균 점수: " + average);
    }
}
```

국어, 수학, 영어, 과학을 의미하는 각각의 변수 korean, math, english, science를 정의하고 출력합니다. 그다음 double형의 average 변수에 네 과목을 모두 더한 후 4로 나눕니다. 예제를 실행하면 다음과 같은 결과가 나옵니다.

국어: 80

수학: 95

영어: 92

과학: 70

유동의 평균 점수: 84.25

얼핏 문제가 없어 보이지만 데이터의 처리 관점에서 위 프로그램에는 몇 가지 한계점이 보입니다. 첫 번째, 과목 개수만큼 변수를 추가해야 합니다. 우리가 원하는 것은 내 성적의 평균이지 각 과목을 변수로 지정하는 것이 아닙니다. 두 번째, average 변수를 통해 평균을 구할 때 과목의 수 (즉 = 4)를 넣어주어야 합니다. 만약 한 과목이 늘어 다섯 과목이 되었다면 평균을 구하는 수식도 변경해야 합니다.

이제 우리는 배열을 사용하여 좀 더 프로그래머처럼 사고해보도록 하겠습니다.

◀ 혼자 정리하는 자바 ▶

프로그래머의 사고법

프로그래머는 목적하는 어떤 대상을 프로그래밍의 대상으로 바라봐야 합니다. 예를 들어 과목의 평균을 구하는 것이 목적이라면 앞서 얘기했듯이

　① 과목이 추가되는 경우

　② 1명이 아닌 다수의 학생이 추가되는 경우

　③ 평균이 아닌 석차를 구하는 경우

등 다양한 상황을 생각해야 합니다. 또한 우리가 프로그래밍 언어를 배우는 이유는 각 프로그래밍 언어가 제공하는 다양한 도구를 사용하여 유연하고 확장성 있는 프로그램을 만들고 싶기 때문입니다.

객체 지향 언어인 자바 언어를 배울 때도 이 언어가 어떤 기능들을 제공하는지 충분히 프로그래머의 관점에서 생각해보고 더 좋은 활용 방안을 찾아야 합니다. 이 책에서는 틈틈히 참조할 만한 객체지향 프로그래밍 원칙들을 담아보려고 노력하였습니다.

배열은 다음과 같은 기능을 제공합니다.

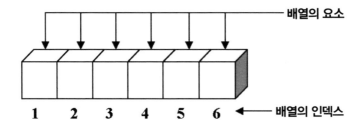

One-dimensional array with six elements

[그림 2-1] 배열의 구성 (출처: https://brilliant.org/wiki/arrays-adt/)

❶ 배열은 같은 타입(예 – int)의 데이터를 단일 변수에 저장할 수 있음
❷ 배열은 인덱스로 접근할 수 있음
❸ 배열은 한 번 정의하면 늘어날 수 없음(데이터 크기가 고정됨)
❹ 배열은 다차원으로 정의할 수 있음

다음은 int 타입의 배열 예제입니다.

파일 **ch02_Variables/src/com/yudong80/java/ch02/ArrayInt.java**

```java
package com.yudong80.java.ch02;

public class ArrayInt {
    public static void main(String [] args) {
        int[] grades = {80, 95, 92, 70};

        System.out.println("국어: " + grades[0]);
        System.out.println("수학: " + grades[1]);
        System.out.println("영어: " + grades[2]);
        System.out.println("과학: " + grades[3]);

        double average = ((double)(grades[0] + grades[1] + grades[2] +
grades[3])) / grades.length;

        System.out.println("유동의 평균 점수: " + average);
    }
}
```

먼저 배열 변수인 grades를 정의하고, 중괄호({}) 안에 원하는 값을 넣습니다. 여기에는 각 과목의 점수인 80, 95, 92, 70을 넣었습니다. 그다음 각 과목의 점수를 출력할 때는 인덱스를 활용하여 0부터 3번째 값을 차례로 출력합니다.

요약

문법
grades[인덱스]를 넣습니다. 인덱스는 0부터 시작합니다.

average 변수는 0부터 3번까지의 데이터를 모두 더한 후 grades.length로 나눕니다. 앞의 예제와 다른 점은 과목의 수가 늘어나더라도 나누는 수를 변경하지 않아도 됩니다. 물론 개별 과목의 합을 구할 때 grades[0] ~ grades[3] 까지 각 변수를 사용하고 있지만 다음 장에서 배우는 for 문을 활용하면 이런 부분에서도 확장성을 확보할 수 있습니다.

확장성(extensibility 혹은 scalability) 란 무엇인가?

소프트웨어(이하 SW)에서 확장성이란 요구 사항이 추가되거나 변경될 때 별도의 설정 없이도 확장이 용이한 성질을 의미합니다. 예제는 단순히 과목의 성적을 표시하는 정도이지만 배열의 데이터 수가 늘어날 때마다 별도의 수정 없이 동일한 결과를 낼 수 있는 것은 SW에서 매우 중요한 요소입니다. 향후 능력 있는 프로그래머를 꿈꾼다면 이러한 품질 속성(Quality Attributes)을 고려하는 것이 중요합니다.

int형의 배열뿐만 아니라 동일한 방식으로 double의 배열도 만들 수 있습니다. 다음은 double 배열을 활용한 예제입니다. 임의의 센서 데이터를 받아 처리합니다. 이 예제도 Part3에서 배울 for 문을 활용하여 개선할 수 있습니다.

파일 ch02_Variables/src/com/yudong80/java/ch02/ArrayDouble.java

```java
package com.yudong80.java.ch02;


public class ArrayDouble {
    public static void main(String[] args) {
        double[] sensorData;          //배열 선언
        sensorData= new double[] {    //배열 정의
                1.0,
                2.2,
                3.1,
        };

        int firstIndex = 0;
        int lastIndex = sensorData.length -1;

        System.out.println("첫 번째 센서 데이터: " + sensorData[firstIndex]);
        System.out.println("마지막 센서 데이터: " + sensorData[lastIndex]);
        System.out.println("센서 데이터 개수: " + sensorData.length);
    }
}
```

ArrayInt 예제에서는 배열을 바로 정의하였지만 이번 예제에서는 배열의 선언과 정의를 분리하였습니다. 먼저 배열을 선언하는 방법은 일반적인 변수처럼 double[ ]형의 변수를 선언하면 됩니다.

앞서 배열을 선언과 동시에 정의할 때는 중괄호({})만 썼지만, 배열의 정의를 분리할 때는 어떤 타입으로

배열을 할당할지를 별도로 표기해주어야 합니다. 따라서 new double[ ] 로 배열을 할당하고 중괄호 안에 실제로 데이터를 넣어주었습니다.

firstIndex 변수는 배열의 첫 번째 인덱스를 가리키는 변수로 항상 0입니다. lastIndex 변수는 배열의 마지막 인덱스를 가리키는 변수로 (배열의 길이 − 1)에 해당합니다. 배열의 길이는 배열.length 값입니다.

◀ 혼자 정리하는 자바 ▶

배열을 할당(정의)할 때 new 키워드를 사용하는 이유

배열도 객체이기 때문입니다. 객체에 대해서는 Part5에서 배웁니다. 현재는 배열도 일종의 데이터 타입이며 배열을 정의할 때는 new 키워드가 필요하다는 정도만 이해하시면 됩니다.

이러한 인덱스 값을 바탕으로 첫 번째 센서 데이터, 마지막 센서 데이터와 센서 데이터의 개수를 구할 수 있습니다. 예제의 실행 결과는 다음과 같습니다.

```
첫 번째 센서 데이터: 1.0
마지막 센서 데이터: 3.1
센서 데이터 개수: 3
```

다음은 String 타입의 배열 활용 예제입니다. 도시 이름을 입력받아 처음과 마지막 데이터를 출력합니다.

파일 ch02_Variables/src/com/yudong80/java/ch02/ArrayString.java

```java
package com.yudong80.java.ch02;

import java.util.Scanner;

public class ArrayString {
    public static void main(String[] args) {
        String[] cities = new String[10];

        int idx = 0;

        Scanner s = new Scanner(System.in);
        System.out.println("첫 번째 도시를 입력하세요");
        cities[idx++] = s.nextLine();
```

```java
            System.out.println("두 번째 도시를 입력하세요");
            cities[idx++] = s.nextLine();

            System.out.println("세 번째 도시를 입력하세요");
            cities[idx++] = s.nextLine();
            s.close();

            System.out.println("----------------------");
                    System.out.println("입력한 도시의 개수는 " + idx);
            System.out.println("첫 번째 도시는 " + cities[0]);
            System.out.println("마지막 도시는 " + cities[idx-1]);
    }
}
```

먼저 String 데이터를 저장할 수 있는 cities 배열 변수를 선언합니다. 최대 개수는 10개로 지정하였습니다. 다음은 순차적으로 세 개의 도시 이름을 입력받습니다.

이 예제에서는 새로운 사실은 없지만 배열에 관한 다양한 내용을 알아볼 수 있습니다. 먼저 idx 변수를 선언하고 0으로 정의하였습니다. 0은 첫 번째 인덱스(index)를 의미합니다. 첫 번째 도시를 입력받아 저장할 때 앞의 예제와 같이 인덱스로 0을 직접 넣은 것이 아니라 idx 변수를 중괄호에 넣었습니다. 그리고 변수에 증감연산자(++)를 넣어 1 증가하도록 하였습니다.

ArrayDouble 예제에서는 다수의 데이터를 입력받기 위해 0, 1, 2의 인덱스를 하드코딩(hard coded)하였지만 이는 idx++ 변수로 대체할 수 있습니다. idx++ 은 현재의 idx를 사용하고 그다음 자동으로 1을 증가시킨다는 축약 표현입니다.

이렇게 0, 1, 2의 배열 인덱스를 하드코딩하지 않고 변수로 교체하였습니다. 3개의 도시 이름을 입력받은 후 마지막에는 입력한 도시의 개수를 출력합니다. 앞서 배열의 개수는 length 속성으로 호출하였지만 여기에서는 사용할 수 없습니다.

cities.length 값은 10입니다. 따라서 현재 입력된 데이터의 개수를 알려면 idx 변수를 사용합니다. 첫 번째 도시는 인덱스 0의 배열 값을 출력하고 마지막 도시는 (idx −1) 인덱스에 있는 값을 표시하면 됩니다.

하드코딩이란 무엇일까요?

프로그래머들은 실무에서 "하드코딩 하지 말라"는 말을 종종 듣게 됩니다. 하드코딩은 데이터 값을 소스 코드 내부에 직접 넣는 것을 의미합니다. 예를 들면 findCity()라는 함수를 호출할 때 인자로 변수 이름(예, cityName)을 넣어 findCity(cityName)와 같이 호출하지 않고 findCity("서울")과 같이 그 값을 직접 넣는 것을 의미합니다.

변수를 쓰지 않아 간단한 내용을 확인할 때는 편하지만 일반적으로는 권하지 않습니다. 프로그램의 가독성과 유지보수성이 떨어지기 때문입니다. 책에 수록된 예제에서도 되도록 하드코딩을 하지 않았습니다.

실행 결과는 다음과 같습니다.

```
첫 번째 도시를 입력하세요
Seoul
두 번째 도시를 입력하세요
London
세 번째 도시를 입력하세요
Stockholm
----------------------
입력한 도시의 개수는 3
첫 번째 도시는 Seoul
마지막 도시는 Stockholm
```

배열은 사실 if, for 문 등의 제어문과 합해질 때 더 강력해집니다.

앞서 배운 종류의 배열을 일차원 배열(one dimentional array)이라 합니다. 자바는 일차원뿐만 아니라 다차원(multi dimentional) 배열도 지원합니다. 다음은 여러 학생의 성적 데이터를 넣은 2차원 배열의 예입니다.

파일 ch02_Variables/src/com/yudong80/java/ch02/Array2D.java

```java
package com.yudong80.java.ch02;

public class Array2D {
    public static void main(String [] args) {
        //1. 2차원 배열 정의
        int[][] grades = {
                {80, 95, 92, 70},      //Jane
```

```
                    {70, 99, 75, 100},     //Mike
        };

        //2. 2차원 배열 요소 접근 (예, grades[0][i])
        double sumJane = 0;
        for (int i=0; i < grades[0].length; ++i) {
            int grade = grades[0][i];
            sumJane += grade;
        }
        double averageJane = sumJane / grades[0].length;

        //3. for each를 활용한 2차원 배열 사용
        double sumMike = 0;
        for (int grade : grades[1]) {
            sumMike += grade;
        }
        double averageMike = sumMike / grades[1].length;
        System.out.println("전체 학생수는 " + grades.length);
        System.out.println("Jane의 평균 점수는 " + averageJane);
        System.out.println("Mike의 평균 점수는 " + averageMike);
    }
}
```

먼저 2차원 배열을 정의하는 방법입니다. 앞서 1차원 배열이 int[] grades = {80, 95, 92, 70};와 같이 한 개의 중괄호에 쌓여 있었다면 2차원 배열은 1차원 배열을 한 번 더 감싸므로 총 2개의 중괄호가 필요합니다. 1차원 배열을 여러 개 모아 놓으면 2차원 배열이 되고, 그 2차원 배열을 여러 개 모아 놓으면 3차원 배열이 됩니다.

다음은 배열 요소에 접근하는 방법입니다. 2차원 배열이므로 grades[0][i]와 같이 접근합니다. [0]은 첫 번째 줄 ({80, 95, 92, 70},)을 의미하며 그중 i번째 요소가 됩니다. 예를 들어 grades[0][0]은 80이고 grades[0][1]은 95가 됩니다.

이 예제는 Part3에서 배우는 기본 for 문과 for each 문을 모두 사용하여 배열 요소에 접근합니다. for 문을 사용하게 되면 int grade = grades[0][i];와 같이 배열 요소에 접근하는 변수가 하나 더 필요합니다. 하지만 for each 문을 사용하면 변수를 for each 문에서 알아서 가져오므로 편리하게 사용할 수 있습니다.

마지막으로 배열의 길이입니다. 1차원 배열은 길이가 1개지만 2차원 배열의 경우 1차원 배열이 여러 개 모여 있으므로 길이를 각각 구해야 합니다. 즉, Jane의 성적 개수는 grades[0].length가 되며 Mike의 성적 개수는 grades[1].length가 됩니다. 그리고 grades.length를 구하면 2가 되며 이는 학생 수와 같습니다. 예제의 실행 결과는 다음과 같습니다.

```
전체 학생수는 2
Jane의 평균 점수는 84.25
Mike의 평균 점수는 86.0
```

다음은 배열에서 발생할 수 있는 예외에 관한 예제입니다. 예외 처리에 대해서는 Part9에서 배우지만 배열로 코딩하면 예외를 자주 겪게 되므로 잠시 언급합니다.

파일 ch02_Variables/src/com/yudong80/java/ch02/ArrayException.java

```java
package com.yudong80.java.ch02;

public class ArrayException {
public static void main(String [] args) {
                //1. 배열 정의
int[] grades = {80, 95, 92, 70};
int[][] gradesMulti = {{80, 95, 92, 70}, {70, 99, 75, 100}};

//2. 정상적인 사용
System.out.println("grades의 첫 번째 성적: " + grades[0]);
System.out.println("gradesMulti[1][1] 성적: " + gradesMulti[1][1]);
System.out.println("grades의 길이 " + grades.length);

//3. 오류 발생
int error = grades[grades.length];
  }

  }
```

배열의 약점은 길이가 고정되어 있다는 점입니다. 예를 들어 grades 배열의 길이는 4입니다. gradesMulti의 길이는 2이고 gradesMulti[0]과 gradesMulti[1]의 길이는 각각 4입니다. 따라서 이보다 큰 인덱스에 접근하려 하면 예외가 발생합니다. 예를 들어 길이가 4인 grades 배열에 grades[4]는 접근할 수 없습니다.

예제에서는 int error = grades[grades.length] 문장에서 오류가 발생합니다. 얼핏 문제가 없어 보이지만 배열의 인덱스는 0부터 시작하므로 4번째 인덱스에 접근할 수 없습니다. 예제의 실행 결과는 다음과 같습니다.

```
grades의 첫 번째 성적: 80
gradesMulti[1][1] 성적: 99
grades의 길이 4
Exception in thread "main" java.lang.ArrayIndexOutOfBoundsException:
Index 4 out of bounds for length 4
        at com.yudong80.java.ch02.ArrayExceptionExample.main(ArrayExcep-
tionExample.java:15)
```

예상대로 ArrayExceptionExample.java의 15번째 줄에서 java.lang.ArrayIndexOutOfBoundsException 예외가 발생하였습니다. 길이가 4인 배열에 대해 인덱스 4에 접근하려고 했기 때문입니다.

이 예외에는 어떻게 대처해야 할까요? 원칙적으로 ArrayIndexOutOfBoundsException이 발생하지 않도록 해야 합니다. 이 예외가 발생하면 프로그램이 즉시 멈추기 때문에 항상 주의해야 합니다. 따라서 만약 데이터가 수시로 추가/삭제될 가능성이 있어 배열 길이의 관리가 어려운 경우 Part8에서 배우는 List 계열의 ArrayList 등의 자료구조 클래스로 교체합니다.

이번 장에서는 프로그램의 기본 요소인 변수와 상수의 개념, int, double, float와 같은 기본 데이터 타입의 사용법에 대해 알아보았습니다. 변수의 값을 계산할 때는 산술, 대입, 비교, 논리 비트 연산자를 활용합니다. 마지막으로 콘솔을 통해 데이터의 입력과 출력에 대해 배웠으며, 다수의 값을 저장할 수 있는 배열에 대해 알아보았습니다.

연습문제

01 자바 프로그램에서 어떤 값을 메모리에 할당하고 변경하는 기본 단위를 무엇이라고 할까요?

① 변수　　　　　② 상수　　　　　③ 포인터　　　　　④ 지시자

02 자바에서 상수를 선언하는 키워드는 무엇인가요? [ ]

03 다음 중 자바의 원시(primitive) 데이터 타입이 아닌 것은?

① int　　　　　② long　　　　　③ bool　　　　　④ double

04 다음 코드는 사용자 입력을 받기 위한 예제 코드입니다. 빈 칸을 채우세요.

```java
import java.util.Scanner;

public class UserInput {
    public static void main(String[] args) {
        Scanner s = new Scanner( [빈 칸] );

        System.out.println("원하는 숫자를 입력하세요? ");
        int first = s.nextInt();
.. 하략 ..
```

실습 문제

실습 문제는 직접 손코딩해보고 결과를 확인하는 문제입니다. 빈 칸에 있는 내용은 정답이 한 가지만 있는 것이 아닙니다. 경우에 따라 다수의 답을 가질 수도 있습니다. 본인만의 답이 있는지 도전해보세요. 실행 결과도 제공됩니다.

01 다음은 학생 성적의 평균을 출력하는 코드입니다. 빈 칸을 채우세요

```
package com.yudong80.java.ch02;

public class PrintAverage {
    public static void main(String [] args) {
        [      ] grades = {80, 95, 92, 70};
        double average = (grades[0] + grades[1] + grades[2] + grades[3])
/ [      ];
        System.out.println("4 과목 평균 점수: " + average);
    }
}
```

실행 결과:

4과목 평균 점수: 84.25

memo

PART 3

제어문

이 장의 내용

- for 문
- if 문
- while / do while 문
- switch 문

3 제어문

이 장에서는 자바 언어의 제어문에 대해서 배웁니다. 지금까지 데이터 타입과 연산자를 배우고, 데이터를 입력/출력할 수 있는 방법과 배열까지 배웠지만 제어문이 없었기 때문에 어떤 로직을 처리를 하기 어려웠습니다. 이번 장에서는 if, for, while 문과 같은 제어문의 문법과 이를 활용함으로써 Part2에서 배운 예제들이 어떻게 개선될 수 있는지 알아봅니다.

1. for 문

대부분 제어문을 배울 때 if 문부터 배웁니다. 하지만 저는 다르게 생각합니다. 프로그래밍의 묘미는 다수의 데이터를 처리할 수 있는 능력이며 이는 반복문에서 시작됩니다. Part2에서 배운 배열의 예제들을 확장하면서 for 문에 대해 배워보겠습니다.

for 문은 어떻게 동작할까요? 크게 3개의 요소로 구성됩니다.

❶ 반복 횟수
❷ 초기값
❸ 반복 조건

만약 반복 횟수만 넣을 수 있는 단순한 for 문이 있다면 어떨까요? 동작하지는 않지만 가상의 for 문 예제를 만들어 보았습니다.

파일 ch03_Statements/src/com/yudong80/java/ch03/ForSimple.java

```java
package com.yudong80.java.ch03;

public class ForSimple {
    public static void main(String[] args) {
        // 가상의 for 문: 반복 횟수만 넣으면 됨
        String[] cities = {"Seoul", "London", "Stockholm"};

        int idx = 0;
```

```
        // for (3) {      //이런 for 문은 없습니다.
            System.out.println(cities[idx++]);
        // }
    }
}
```

가상의 for 문은 반복 횟수만 존재합니다. 우리는 앞서 배열에서 배열의 개수를 알 수 있는 length 속성을 배웠으므로 for(3) 문을 for(cities.length) 문으로 변경해도 됩니다. 이러한 for 문이 존재하면 어떨까? 라는 생각을 하면서 프로그래밍 언어를 배우면 의미도 더 잘 이해되고 금방 능숙해질 수 있습니다. 아쉽게도 자바 언어는 단순한 for 문을 제공하지 않습니다. 자바 언어의 진짜 for 문을 배워봅시다.

요약

for 문의 문법
for (초기화식; 조건식; 증감식)

초기화 식은 for 문에서 사용할 변수를 초기화합니다. 조건식은 for의 본문을 계속적으로 실행하는 조건을 의미합니다. 마지막으로 증감식은 for의 본문을 실행한 후 실행되며 for 문에서 선언한 변수를 더하거나 줄입니다. 이렇게 문법만 놓고 보면 내용이 어렵습니다. Part2의 ArrayString 예제를 개선하여 for 문의 사용법을 배웁니다. 완성된 코드를 보는 것이 이해하기 쉽습니다.

파일 ch03_Statements/src/com/yudong80/java/ch03/ArrayStringExampleV2.java

```java
package com.yudong80.java.ch03;

import java.util.Scanner;

public class ArrayStringExampleV2 {
    public static void main(String[] args) {
        String[] cities = new String[10];

        Scanner s = new Scanner(System.in);
        int count = 3;
        for (int idx=0; idx < count; ++idx) {
            System.out.println((idx+1) + "번째 도시를 입력하세요");
            cities[idx] = s.nextLine();
        }
```

```
        s.close();

        System.out.println("----------------------");
        System.out.println("입력한 도시의 개수는 " + count);
        System.out.println("첫 번째 도시는 " + cities[0]);
        System.out.println("마지막 도시는 " + cities[count-1]);
    }
}
```

먼저 cites 변수에는 10개의 문자열을 담을 수 있는 배열을 선언합니다. count 변수는 입력받을 도시의 개수를 지정합니다.

for 문의 목적은 사용자가 입력한 도시 이름을 cities 배열에 하나씩 저장하는 것입니다. 따라서 cities 배열의 인덱스로 사용할 수 있는 idx 변수를 선언합니다. 이 변수는 for 문이 종료되면 자동으로 사라집니다. 즉, for 밖에서는 참조할 수 없습니다.

·주의· for 문은 반복의 기능만 가진 것이 아니며, 데이터에 차례로 접근하여 처리할 수 있습니다.

for 문의 복잡한 문법은 단순히 기능의 반복뿐만 아니라 데이터에 반복적으로 접근하는 데 그 목적이 있습니다. 그렇게 생각하면 문법의 내용이 이해가 됩니다.

마지막으로 증감식입니다. 앞서 idx 변수를 선언하고 idx가 count보다 작은 반복 조건을 이루었다면 증감식은 idx 변수를 더하거나 줄이면서 반복문을 지속할 수 있습니다.

예제 실행 결과는 다음과 같습니다.

```
1번째 도시를 입력하세요
Kairo
2번째 도시를 입력하세요
New york
3번째 도시를 입력하세요
Berlin
----------------------
입력한 도시의 개수는 3
첫 번째 도시는 Kairo
마지막 도시는 Berlin
```

for 문을 사용하는 방법은 다양합니다. 앞서 알아보았듯 데이터를 차례로 접근하는 예제를 하나 더 제시합니다. for 문에서 데이터를 접근할 때는 idx 변수에 항상 0부터 순차적으로 접근할 필요는 없습니다. 때로는 띄엄띄엄 접근할 수도 있고 마지막부터 역순으로 접근하는 것도 가능합니다.

파일 ch03_Statements/src/com/yudong80/java/ch03/ForAccess.java

```java
package com.yudong80.java.ch03;

public class ForAccess {
    public static void main(String[] args) {
        int[] numbers = {1, 2, 3, 4, 5, 6, 7, 8, 9, 10};

        //1. 간격을 두고 접근하기 (예: 짝수만 출력)
        System.out.println("짝수만 출력하기");
        for (int i = 1; i < numbers.length; i += 2) {
            System.out.println("짝수: " + numbers[i]);
        }

        //2. 역순으로 접근하기
        System.out.println("역순으로 출력하기");
        for (int i = 0; i < numbers.length; ++i ) {
            int number = numbers[numbers.length - 1 - i];
            System.out.println("숫자: " + number);
        }
    }
}
```

for 문을 통해 배열을 간격을 두고 접근하는 방법입니다. numbers 배열 변수에는 1부터 10까지의 숫자가 들어 있으며, 이 중에서 짝수만 출력하고 싶다면 어떻게 하면 좋을까요? 배열에는 값이 순차적으로 들어 있기 때문에 두 개씩 등간격으로 출력하면 좋을 것입니다.[9]

배열의 초기화식은 i 변수를 1으로 정의합니다. 앞에서는 for 문의 변수를 idx로 사용하였지만 실무 코드에서는 i, j, k와 같은 변수로 단순하게 사용하기도 합니다. 명확한 법칙이 있는 것은 아니며 코드의 상황에 맞게 사용하면 됩니다. 이후 예제에서는 idx, i, j, k 뿐만 아니라 상황에 맞는 변수 이름을 사용합니다.

i 변수가 numbers.length보다 작을 동안 코드를 반복하며 매번 i가 2씩 증가됩니다.

---

9 물론 순차적으로 접근한 후 짝수만 출력하는 방법도 있습니다. 이는 if 문에서 설명합니다.

요약하면 다음과 같습니다.

numbers[1] ← 초기화식에 의해 접근함

numbers[3]

numbers[5]

numbers[7]

numbers[9] ← 9까지 접근한 후 11이 되면 numbers.length인 10보다 크므로 더 이상 실행하지 않고 반복문을 종료합니다.

다음은 역순으로 접근하는 방법입니다. 예를 들어 다음과 같이 for 문을 작성할 수도 있습니다.

```
for (int i=numbers.length -1; i >= 0; i--)
```

문법적으로 맞는 코드이고 실제로 적용해보면 정상 동작합니다. 하지만 예제에서는

```
for (int i = 0; i < numbers.length; ++i ) {
    int number = numbers[numbers.length -1 -i];
```

반복의 횟수와 접근하는 인덱스를 분리하였습니다. 왜 그랬을까요? 앞의 코드는 for 문의 기본 취지인 반복의 관점으로 봤을 때 복잡하며 그 의미를 여러 번 생각해야 합니다. 먼저 초기화식이 numbers.length −1로 다소 복잡하고 조건식에도 등호(=)가 들어가 있습니다. 또한 증감식도 ++가 아닌 −− 입니다.

예제의 코드는 for 문을 통해 numbers 배열을 처음부터 끝까지 접근한다는 반복 횟수를 명시합니다. 따라서 코드를 빠르게 이해할 수 있습니다. 또한 배열을 역순으로 접근할 때 numbers.length 변수와 −1을 사용하기 때문에 역순으로 접근한다는 사실을 이해하기 쉽습니다. 예제의 실행 결과는 다음과 같습니다.

```
짝수만 출력하기
짝수: 2
짝수: 4
짝수: 6
짝수: 8
짝수: 10
역순으로 출력하기
숫자: 10
숫자: 9
숫자: 8
숫자: 7
```

```
숫자:  6
숫자:  5
숫자:  4
숫자:  3
숫자:  2
숫자:  1
```

for 문은 데이터를 생성하는 데도 사용합니다. 앞선 예제는 주어진 데이터를 사용하거나 사용자에게 입력받은 데이터를 처리하였지만 입력 받은 데이터를 바탕으로 새로운 데이터를 만들 수도 있습니다.

다음은 유명한 피보나치 수열을 만드는 예제입니다. 피보나치 수열은 두 개의 숫자 1로 시작되며, 앞의 두 수를 더하여 그다음의 수를 늘려갑니다.[10]

> **파일** ch03_Statements/src/com/yudong80/java/ch03/FibonacciV1.java

```java
package com.yudong80.java.ch03;

import java.util.Scanner;

public class FibonacciV1 {
    public static void main(String[] args) {
        System.out.println("피보나치 수열 만들기");

        Scanner s = new Scanner(System.in);
        System.out.println("수열 개수를 입력하세요");
        int num = s.nextInt();
        s.close();  //사용하면 최대한 빨리 닫아 줍니다

        int a = 1;
        int b = 1;

        int[] fibonacci = new int[num];
        fibonacci[0] = a;
        fibonacci[1] = b;
```

10　피보나치 수열에 대해서는 https://namu.wiki/w/피보나치 수열 을 참고하세요.

```
for (int i=0; i < (num - 2); ++i) {
    fibonacci[i+2] = a + b;
    a = b;
    b = fibonacci[i+2];
}

System.out.println("결과: ");
for (int i=0; i < num; ++i) {
    System.out.println(fibonacci[i]);
}
}
}
```

먼저 표시할 수의 개수를 입력받습니다. Scanner 클래스의 nextInt( ) 메서드를 호출하여 개수를 입력받고 num 변수에 저장합니다. 만약 음수를 입력받으면 정상 동작하지 않으니 주의하세요. Scanner 클래스는 입출력을 담당하고 있으며 사용을 마치면 최대한 빨리 닫아주어야 합니다. 자세한 내용은 PART9에서 다룹니다.

피보나치 수열을 생성하기 위해서는 두 개의 변수가 필요합니다. 예제에서는 편의상 a와 b 변수에 담았습니다. 입력받은 num 변수의 값에 해당하는 개수 만큼 생성된 수열을 fibonacci 배열에 저장합니다.

마지막으로 배열에 저장된 수열을 출력합니다. 실행 결과는 다음과 같습니다.

```
피보나치 수열 만들기
수열 개수를 입력하세요
5
결과:
1
1
2
3
5
```

위의 예제에서 마지막 부분에 결과를 표시할 때 사용하는 for 문은 좀 더 간결한 형태로 다시 표현할 수 있습니다. 자바 언어에서는 for each 문이라고 부릅니다.

다음은 피보나치 수열 예제에 for each 문을 적용한 예입니다. 예제를 간결하게 만들고자 사용자 입력은

받지 않습니다.

파일 ch03_Statements/src/com/yudong80/java/ch03/ForEach.java

```java
package com.yudong80.java.ch03;


public class ForEach {
    public static void main(String[] args) {
        System.out.println("배열에 저장된 피보나치 수열 출력:");
        int[] fibonacci = {1, 1, 2, 3, 5, 8, 13};
        for (int num : fibonacci) {
            System.out.println(num);
        }
    }
}
```

for 문에 비해 간결해졌습니다. 배열에 들어 있는 수를 하나씩 꺼내 for each 문에 있는 변수에 넣어줍니다. 이것을 출력하기만 하면 됩니다.

실행 결과는 다음과 같습니다.

```
배열에 저장된 피보나치 수열 출력:
1
1
2
3
5
8
13
```

2. if 문

if 문은 조건문입니다. 지금까지 작성된 모든 예제는 별도의 분기 없이 그대로 실행됩니다. 하지만 조건문이 있으면 어떤 문장은 실행하고, 어떤 문장은 실행되지 않게 만들 수 있습니다.

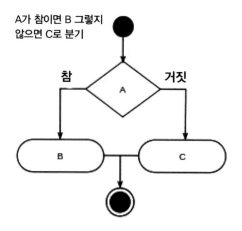

A가 참이면 B 그렇지
않으면 C로 분기

참   거짓

A

B   C

[그림3-1] if문 형식 (출처: https://ko.wikipedia.org/wiki/조건문)

다음은 단순한 if 문 예제입니다.

파일 ch03_Statements/src/com/yudong80/java/ch03/IfSimple.java

```
package com.yudong80.java.ch03;

public class IfSimple {
    public static void main(String[] args) {
        //1. 단순 if 문
        int even = 100;
        if (even %2 == 0) {
            System.out.println(even + "은 짝수입니다.");
        }


        int odd = 99;
        if (odd %2 == 1) {
            System.out.println(odd + "는 홀수입니다.");
        }
    }
}
```

even 변수에는 100이 들어 있습니다. 만약 even 값을 2로 나눈 나머지가 0이라면 "100은 짝수입니다" 라는 문자열을 출력합니다. odd 변수에는 99가 들어 있습니다. 만약 odd 값을 나눈 나머지가 1이라면 "99는 홀수입니다"를 출력합니다.

예제의 실행 결과는 다음과 같습니다.

```
100은 짝수입니다.
99는 홀수입니다.
```

if 문의 조건은 항상 실행되는 것이 아닙니다. 또한 if 문은 조건이 실행되지 않을 때 실행할 수 있는 다른 조건을 제시할 수 있습니다. 다음은 else 문을 포함한 예제입니다.

파일 ch03_Statements/src/com/yudong80/java/ch03/IfElse.java

```java
package com.yudong80.java.ch03;

public class IfElse {
    public static void main(String[] args) {
        //2. if와 else
        int grade = 88;

        if (90 < grade && grade <= 100) {
            System.out.println("당신의 성적은 A");
        } else if (80 < grade && grade <= 90) {
            System.out.println("당신의 성적은 B");
        } else if (70 < grade && grade <= 80) {
            System.out.println("당신의 성적은 C");
        } else if (60 < grade && grade <= 70) {
            System.out.println("당신의 성적은 D");
        } else {
            System.out.println("당신의 성적은 F");
        }
    }
}
```

이 예제는 grade 변수의 값으로 성적을 평가합니다. 90점이 넘으면 A, 80점이 넘으면 B, 70점이 넘으면 C, 60점이 넘으면 D, 그 외에는 F 입니다.

실행 결과는 다음과 같습니다.

```
당신의 성적은 B
```

if 문은 다양한 변형이 가능합니다. 먼저 if는 중첩(nested)될 수 있습니다. if 문을 배울 수 있는 가장 좋은 방법은 사례별 연습 문제를 풀어보는 것입니다.

전기 요금 계산기

전기 요금을 계산하는 방법은 구글링해서 찾을 수 있습니다. 계산법은 다음과 같습니다. 이것을 지금까지 배운 if 문으로 코딩해봅니다.

주택용 전기요금 (저압) 계산법

저압의 경우100kWh 이하는 kWh당 60.7원, 100kWh 초과는 125.9원, 200kWh 초과는 187.9원, 300kWh 초과는 280.6원, 400kWh 초과는 417.7원, 500kWh는 670.6원의 전력량 **요금**을 내야 한다.

junkigas.com › electricity-price-calculation ▼
전기요금계산법 | junkigas.com

[그림 3-2] 전기 요금 계산법

이것은 어떻게 코딩할 수 있을까요? 위의 내용을 한 번에 코딩하기는 어려우므로 가장 쉬운 경우부터 시작합니다. 다음은 100kWh이하의 경우와 100kWh 초과 200kWh 에 관한 예제입니다. 나머지는 버전을 올려가면서 만들어보겠습니다. 지금 중요한 것은 앞의 계산법을 SW 요구사항(SW Requirements)으로 생각해 나누어 구현해보는 것입니다.

파일 ch03_Statements/src/com/yudong80/java/ch03/ElectricityBillV1.java

```java
package com.yudong80.java.ch03;

public class ElectricityBillV1 {
    public static void main(String[] args) {
        System.out.println("=====================");
        System.out.println(" 주택용 전기요금(저압) 계산기 ");
        System.out.println("=====================");

        //1. 100 이하인 경우
        int value = 99;
        double price = 0;

        if (value <= 100) {
```

```
        price = value * 60.7;
    }

    System.out.println(value + "kWh의 전기 요금은 " + price + "원 입니다.");

    //2. 100 초과 200 이하인 경우
    value = 150;
    price = 0;

    if (value <= 100) {
        price = value * 60.7;
    } else {
        price = (100 * 60.7) + (value - 100) * 125.9;
    }

    System.out.println(value + "kWh의 전기 요금은 " + price + "원 입니다.");

    }
}
```

먼저 100kWh 이하인 경우입니다. 전기 사용량이 100kWh 이하인 경우 if 문을 사용하여 value가 100kWh 이하인지 검사합니다. 만약 그렇다면 kWh 당 60.7원의 단가를 적용하여 전기 요금을 계산합니다.

두 번째는 전기 사용량이 100kWh 초과 200kWh 이하인 경우입니다. 이때는 단일 단가로 계산하는 것이 아니라 1~100kWh 이하인 구간과 100kWh 초과 200kWh 이하인 구간을 나눠서 구해야 합니다. 첫 번째 if는 100kWh 이하인 경우를 계산합니다. 그리고 else 문을 사용해 전기 사용량이 100kWh 초과 200kWh 이하인 경우를 구합니다.

먼저 100kWh 이하인 부분은 60.7원의 단가를 적용하고, 그 외의 구간은 (value − 100)으로 구합니다. 이 처럼 나머지 구간도 한번 만들어보시면 좋을 것 같습니다.

예제의 실행 결과는 다음과 같습니다.

```
======================
주택용 전기요금(저압) 계산기
======================
99kWh의 전기 요금은 6009.3원 입니다.
150kWh의 전기 요금은 12365.0원 입니다.
```

중첩 if 문에 대해서 알아봅시다. 즉, if 안에 if 가 있는 구조입니다. 필요에 따라 몇 개의 if든 중첩해서 넣을 수 있습니다. 다음의 예제는 if 중첩을 가상으로 넣어본 예제입니다. 이런 식으로 if 문을 구성할 수 있구나 하고 생각하시면 됩니다. if 문의 실제 사례들은 앞으로 예제들을 통해 더 많이 알 수 있도록 하였습니다.

파일 **ch03_Statements/src/com/yudong80/java/ch03/IfNested.java**

```java
package com.yudong80.java.ch03;

public class IfNested {
    public static void main(String[] args) {
        //1. 2단계 if
        int value = 100;

        if (value > 50) {
            System.out.println(value + "는 50보다 큽니다.");
            if (value > 60) {
                System.out.println(value + "는 60보다 큽니다.");
            }
        }

        //2. 3단계 if
        int length = 655;

        if (length > 1000) {
            System.out.println(length + "는 1000보다 큽니다.");
        } else {
            if (length > 500) {
                System.out.println(length + "는 500보다 큽니다.");
                if (length > 600) {
```

```
                          System.out.println(length + "는 600보다 큽니다.");
                    }
                }
            }
        }
    }
```

먼저 value 변수에 100을 넣습니다. 그다음 value가 50보다 큰 경우에는 "100은 50보다 큽니다"라는 문구를 출력합니다. 그 상태에서 만약 value가 60보다 큰 경우에는 "100은 60보다 큽니다"라는 문구를 출력합니다. 이 문구는 오직 50보다 큰 경우라는 선 조건이 충족되었을 때만 들어올 수 있습니다.

만약 "100은 50보다 큽니다"라는 문구를 출력하지 않아도 된다면 다음과 같이 하나의 if 문장으로 만들수도 있습니다.

```
if (value > 50 && value > 60) {
    System.out.println(value + "은 60보다 큽니다");
}
```

물론 논리적으로 60보다 큰 경우는 반드시 50보다 크기 때문에 위의 조건문은 더 축약할 수 있습니다. 어떻게 보면 너무도 당연한 if 조건들이지만 실무 프로젝트에서는 논리적인 포함관계를 자세히 따지지 않고 기계적으로 코딩하는 경우가 종종 보입니다. 좋은 프로그래머가 되기 위해서는 if 문들을 생략하거나 if 의 조건들을 병합할 수 있는지에 대해 꼼꼼히 따져보는 것이 중요합니다. 그래서 위와 같은 예들을 들었습니다.

```
if (value > 60) {
    System.out.println(value + "은 60보다 큽니다");
}
```

두 번째는 3단계 if 문입니다. 먼저 length 변수에 655를 넣습니다. 첫 번째 if 문은 length가 1000보다 큰지 검사합니다. 그렇지 않은 경우에는 else 문으로 이동합니다. 여기서 만약 length가 500보다 크다면 "655는 500보다 큽니다"를 출력합니다. 여기에서 length가 600보다 크다면 "655는 600보다 큽니다"를 출력합니다.

if의 조건 변수가 value 혹은 length로 한 개만 있기 때문에 비교적 조건문의 내용을 쉽게 파악할 수 있습니다. 하지만 실무에서는 if의 조건이 여러 개일 수도 있고, 이 장의 마지막에서 다룰 함수 등을 사용하여 조건문을 구성하면 그 내용을 파악하기가 쉽지 않을 수도 있습니다. 아직은 초반이니 다수의 예제들을 만나보면서 단련합시다.

앞의 예제 마지막에는 조건문을 닫는 중괄호(})가 다섯 개나 보입니다. 만만한 조건문은 아니었습니다.

```
                }
            }
        }
    }
}
```

3. while 문

for, if 문에 이어 자주 쓰이는 제어문은 while 입니다. while은 for와 같이 반복문에 속하지만 for 문에 있는 변수 초기화식이나 증감식이 없습니다. for 문이 몇 번을 반복하는지 반복 횟수에 주목한 반복문이라면 while 문은 반복 조건에 주목한 반복문입니다.

자바 언어 초보자라면 for 문이 좀 더 쉽기 때문에 for 문을 먼저 배운 후, for 문이 적절하지 않은 경우에 while 문을 사용하면 좀 더 쉽게 제어문을 배치할 수 있습니다.

먼저 for 문을 활용한 구구단 예제입니다.

파일 ch03_Statements/src/com/yudong80/java/ch03/ForGugudan.java

```java
package com.yudong80.java.ch03;

public class ForGugudan {
    public static void main(String[] args) {
        //1. 구구단 (3단)
        int dan = 3;
        for (int i=1; i <= 9; ++i) {
            System.out.println(dan + " * " + i + " = " + (dan * i));
        }
    }
}
```

예제의 실행 결과는 다음과 같습니다.

```
3 * 1 = 3
3 * 2 = 6
3 * 3 = 9
3 * 4 = 12
3 * 5 = 15
3 * 6 = 18
3 * 7 = 21
3 * 8 = 24
3 * 9 = 27
```

이것을 while 문으로 변경하면 어떻게 될까요? 잠시 생각해보세요. while 문은 for 문에 비해 어떻게 다른지, 어느 부분이 생략되어 있는지를 주목하세요.

파일 ch03_Statements/src/com/yudong80/java/ch03/WhileBasic.java

```java
package com.yudong80.java.ch03;


public class WhileBasic {
    public static void main(String[] args) {
        //1. 구구단 (3단)
        int dan = 3;
        int i = 1;

        while (i <= 9) {
            System.out.println(dan + " * " + i + " = " + (dan * i));
            i += 1;
        }
    }
}
```

for 문에서는 한 줄인 곳이 다음의 3줄로 분할되었습니다. 먼저 i 변수는 for 문의 변수 초기화식에서 사용한 것과 동일합니다. 그리고 for 문의 조건식은 while 문에 그대로 들어갑니다. 마지막으로 i += 1;은 for 문의 ++i와 동일합니다.

```java
        for (int i=1; i <= 9; ++i)
```

```
        int i = 1;
        while (i <= 9) {
            i += 1;
        }
```

그렇다면 항상 for 문이 좋을까요? 그렇지만은 않습니다. i 변수와 같이 인덱스가 증가되는 방식이 아닌
다른 방식으로 반복을 하는 경우도 있습니다. 앞으로 while 문의 다양한 쓰임새에 대해 알아봅시다.

while 문은 배열에 있는 값을 하나씩 읽을 때도 사용합니다. 다음 예제는 배열에 있는 각 숫자가 짝수인
지 홀수인지 판단합니다.

파일 ch03_Statements/src/com/yudong80/java/ch03/WhileArray.java

```java
package com.yudong80.java.ch03;

public class WhileArray {
    public static void main(String[] args) {
        int[] numbers = {
            10, 77, 33, 66, 25, 100, 200, 1000, 9999, 8888,
        };

        int i=0;
        while (i < numbers.length) {
            int num = numbers[i];

            if (num %2 == 0) {
                System.out.println(num + "은 짝수입니다.");
            } else {
                System.out.println(num + "은 홀수입니다.");
            }
            i += 1;
        }
    }
}
```

먼저 numbers 배열에 10개의 수를 넣습니다. i 변수는 0으로 설정하고 while 문을 시작합니다. while 문
안에 있는 num 변수는 numbers 배열에 있는 값을 하나씩 읽어옵니다.

만약 num 변수가 짝수이면 "XXX은 짝수입니다"를 출력하고 그렇지 않으면(홀수이면) "XXX은 홀수입니다"를 출력합니다. 예제의 실행 결과는 다음과 같습니다.

```
10은 짝수입니다.
77은 홀수입니다.
33은 홀수입니다.
66은 짝수입니다.
25은 홀수입니다.
100은 짝수입니다.
200은 짝수입니다.
1000은 짝수입니다.
9999은 홀수입니다.
8888은 짝수입니다.
```

지금까지의 모든 for 문과 while 문은 원하는 조건을 모두 실행하고 있습니다. 하지만 자바 언어에는 continue와 break라는 키워드를 제공합니다. continue 문은 for 혹은 while 반복문 실행 도중 다음 인덱스로 넘어가는 동작을 제공합니다. 반대로 break 문은 실행 중인 반복문 전체를 중단할 수 있습니다.

먼저 continue의 사용법입니다.

파일 ch03_Statements/src/com/yudong80/java/ch03/WhileContinueV1.java

```java
package com.yudong80.java.ch03;

public class WhileContinueV1 {
    public static void main(String[] args) {
        int[] numbers = {1, 2, 3, 4, 5, 6, 7, 8};
        int i = 0;

        while (i < numbers.length) {
            int num = numbers[i];
            if (num < 5) {
                continue; //이렇게 하면 안 됩니다!
            }

            System.out.println("이번 숫자는 " + num + " 입니다.");
            i += 1;
```

```
            }
        }
    }
```

numbers 배열에는 1에서 8까지의 숫자가 들어 있습니다. 이 프로그램의 목표는 5보다 작은 1부터 4까지의 숫자는 건너뛰고 5부터 8까지의 숫자를 출력하는 것입니다.

이 예제를 실행하면 어떻게 될까요? 실행해보면 무한 반복에 빠져 아무것도 출력되지 않습니다. 잠시만 생각해보세요. 왜 그럴까요?

· **주의** · WhileContinueV1을 실행하면 무한 반복에 빠져 프로그램이 종료되지 않습니다. 만약 실행했다면 Ctrl + C를 눌러 프로그램을 강제 중단시킵니다.

continue 문은 while 반복문에 있는 나머지 문장을 모두 건너뜁니다. 따라서 for 문의 증감식에 해당하는 i+=1; 문이 실행되지 않기 때문에 영원히 while 문이 반복됩니다.

따라서 다음과 같이 continue를 하기 전에 i 변수가 1 증가될 수 있도록 하는 코드를 추가해주어야 합니다.

파일 ch03_Statements/src/com/yudong80/java/ch03/WhileContinueV2.java

```java
package com.yudong80.java.ch03;

public class WhileContinueV2 {
    public static void main(String[] args) {
        int[] numbers = {1, 2, 3, 4, 5, 6, 7, 8};
        int i = 0;

        while (i < numbers.length) {
            int num = numbers[i];
            if (num < 5) {
                i += 1; //이 문장을 추가해주어야 합니다!
                continue;
            }

            System.out.println("이번 숫자는 " + num + " 입니다.");
            i += 1;
        }
    }
}
```

예제의 실행 결과는 다음과 같습니다.

```
이번 숫자는 5 입니다.
이번 숫자는 6 입니다.
이번 숫자는 7 입니다.
이번 숫자는 8 입니다.
```

continue 문은 for 문에서도 적용할 수 있습니다. 다음은 WhileContinueV2.java를 for 문으로 바꾼 예제입니다. for 문에는 증감식이 내부적으로 포함되어 있기 때문에 continue 문도 쉽게 사용할 수 있습니다.

파일 ch03_Statements/src/com/yudong80/java/ch03/ForContinue.java

```java
package com.yudong80.java.ch03;

public class ForContinue {
    public static void main(String[] args) {
        int[] numbers = {1, 2, 3, 4, 5, 6, 7, 8};
        for (int i=0; i < numbers.length; ++i) {
            int num = numbers[i];
            if (num < 5) {
                continue; //for 문에서는 정상 동작합니다.
            }

            System.out.println("이번 숫자는 " + num + " 입니다.");
        }
    }
}
```

앞의 예제와 동일하며 while 문을 단지 for 문으로 변경하였습니다. for 문의 특성상 코드 전체가 더 간결해졌습니다. 예제의 실행 결과는 다음과 같습니다.

```
이번 숫자는 5 입니다.
이번 숫자는 6 입니다.
이번 숫자는 7 입니다.
이번 숫자는 8 입니다.
```

다음은 break 문입니다. break 문은 continue 문과 마찬가지로 for 문과 while 문에서 사용할 수 있으며 추가적으로 다음 절에서 배울 switch 문에서도 활용합니다. break 문은 반복문을 더 이상 진행하지 않고 바로 빠져나옵니다.

```java
package com.yudong80.java.ch03;

public class WhileBreak {
    public static void main(String[] args) {
        int[] numbers = {1, 2, 3, 4, 5, 6, 7, 8};

        int i=0;
        while (i < numbers.length) {
            int num = numbers[i];
            if (num > 5) {
                System.out.println("5보다 크면 반복문을 중단합니다.");
                break; //이후에는 더 이상 반복문을 진행하지 않습니다.
            }

            System.out.println("이번 숫자는 " + num + " 입니다.");
            i += 1;
        }
    }
}
```

numbers 배열에는 1부터 8까지의 수가 들어 있으며, while 반복문을 통해 차례로 숫자를 출력합니다. 이 때 숫자가 5보다 크면 반복문을 중단합니다. 예제의 실행 결과는 다음과 같습니다.

```
이번 숫자는 1 입니다.
이번 숫자는 2 입니다.
이번 숫자는 3 입니다.
이번 숫자는 4 입니다.
이번 숫자는 5 입니다.
5보다 크면 반복문을 중단합니다.
```

위의 내용은 for 문으로도 동일하게 변경할 수 있습니다.

```java
package com.yudong80.java.ch03;

public class ForBreak {
    public static void main(String[] args) {
        int[] numbers = {1, 2, 3, 4, 5, 6, 7, 8};

        for(int i=0; i < numbers.length; i++) {
            int num = numbers[i];
            if (num > 5) {
                System.out.println("5보다 크면 반복문을 중단합니다.");
                break; //이후에는 더 이상 반복문을 진행하지 않습니다.
            }

            System.out.println("이번 숫자는 " + num + " 입니다.");
        }
    }
}
```

while 문과 for 문은 조건이 갖춰지면 언제든 변환할 수 있어야 합니다. 예제의 실행 결과는 다음과 같이 동일합니다.

```
이번 숫자는 1 입니다.
이번 숫자는 2 입니다.
이번 숫자는 3 입니다.
이번 숫자는 4 입니다.
이번 숫자는 5 입니다.
5보다 크면 반복문을 중단합니다.
```

while 문의 또 다른 종류는 do while 문이 있습니다. while 문의 조건식이 앞에 있는 두괄식이라면 do while 문은 먼저 괄호 안에 있는 문장을 실행하는 미괄식 형태의 반복문입니다. 먼저 do while의 문법입니다.

```
do {

    //문장 실행

} while (조건문);
```

while 문의 조건문이 앞에 있다면 do while 문은 조건문이 뒤에 있는 경우입니다. 경우에 따라 while 문은 반복문 내부가 한 번도 실행되지 않을 수 있지만 do while 문은 적어도 한 번의 실행은 보장됩니다.

파일 ch03_Statements/src/com/yudong80/java/ch03/DoWhileBasic.java

```java
package com.yudong80.java.ch03;

public class DoWhileBasic {
    public static void main(String[] args) {
        String[] planets = {
            "수성", "금성", "지구", "화성", "목성", "토성",
        };

        int i = 0;
        do {
            String dest = planets[i];

            System.out.println(dest + "(으)로 우주 여행을 가자!");
            i += 1;
        } while (i < planets.length);
    }
}
```

먼저 planets 배열에 태양계의 행성들을 넣습니다. i 변수를 초기화하고 do 문에 있는 내용을 출력합니다. 각 반복문에서 dest 변수에는 i 변수를 인덱스로 하는 행성 이름이 저장됩니다.

예를 들어 "수성(으)로 우주 여행을 가자!"라는 문구를 출력한 후 while 조건문을 실행합니다. 만약 i 변수가 planets 배열의 길이보다 작은 경우에는 반복문을 다시 실행합니다.

예제의 실행 결과는 다음과 같습니다.

수성(으)로 우주 여행을 가자!

금성(으)로 우주 여행을 가자!

지구(으)로 우주 여행을 가자!

화성(으)로 우주 여행을 가자!

목성(으)로 우주 여행을 가자!

토성(으)로 우주 여행을 가자!

앞서 for와 while 문이 서로 호환 가능한 것과 마찬가지로 while 과 do while 문도 언제든지 변환할 수 있습니다. 중요한 것은 어느 것을 사용해야 코드의 가독성(Readability)이 좋을지 여부와, 프로그램의 문맥에 따라 적절한 것을 선택하면 됩니다.

◀ 혼자 정리하는 자바 ▶

코드의 가독성을 높여라

좋은 코드는 프로그래머의 실력을 의미하며 코드를 만드는 사람뿐만 아니라 코드를 읽는 사람에게도 좋은 영향을 줍니다. 코드의 내용을 읽기 쉽고 그 목적을 분명하게 파악할 수 있도록 노력합니다.

사실 do while 문은 for와 while 에 비해서는 잘 사용되지 않습니다. 처음 배우시는 분들은 앞서 말씀드린 대로 for 문을 먼저 사용해본 후, 반복하는 상황이지만 for 문이 적절하지 않을 때 while 문과 do while 문을 고려하시기 바랍니다.

◀ 혼자 정리하는 자바 ▶

반복문의 고려 순서

`for 문 → while 문 → do while 문 순으로 고려`

4. switch 문

for 문의 변형이 while 문인 것과 마찬가지로 switch 문은 if 문을 용도에 맞게 변형한 형태입니다. 특정한 상황에서 if 조건문을 좀 더 깔끔하게 만들 수 있습니다.

switch 문의 기본 문법은 다음과 같습니다.

switch 문의 문법

```
switch (변수) {
    case 조건1:
        //조건1의 실행문
        break;
    case 조건2:
        //조건2의 실행문
        break;
    case 조건N:
        //조건N의 실행문
        break;
    default:
        //조건에 해당하지 않을 때의 실행문
}
```

문법이 다소 복잡하지만 if 문의 변형임을 생각하면 그리 복잡하지 않습니다. 먼저 switch 문은 조건을 다루는 것이 아닌 특정 단일 변수를 다룹니다. if 문은 안에 다수의 조건문을 가질 수 있으며, if 문이 중첩될 수도 있습니다. 하지만 switch 문은 기본적으로는 중첩하여 사용하지 않습니다.[11]

앞선 DoWhileBasic.java 예제의 조건문을 switch 문으로 변환해 봅시다. 자바 문법의 기본기를 다지려면 for ⇄ while 변환 혹은 while ⇄ switch 변환 등을 연습해보면 도움이 됩니다.

파일 ch03_Statements/src/com/yudong80/java/ch03/SwitchBasic.java

```java
package com.yudong80.java.ch03;

public class SwitchBasic {
    public static void main(String[] args) {
        String[] planets = {
                "수성", "금성", "지구", "화성", "목성", "토성",
        };

        for (String planet : planets) {
            switch (planet) {
```

---

[11] 중첩하여 사용할 수는 있지만 코드의 가독성이 떨어져 추천하지 않습니다.

```
            case "지구":
                    System.out.println(planet + "로 우주 여행 가자!");
                    break;
            default:
                    System.out.println(planet + "으로 우주 여행 가자!");
            }
        }
    }
}
```

DoWhileBasic.java의 실행 결과를 보면 조금 어색한 점이 있습니다.

```
수성(으)로 우주 여행 가자!
금성(으)로 우주 여행 가자!
지구(으)로 우주 여행 가자!
```

바로 수성, 금성의 경우 조사는 "~으로"가 적절하고 지구의 경우 마지막 글자에 받침이 없으므로 "~로"
가 맞지만 구별하지 않고 일괄적으로 (으)로라는 조사를 사용하였습니다.

switch 문을 사용하면 planet 변수를 기준으로 내가 원하는 경우를 나누어 편리하게 대응할 수 있습니다.
각 조건의 마지막에는 break 문 을 반드시 붙여야 하며, 그 외의 경우에 해당하는 default 조건에는 break
문 을 붙이지 않아도 됩니다. 단, break 문을 붙이더라도 오류가 발생하지는 않습니다.

switch 문에는 문자열 변수뿐만 아니라 다른 기본형도 사용할 수 있습니다.[12]

파일 **ch03_Statements/src/com/yudong80/java/ch03/SwitchInt.java**

```
package com.yudong80.java.ch03;

public class SwitchInt {
    public static void main(String[] args) {
        int[] monthDays = {31, 29, 31, 30, 31}; //1월부터 5월까지

        for (int days : monthDays) {
```

---

12 원래 자바 초창기에는 switch 문의 변수로 int와 double 같은 수치형 데이터 타입만 지원하였지만 자바 7부터 문자열 변수도 넣을 수 있
어 편리해졌습니다.

```
        switch (days) {
        case 29:
                System.out.println("이번 달은 29일입니다.");
                break;
        case 30:
                System.out.println("이번 달은 30일입니다.");
                break;
        default:
                System.out.println("이번 달은 31일입니다.");
        }
    }
  }
}
```

SwitchBasic.java 예제와 기본적인 내용은 동일하지만 switch 문에 들어가는 변수가 int 타입이라는 점이 다릅니다. case 문에도 숫자형이 들어가야 하므로 문자열의 따옴표(")는 들어가지 않습니다.

다음은 switch 문의 변형 문법입니다.

요약

switch 변형 문법
- 1. break를 생략하기
- 2. default를 생략하기

```
switch (변수) {
    case 조건1:
    case 조건2:
        //조건2의 실행문
        break;
    case 조건N:
        //조건N의 실행문
        break;
    default:
        //조건에 해당하지 않을 때의 실행문
}
```

기본 문법을 기준으로 break와 default 키워드는 언제든 생략이 가능합니다.

SwitchBasic.java 예제를 다른 관점에서 다시 작성해보도록 하겠습니다. 실행 결과는 동일합니다.

파일 ch03_Statements/src/com/yudong80/java/ch03/SwitchExtended.java

```java
package com.yudong80.java.ch03;

public class SwitchExtended {
    public static void main(String[] args) {
        String[] planets = {
            "수성", "금성", "지구", "화성", "목성", "토성",
        };

        for (String planet : planets) {
            switch (planet) {
            case "수성": //fall-through
            case "금성": //fall-through
            case "화성": //fall-through
            case "목성": //fall-through
            case "토성":
                System.out.println(planet + "으로 우주 여행 가자!");
                break;
            case "지구":
                System.out.println(planet + "로 우주 여행 가자!");
            }
        }
    }
}
```

planets 배열의 값은 동일합니다. switch 문이 어떻게 다른지 봐주세요. SwitchBasic 예제는 "지구"의 경우에만 조건문을 수행하고 나머지 행성에 대해서는 default 경우로 처리하였습니다. 하지만 이 예제에서는 planets 배열에 있는 대다수의 데이터를 case 문에 포함하고 있습니다.

수성, 금성, 화성, 목성, 토성일 경우 "~으로 우주 여행 가자!"를 출력하고 있습니다. 각 case 문 우측에 있는 //fall-through 는 무엇일까요? 이것은 개발자들 사이의 일종의 약속입니다. 강제사항은 아닙니다.

switch의 기본 문법은 각 case 별로 break 문을 붙이도록 되어 있기 때문에, 실무에서 코드의 case 문 마지막에 break문이 없으면 이것을 실수로 누락한 것인지 의도적으로 생략한 것인지 알기 어렵습니다. 따라서 //fall-through를 붙여놓으면 의도적으로 break 문을 생략했다는 것을 알 수 있습니다.

예제의 실행 결과는 다음과 같습니다. '지구로'가 변경되고, 나머지는 동일합니다.

```
수성으로 우주 여행 가자!
금성으로 우주 여행 가자!
지구로 우주 여행 가자!
화성으로 우주 여행 가자!
목성으로 우주 여행 가자!
토성으로 우주 여행 가자!
```

데이터의 관점으로 봤을 때 어느 코드가 더 좋은 코드일까요? 만약 지금 예제처럼 switch 문에 들어가는 모든 데이터를 알 수 있다면 SwitchExtended 예제가 더 좋은 코드입니다. 그 이유는 planets 변수에 새로운 데이터가 추가되었을 때 switch 문에서 그 경우가 누락되었는지 바로 알 수 있기 때문입니다.

하지만 데이터를 외부에서 받아오는 경우라서 모든 경우를 알 수 없다면 SwitchBasic 예제와 같이 default 문을 예외 상황에 대비하는 것도 좋습니다. 100%를 만족하는 정답은 없습니다.

switch 문의 문법은 복잡해 보이지만 복잡한 if 문을 단순하게 한 개의 변수 중심으로 축약해주는 장점이 있습니다. 기본적으로 for 문과 if 문이 있으면 대부분의 경우를 커버할 수 있으며, while 문과 switch 문은 필요할 경우 적절하게 적용하시면 됩니다.

한마디로 자바의 제어문은 크게 반복문(for, while, do while 문)과 조건문(if, switch 문)으로 나누어진다고 생각하시면 됩니다.

이번 장의 마무리

이번 장에서는 프로그램의 기본 로직을 담당하는 반복문(for, while, do while 문)과 분기문(if, switch 문)과 같은 제어문을 알아보았습니다.

연습문제

01 다음 중 자바의 제어문이 아닌 것은?

① if 문　　　　　② do while 문　　　　　③ let 문　　　　　④ switch 문

02 다음 중 올바른 for 문법이 아닌 것은?

① for (int i=0; i< 100; ++i)　　　　② for (; ;)
③ for (3)　　　　④ for (String item: storage)

03 다음은 성인(19세 이상)과 청소년 (13세~ 19세 미만)을 구별하는 예제 코드입니다. 빈 칸을 채우세요.

```java
public class IfAdult {
    public static void main(String[] args) {
        int age = 17;

        if [      ] {
            System.out.println("성인입니다.");
        } else if [      ] {
            System.out.println("청소년입니다.");
        } else {
            System.out.println("어린이입니다.");
        }
    }
}
```

04 다음은 3번 예제를 switch로 변경한 코드입니다. 빈 칸을 채우세요.

```java
public class SwitchAdult {
    public static void main(String[] args) {
        final int CODE_ADULT = 100;
        final int CODE_YOUTH = 200;
        final int CODE_CHILDREN = 300;
        int myCode = CODE_YOUTH;

        switch [      ] {
        case CODE_ADULT:
            System.out.println("성인입니다.");
            break;
        case CODE_YOUTH:
            System.out.println("청소년입니다.");
            break;

            System.out.println("어린이입니다.");
        }
    }
}
```

01 다음은 사용자의 입력을 받아 원하는 구구단을 출력하는 예제입니다. 빈 칸을 채우세요.

```java
package com.yudong80.java.ch03;

import java.util.Scanner;

public class Gugudan {
    public static void main(String[] args) {
        // 1. 단을 입력합니다.
        Scanner s = new Scanner(System.in);
        System.out.println("구구단 몇 단? ");
        int dan = s.nextInt();

        // 2. 구구단은 2단에서 9단까지만 가능합니다.
        if ([    ]) {
            System.out.println("구구단은 2단~ 9단까지만 선택할 수 있습니다. 프로그램을
종료합니다.");
            s.close();
            return;
        }

        // 3. 구구단을 출력합니다.
        for ([    ]) {
            System.out.println(dan + " * " + i + " = " + (dan * i));
        }

        // 4. 스캐너를 닫습니다.
        s.close();
    }
}
```

실행 결과:

(정상적인 경우)

구구단 몇 단?

7

7 * 1 = 7

7 * 2 = 14

7 * 3 = 21

7 * 4 = 28

7 * 5 = 35

7 * 6 = 42

7 * 7 = 49

7 * 8 = 56

7 * 9 = 63

(2~9단 범위를 넘어가는 경우)

구구단 몇 단?

11

구구단은 2단~ 9단까지만 선택할 수 있습니다. 프로그램을 종료합니다.

PART 4

함수와 String 클래스

이 장의 내용

- 함수의 개념
- 함수로 생각하기
- String 클래스와 메서드
- MyStorage 프로젝트 (버전1)

4 함수와 String 클래스

이번 장에서는 함수(메서드)의 개념과 String 클래스에 대해 배웁니다. 함수는 모든 프로그래밍 언어에 존재하는 언어의 기본 구성 요소이며 자바는 이러한 함수를 객체 지향 프로그래밍 언어의 관점에서 메서드라고 명명합니다. String 클래스는 문자열 타입을 의미하며 int, double과 같은 원시 타입과는 다릅니다. 문자열 타입을 조작하는 풍부한 메서드가 제공되므로 잘 배워두어야 합니다.

1. 함수의 개념

지금까지 모든 예제에는 public static void main(String[ ] args) 메서드가 있었습니다. 자바 파일을 컴파일하고 실행하면 main( ) 메서드가 실행됩니다.

main( ) 메서드에서 대해서 좀더 알아봅니다. 앞에 public, static, void 등의 키워드가 붙어 있습니다. 메서드는 일반적인 프로그래밍 용어로 함수라고 부릅니다. 이 책에서는 두 용어가 혼용됩니다. 함수는 무엇일까요?

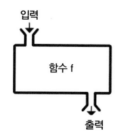

[그림 4-1] 프로그램은 일종의 함수다 [13]

함수는 어떤 입력을 받아 결과를 반환하는 프로그램 단위입니다. 예를 들어 지금까지 사용했던 main 함수도 어떤 입력을 받아 결과를 출력할 수 있습니다. Part2에 있는 InputString 예제를 보도록 하겠습니다.

---

13 출처: https://en.wikipedia.org/wiki/Function_(mathematics)

```java
package com.yudong80.java.ch02;

import java.util.Scanner;

public class InputString {
    public static void main(String[] args) {
        Scanner s = new Scanner(System.in);

        System.out.println("이름을 입력하세요? ");
        String name = s.nextLine();

        System.out.println("사는 곳을 입력하세요? ");
        String city = s.nextLine();

        System.out.println(city + "에 사는 " + name + "님 반갑습니다!");
    }
}
```

이 예제는 표준 입력(System.in)을 통해 사용자 입력을 받습니다. 하지만 사용자 입력이 아닌 main( ) 함수의 인자인 args를 통해 이름과 사는 곳을 입력받을 수 있습니다.

다음은 명령행 인자로 이름과 도시명을 받는 예제입니다.

```java
package com.yudong80.java.ch04;

public class InputArgs {
    public static void main(String[] args) {
        String name = args[0];
        String city = args[1];
        System.out.println(city + "에 사는 " + name + "님 반갑습니다!");
    }
}
```

name 변수는 args 배열의 첫 번째 요소인 args[0]로 정의하고, city 변수는 같은 배열의 args[1]의 값을 넣습니다.

이 프로그램을 명령행 인자 없이 실행하면 다음과 같은 오류가 발생합니다.

```
Exception in thread "main" java.lang.ArrayIndexOutOfBoundsException: 0
    at com.yudong80.java.ch04.InputArgs.main(InputArgs.java:5)
```

어떻게 해야 할까요? main( ) 함수에 인자를 전달하기 위해서는 실행 방법이 달라져야 합니다.

VS Code에서 main( ) 메서드에 명령행 인자(command line arguments)를 넣어 실행하려면 자바 프로젝트의 launch.json 파일을 생성해야 합니다.

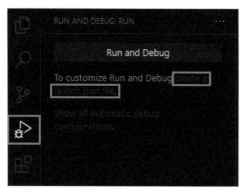

[그림 4-2] 액티비티 바의 Run and Debug 버튼 실행

좌측 액티비티 바에서 Run and Debug 버튼을 누릅니다.

[그림 4-3] 실행 환경 선택(Java)

여기에서 create a launch.json file 링크를 클릭한 후 실행 환경에서 Java를 선택합니다. launch.json 파일이 생성되면 다음의 내용만 남기고 모두 지웁니다.

파일 **ch04_FunctionString/.vscode/launch.json**

```
{
    "version": "0.2.0",
    "configurations": [
        {
            "type": "java",
```

```
        "name": "Launch Current File",

        "request": "launch",

        "mainClass": "${file}"

    },

    ]

}
```

하단에 있는 Add Configuration… 버튼을 누릅니다.

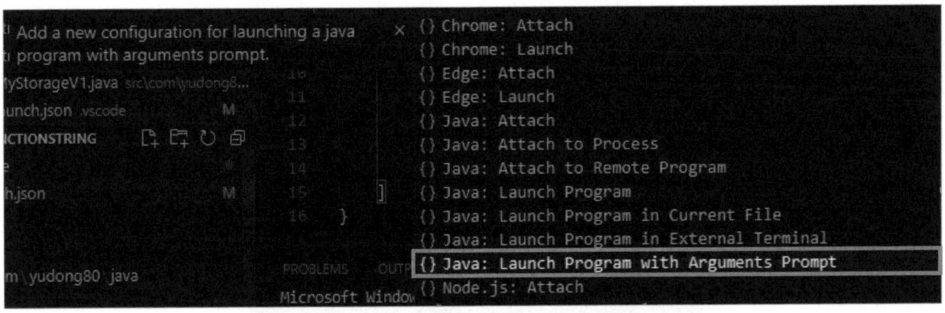

[그림 4-4] Java: Launch Program with Arguments Prompt 를 선택

Java: Launch Program with Arguments Prompt 를 선택하면 launch.json 파일에 다음과 같이 추가됩니다. 추가된 후에는 저장(Ctrl + S)을 해야 합니다.

파일 ch04_FunctionString/.vscode/launch.json

```
{

    "version": "0.2.0",

    "configurations": [

        {

            "type": "java",

            "name": "Launch with Arguments Prompt",

            "request": "launch",

            "mainClass": "",

            "args": "${command:SpecifyProgramArgs}"

        },


        {

            "type": "java",

            "name": "Launch Current File",
```

```
            "request": "launch",
            "mainClass": "${file}"
        },
    ]
}
```

◀혼자 정리하는 자바▶

인자와 인수의 차이는 무엇인가요?

인자는 함수 혹은 메서드의 원형에 정의된 인자(parameter)를 의미합니다. main() 함수에서는 args에 해당합니다. 인수는 함수에 실제로 전달된 인자 값을 의미합니다. 예를 들면 InputArgs 예제에는 args 배열 인자로 "유동", "서울" 등이 입력될 수 있습니다.

Explorer 패널로 돌아가서 InputArgs.java 파일을 선택합니다. 그다음 Run and Debug 패널로 돌아와 상단의 선택창에서 Launch with Arguments Prompt 를 선택합니다.

[그림 4-5] Launch Program with Arguments Prompt를 선택

이제 실행 버튼(▷)을 누릅니다.

[그림 4-6] 명령행 인수 입력 (Jane London)

여기에서 원하는 인수를 넣습니다. 예를 들어 이름은 "Jane"을, 사는 곳은 "London"을 넣어봅니다. 여러분이 원하는 대로 넣으셔도 됩니다. 그다음 엔터를 누르면 프로그램이 실행됩니다.

    London에 사는 Jane님 반갑습니다!

InputString 예제처럼 사용자 입력을 받아 결과를 출력하는 것이 좋을까요? 아니면 InputArgs예제처럼 main( ) 함수에 명령행 인수를 전달해서 결과를 출력하는 것이 좋을까요? 대답은 상황에 따라 다릅니다.

VS Code라는 통합 개발 환경(IDE)에서 작업하고 있으므로 사용자 입력이 더 편할 수 있습니다. 하지만 프로젝트의 상황에 따라 명령행(command line)으로 실행해야 합니다. 예를 들어 InputArgs 예제를 외부의 명령 창(cmd.exe)을 열어 실행할 수도 있습니다.

InputArgs 예제를 명령 창에서 실행해봅시다. 단축키(Ctrl + Shift + C)를 눌러 외부 명령 창을 엽니다.

·주의· 포커스가 하단 터미널에 있는 경우 단축키가 수행되지 않습니다. 그럴 때는 소스 코드 편집창을 한 번 클릭한 후에 단축키(Ctrl + Shift + C)를 다시 눌러봅니다.

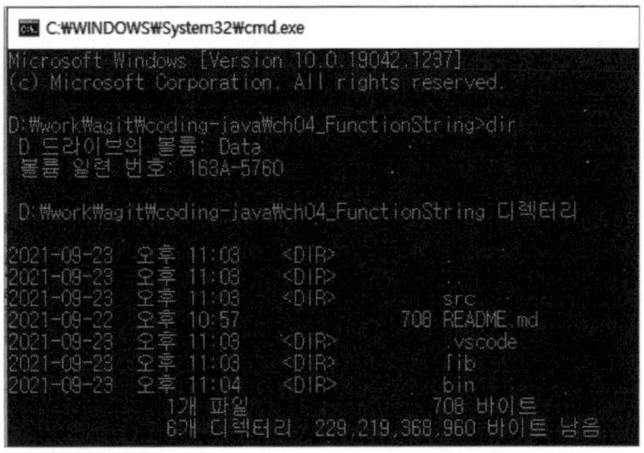

[그림 4-7] ch04_FunctionString 폴더

필자의 경우 프로젝트 폴더 경로는 d:₩work₩agit₩coding-java₩ch04_FunctionString이며, 해당 경로로 이동한 후 dir 명령을 치면 [그림 4-7]과 같이 하위 폴더들이 나옵니다. src 폴더는 자바 소스 코드가 들어 있는 폴더이며, bin 폴더에는 소스 코드를 컴파일한 class 파일들이 들어 있습니다. 여기에서 bin 폴더로 이동합니다. 그리고 다음과 같은 명령을 실행합니다.

java com.yudong80.java.ch04.InputArgs

인자들이 없기 때문에 ArrayIndexOutOf BoundsException이 발생합니다. 이제 내가 원하는 인수들을 입력합니다.

(실행 예) java com.yudong80.java.ch04.function.InputArgs "Jane" "London"

VS Code에서 실행한 것과 동일한 결과가 나옵니다.

다시 함수의 설명으로 돌아옵니다. 앞서 프로그램의 묘미는 다량의 데이터를 반복적으로 처리함에 있다고 말씀드렸습니다. 프로그램의 또 다른 묘미는 프로그램 전체를 유기적인 부분으로 구성할 수 있다는 점입니다. 마치 인체의 장기처럼 입으로 음식을 먹고, 식도를 거쳐 위장, 대장 같은 장기를 통해 음식물을 소화하듯 역할을 분담하는 것입니다.

다음은 함수가 없는 짝수, 홀수 판별기입니다.

파일 ch04_FunctionString/src/com/yudong80/java/ch04/EvenOddNumbersV1.java

```java
package com.yudong80.java.ch04;


import java.util.Scanner;


public class EvenOddNumbersV1 {
    public static void main(String[] args) {
        Scanner s = new Scanner(System.in);

        //0보다 작으면 프로그램 종료
        while(true) {
            System.out.println("[짝수홀수 판별기] 수를 입력하세요? ");
            int num = s.nextInt();

            if (num < 0) break;

            if (num % 2 == 0) {
                    System.out.println(num + "은 짝수입니다.");
            } else {
                    System.out.println(num + "은 홀수입니다.");
            }
        }

        System.out.println("프로그램이 종료되었습니다.");
        s.close();
    }
}
```

사용자 입력을 받기 위해 사용자 입력(System.in)을 인수로 넣어 Scanner 객체를 생성합니다. num 변수는 사용자 입력을 받습니다. 만약 num의 값이 0보다 작으면 프로그램을 종료합니다. num 변수를 기준으로 짝수 혹은 홀수 여부를 판별합니다.

홀, 짝수를 판별하는 로직을 함수로 추출하면 어떻게 될까요?

파일 ch04_FunctionString/src/com/yudong80/java/ch04/EvenOddNumbersV2.java

```java
package com.yudong80.java.ch04;

import java.util.Scanner;

public class EvenOddNumbersV2 {
    public static boolean isEven(int num) {
        return num % 2 == 0;
    }

    public static void main(String[] args) {
        Scanner s = new Scanner(System.in);

        //0보다 작으면 프로그램 종료
        while(true) {
            System.out.println("[짝수홀수 판별기] 수를 입력하세요? ");
            int num = s.nextInt();

            if (num < 0) break;

            if (isEven(num)) {
                System.out.println(num + "은 짝수입니다.");
            } else {
                System.out.println(num + "은 홀수입니다.");
            }
        }

        System.out.println("프로그램이 종료되었습니다.");
        s.close();
    }
}
```

무엇이 달라졌을까요? 사실 별것 아닌 것 같지만 if 조건문에 있는 (num % 2 == 0) 모양이 isEven( ) 함수로 교체되었습니다. 어떤 점이 좋아졌을까요?

마치 문서를 보듯 프로그램의 내용을 읽을 수 있습니다. num % 2 == 0 라는 문장은 num 변수를 2로 나누어 나머지가 0인 경우를 의미하지만 isEven( ) 함수는 어떤 int 변수를 넣든 변수가 짝수인지 여부를 알려줍니다. 코드의 가독성이 높아집니다. 이렇게 논리적인 단위를 함수로 추출하면 좋습니다. 앞으로 계속 연습을 할 것입니다.

예제의 실행 결과는 다음과 같습니다. EvenOddNumbersV1과 EvenOddNumbersV2 예제의 실행 결과는 동일합니다.

```
[짝수홀수 판별기] 수를 입력하세요?
100
100은 짝수입니다.
[짝수홀수 판별기] 수를 입력하세요?
61
61은 홀수입니다.
[짝수홀수 판별기] 수를 입력하세요?
-1
프로그램이 종료되었습니다.
```

함수에 붙어있는 static 키워드에 대해 좀 더 알아봅시다. static 키워드는 어떤 의미를 가지고 있을까요?

파일 ch04_FunctionString/src/com/yudong80/java/ch04/StaticBasic.java

```java
package com.yudong80.java.ch04;

public class StaticBasic {
    static double PIE = 3.141592;

    static boolean isPositive(int num) {
        return num > 0;
    }

    public static void main(String[] args) {
        //1. static은 메서드 내부에서는 사용할 수 없습니다.
        //static int num = 0; //컴파일 오류 발생!
```

```
    //2. static은 함수 외부에 있는 변수를 참조합니다.
    System.out.println("PIE 는 " + PIE + " 입니다.");

    //3. static은 함수에 붙일 수 있습니다.
    int num = 500;
    boolean isPositive = isPositive(num);
    System.out.println(num + "은 양수인가요? " + isPositive);
  }
}
```

상수를 선언할 때 static을 사용합니다. double 형의 PIE 변수를 정의하고 키워드로 static을 붙였습니다. 물론 static을 붙이지 않아도 main( ) 메서드에 참조할 수 있습니다. PIE 변수를 참조하여 값을 표시합니다.

static은 다른 메서드에 붙일 수도 있습니다. 예를 들어 isPositive( ) 메서드는 static 키워드가 있으므로 객체를 생성하지 않고 바로 호출할 수 있습니다.

예제의 실행 결과는 다음과 같습니다.

```
PIE 는 3.141592 입니다.
500은 양수인가요? True
```

다음은 변수의 범위(Scope)에 관한 예제입니다.

파일 ch04_FunctionString/src/com/yudong80/java/ch04/ScopeBasic.java

```
package com.yudong80.java.ch04;

public class ScopeBasic {
    static int CONSTANT = 999;

    String title = "ScopeBasic";

    public static void main(String[] args) {
        //1. 지역 변수
        int number = 333;
```

```java
        System.out.println("지역 변수 number의 값은 " + number);


        //2. 멤버 변수 (Part5 참조)
        //String str = title;    참조 불가
        System.out.println("멤버 변수 title은 참조할 수 없습니다.");


        //3. static 변수
        System.out.println("static 변수인 CONSTANT의 값은 " + CONSTANT);


        //4. 괄호 내의 scope
        for(int i=0; i < 5; ++i) {
            System.out.println(" i = " + i);
        }
        System.out.println("중괄호를 벗어나면 i 변수를 참조할 수 없습니다.");


        //5. 다른 메서드의 scope
        int seven = 7;
        boolean isNaturalNumber = isNaturalNumber(seven);
        System.out.println("isNaturalNumber() 메서드에 있는 변수를 참조할 수 없
습니다.");
    }


    static boolean isNaturalNumber(int num) {
        if (num >= 0) {
            return true;
        }
        return false;
    }
}
```

scope에서 가장 기본적인 내용은 메서드(함수) 내부의 변수입니다. 이를 지역 변수(local variables)라고 부릅니다. 지금까지 예제에서 사용한 거의 대부분의 변수는 지역 변수입니다. 지역 변수는 그 범위가 되는 중괄호({})가 끝나면 자동으로 메모리에서 해제됩니다. 즉, 외부에서 참조할 수 없습니다.

두 번째, 멤버 변수는 객체를 알아야 합니다. 현재는 main( ) 메서드에서 멤버 변수를 참조할 수 없다는

내용만 알고 계세요. 자세한 내용은 Part5에서 다룹니다.

세 번째, static 변수입니다. 멤버 변수와는 다르게 main( ) 메서드에서 참조할 수 있으며 메서드가 끝나도 사라지지 않습니다. 그래서 정적인(static) 변수라고 부릅니다. 여기에서는 변하지 않는 값인 상수(constants)로 만들기 위해 static을 붙였습니다.

네 번째, 괄호 내의 scope입니다. 첫 번째의 지역 변수와 같은 의미이지만 앞서 배운 for 문에 응용해 보았습니다. for 문에도 중괄호({})가 들어가므로 for 문에서 선언한 변수 i는 for 문이 종료되면 더 이상 참조할 수 없습니다.

◀ 혼자 정리하는 자바 ▶

왜 변수를 사용이 아니라 참조한다고 할까요?

우리말 회화에서 참조(reference)라는 표현은 어려운 단어입니다. 논문이나 저서를 쓸 때나 가장 뒤에 쓰인 참고 문헌(References)처럼 가끔 볼 수 있는 단어이지만 프로그래밍 서적에서는 다양한 경우에 참조한다는 단어가 나옵니다. 그 이유는 어떤 변수를 사용하기 위해서는 먼저 메모리에 할당(allocate)한 후 할당된 주소(pointer)를 통해 변수의 값을 사용하거나 변경하기 때문입니다.

자바 언어에서는 포인터가 없지만 그 근간이 되는 자바 가상 머신(JVM)의 내부에는 수많은 포인터를 사용하고 있습니다. 개발자의 편의와 프로그램의 안정성을 위해 자바 언어에서 감춰둔 것입니다.

예제를 실행한 결과는 다음과 같습니다.

```
지역 변수 number의 값은 333
멤버 변수 title은 참조할 수 없습니다.
static 변수인 CONSTANT의 값은 999
i = 0
i = 1
i = 2
i = 3
i = 4
중괄호를 벗어나면 i 변수를 참조할 수 없습니다.
isNaturalNumber() 메서드에 있는 변수를 참조할 수 없습니다.
```

2. 함수로 생각하기

앞서 작성했던 예제를 함수로 변환해보도록 하겠습니다. 이러한 방식으로 여러분이 만드는 프로그램을 함수와 같은 의미 단위로 분할해보는 것이 코딩 실력 향상에 큰 도움이 됩니다.

다음은 함수가 적용되지 않은 Part3의 피보나치 수열 예제입니다.

파일 ch03_Statements/src/com/yudong80/java/ch03/FibonacciV1.java

```java
package com.yudong80.java.ch03;

import java.util.Scanner;

public class FibonacciV1 {
    public static void main(String[] args) {
        System.out.println("피보나치 수열 만들기");

        Scanner s = new Scanner(System.in);
        System.out.println("수열 개수를 입력하세요");
        int num = s.nextInt();
        s.close(); //사용하면 최대한 빨리 닫아 줍니다

        int a = 1;
        int b = 1;

        int[] fibonacci = new int[num];
        fibonacci[0] = a;
        fibonacci[1] = b;
        for (int i=0; i < num-2; ++i) {
            fibonacci[i+2] = a + b;
            a = b;
            b = fibonacci[i+2];
        }

        System.out.println("결과: ");
        for (int i=0; i < num; ++i) {
            System.out.println(fibonacci[i]);
        }
    }
}
```

함수를 만들기 위해서는 함수의 입력과 출력을 어떻게 정할 것인지가 중요합니다. 앞의 예제는 다음과 같은 의미 단위로 구성되어 있습니다.

❶ 사용자 입력 받기
❷ 피보나치 수열 생성하기
❸ 결과 출력하기

이 프로그램 자체도 일종의 함수 같지 않나요? 사용자 입력 → 처리 → 출력의 순서와 함수의 입력, 처리, 출력의 순서와 일치합니다. 다음은 ❶은사용자 입력 받기 기능을 표로 재구성한 것입니다. 함수의 목적, 이름, 입력, 출력과 반환되는 데이터 타입이 포함됩니다.

함수의 목적	피보나치 수열 개수를 사용자로부터 입력받는다
함수의 이름	getUserInput()
함수의 입력	없음
함수의 출력	피보나치 수열 개수
반환 데이터 타입	int

[표 4-1] 사용자 입력 받기 기능

다음은 앞에서 추출한 get User Input ( ) 함수를 적용한 예제입니다.

파일 ch04_FunctionString/src/com/yudong80/java/ch04/FibonacciV2.java

```java
package com.yudong80.java.ch04;

import java.util.Scanner;

public class FibonacciV2 {
    static int getUserInput() {
        Scanner s = new Scanner(System.in);
        System.out.println("수열 개수를 입력하세요");
        int num = s.nextInt();
        s.close(); //사용하면 최대한 빨리 닫아 줍니다
        return num;
    }

    public static void main(String[] args) {
        System.out.println("피보나치 수열 만들기");

        int num = getUserInput();
```

```
        int a = 1;
        int b = 1;

        int[] fibonacci = new int[num];
        fibonacci[0] = a;
        fibonacci[1] = b;
        for (int i=0; i < (num-2); ++i) {
            fibonacci[i+2] = a + b;
            a = b;
            b = fibonacci[i+2];
        }

        System.out.println("결과: ");
        for (int i=0; i < num; ++i) {
            System.out.println(fibonacci[i]);
        }
    }
}
```

Part3 예제에서 사용자 입력을 받는 부분은 다음과 같습니다.

```
        Scanner s = new Scanner(System.in);
        System.out.println("수열 개수를 입력하세요");
        int num = s.nextInt();
        s.close(); //사용하면 최대한 빨리 닫아 줍니다
```

함수로 다음과 같이 추출하였습니다.

```
    static int getUserInput() {
        Scanner s = new Scanner(System.in);
        System.out.println("수열 개수를 입력하세요");
        int num = s.nextInt();
        s.close(); //사용하면 최대한 빨리 닫아 줍니다
        return num;
    }
```

모든 코드가 동일하며, 함수가 끝났을 때 num 변수를 반환해주는 것만 추가하였습니다. 함수를 추출하면 그 함수를 호출하는 부분이 필요합니다.

```
int num = getUserInput();
```

main( ) 함수가 단순해졌습니다. 다음은 num 변수를 받아 실제로 피보나치 수열을 생성하는 부분도 함수로 추출해보겠습니다.

> 함수의 목적: 피보나치 수열을 생성한다
> 함수의 이름: getFibonacci()
> **함수의 입력: 피보나치 배열**
> **함수의 출력: 없음**
> **반환 데이터 타입: 없음**

함수에서 배열을 다루는 경우 기존의 함수의 상식과 다릅니다. 상식적으로 생각해본다면 다음과 같을 것입니다.

> 함수의 목적: 피보나치 수열을 생성한다
> 함수의 이름: getFibonacci()
> **함수의 입력: 생성할 수열 개수**
> **함수의 출력: 피보나치 수열**
> **반환 데이터 타입: int[]**

왜 상식과 다를까요? 그것은 앞서 배운 변수의 scope 때문입니다. 만약 피보나치 수열을 함수 내부에서 생성하고 반환을 하면 그 변수는 이미 사라집니다. 함수 내부에서 변수를 생성하면 그 변수는 지역 변수가 됩니다. 따라서 함수가 종료되면 자연스럽게 메모리에서 제거됩니다. 마치 for 문 안에서 선언한 i 변수를 for 문 밖에서는 사용할 수 없는 것과 같습니다. 따라서 배열을 반환하는 경우에는 함수를 호출하는 측에서 먼저 배열을 생성한 후, 배열을 함수의 인자로 넣어주어야 합니다. 앞서 getUserInput( )과 같이 기본 데이터형을 반환하는 경우 그 데이터형을 복사해서 넣어주기 때문에 그대로 사용할 수 있습니다.

완성된 코드를 바로 보시죠.

파일 ch04_FunctionString/src/com/yudong80/java/ch04/FibonacciV3.java

```
package com.yudong80.java.ch04;

import java.util.Scanner;

public class FibonacciV3 {
```

```java
    static int getUserInput() {

        Scanner s = new Scanner(System.in);

        System.out.println("수열 개수를 입력하세요");

        int num = s.nextInt();

        s.close(); //사용하면 최대한 빨리 닫아 줍니다

        return num;

    }


    static void getFibonacci(int fibonacci[]) {

        int a = 1;

        int b = 1;


        int num = fibonacci.length;

        fibonacci[0] = a;

        fibonacci[1] = b;

        for (int i=0; i < num-2; ++i) {

            fibonacci[i+2] = a + b;

            a = b;

            b = fibonacci[i+2];

        }

    }


    public static void main(String[] args) {

        System.out.println("피보나치 수열 만들기");


        int num = getUserInput();


        int[] fibonacci = new int[num]; //배열을 먼저 생성합니다

        getFibonacci(fibonacci);


        System.out.println("결과: ");

        for (int i=0; i < num; ++i) {

            System.out.println(fibonacci[i]);

        }

    }

}
```

getFibonacci( ) 함수를 보면 인자로 int[] 배열을 받습니다. 그다음 전달받은 배열에 생성된 피보나치 수열을 하나씩 넣습니다. 이 함수는 반환 데이터가 없기 때문에 return 문은 생략합니다. 반환값이 없는 함수를 선언할 때 void라고 표기해줍니다.

main( ) 함수가 더 간결해졌습니다. 누가 봐도 이 프로그램은 getUserInput( )으로 사용자의 입력을 받고 getFibonacci( )로 입력받은 수만큼 피보나치 수열을 생성하며 출력한다는 것을 알 수 있습니다.

마지막 결과를 출력하는 과정도 함수로 만들어봅니다.

파일 ch04_FunctionString/src/com/yudong80/java/ch04/FibonacciV4.java

```java
package com.yudong80.java.ch04;


import java.util.Scanner;


public class FibonacciV4 {
    static int getUserInput() {
        Scanner s = new Scanner(System.in);
        System.out.println("수열 개수를 입력하세요");
        int num = s.nextInt();
        s.close(); //사용하면 최대한 빨리 닫아 줍니다
        return num;
    }


    static void getFibonacci(int[] fibonacci) {
        int a = 1;
        int b = 1;


        int num = fibonacci.length;
        fibonacci[0] = a;
        fibonacci[1] = b;
        for (int i=0; i < num-2; ++i) {
            fibonacci[i+2] = a + b;
            a = b;
            b = fibonacci[i+2];
        }
    }
```

```
static void printNumbers(int[] numbers) {
    System.out.println("결과: ");
    for (int number : numbers) {
        System.out.println(number);
    }
}

public static void main(String[] args) {
    System.out.println("피보나치 수열 만들기");

    int num = getUserInput();

    int[] fibonacci = new int[num];
    getFibonacci(fibonacci);

    printNumbers(fibonacci);
}
}
```

다시 새로운 함수가 추가되었습니다. 함수를 만들기 전에 함수 명세표를 다시 만들어봅시다.

함수의 목적: 임의의 수열을 출력한다
함수의 이름: printNumbersi()
함수의 입력: 숫자 배열
함수의 출력: 없음
반환 데이터 타입: 없음

여기에서도 상식과는 다른 부분이 있습니다. 우리의 목적은 피보나치 배열을 화면에 출력하는 것인데 왜 함수의 목적이 좀 더 일반적인 "수열을 출력한다"일까요?

당연히 printFibonacci( )라고 하셔도 문제가 없습니다. 하지만 조금 생각해보면 이 함수는 인자로 int 배열만 들어오면 어떤 수열도 출력할 수 있습니다. 따라서 일반적인 이름인 printNumbers( )라고 변경하였습니다.

이렇게 새로운 함수를 만들 때는 기존의 코드를 그대로 복사하는 것뿐만 아니라 앞으로 재활용할 수 있는 여지가 있는지도 생각을 해봐야 합니다. 이 함수는 한 번 만들어 놓으면 다른 경우에도 호출할 수 있습니다. 그래서 인자의 이름도 fibonacci가 아니라 numbers로 하였습니다.

그리고 FibonacciV3.java 예제에서는 일반 for 문을 사용하였는데 for each 문을 사용하면 더 간결하게 표현 가능합니다. 이렇게 배운 것을 응용하면 프로그래밍의 흥미가 배가될 것입니다. 예제의 실행 결과는 다음과 같습니다.

```
피보나치 수열 만들기
수열 개수를 입력하세요
10
결과:
1
1
2
3
5
8
13
21
34
55
```

단순한 피보나치 수열을 생성하는 예제를 통해 한 덩어리로 되어 있던 예제를 다수의 함수로 구조화하였습니다. 프로그램이 훨씬 더 분명해 보이고 코드 가독성도 높아졌습니다. 앞서 진행한 일련의 작업들을 전문용어로 리팩터링(refactoring)[14]이라고 합니다. 리팩터링은 실무 프로그래머라면 항상 습관처럼 실행합니다. 리팩터링 자체가 목적이라기보단, 누가 봐도 코드의 내용을 이해할 수 있도록 단순하게 유지하는 것이 목적입니다.

◀ 혼자 정리하는 자바 ▶

리팩터링이란 무엇인가?
위키 백과에 따르면 리팩터링은 소프트웨어 공학에서 '결과 변경 없이 코드의 구조를 재조정함'을 뜻합니다. 주로 가독성을 높이고 유지보수를 편하게 만듭니다. 버그를 없애거나 새로운 기능을 추가하는 행위가 아니며, 사용자가 보는 외부 화면은 그대로 두면서 내부 논리나 구조를 바꾸고 개선하는 유지보수 행위입니다.

---

14 참고: https://ko.wikipedia.org/wiki/리팩터링

마틴 파울러의 저서 〈리팩터링〉(한빛미디어, 2020)에 다양한 리팩터링 패턴들이 정리되어 있습니다. 그중 대표적인 것들로는 필드 은닉, 메서드 추출(extract method), 타입 일반화, 메서드 이름 변경 등이 있습니다.

우리가 이번 절에서 함수로 추출할 때 메서드 추출 기법을 활용하였습니다. 그 자체로 어떤 방법적인 절차가 있는 것이 아닌, 코드를 간결하게 하기 위해 코드의 내용을 의미 단위인 함수로 뽑아내는 것을 의미합니다. 이후에 객체 지향을 설명하면서 관련 내용을 다시 소개하도록 하겠습니다.

지금까지 배운 함수에 대해서 요약해 보았습니다.

함수란 무엇인가? 입력과 출력을 갖는 프로그램의 의미 단위

함수의 구성요소: ❶ 입력

❷ 처리

❸ 반환 (반환 데이터가 없을 때는 void라고 표기)

함수를 만들기 전에는 "함수 명세표"를 만드세요.

(습관이 되면 생략해도 됩니다)

예

| 함수의 목적: 임의의 수열을 출력한다 |
| 함수의 이름: printNumbersi( ) |
| 함수의 입력: 숫자 배열 |
| 함수의 출력: 없음 |
| 반환 데이터 타입: 없음 |

함수의 문법:

```
static 〈반환형〉 〈함수 이름〉 ( 〈함수 인자들〉 ) {

    .. 처리 내용

    return 〈반환 데이터〉

}
```

만약 반환 데이터가 없을 때는 return 문을 생략합니다.

3. String 타입

여기에서는 중요 데이터 타입인 String에 대해서 배웁니다. String은 무엇일까요? 앞서 배웠던 기본 데이터 타입 중에서 문자를 다루는 타입은 char이며 캐릭터라 읽습니다. char는 유니코드 한 글자입니다. 예

를 들어 'a' 같은 영문자나, '1' 같은 숫자, '@' 같은 기호, '한' 같은 각종 자연어의 한 글자입니다.

문제는 이렇게 한 글자만 가지고는 데이터를 처리하는 데 부적합합니다. 다음은 Part2의 InputString.java 예제입니다.

파일 ch02_Variables/src/com/yudong80/java/ch02/InputString.java

```
System.out.println("이름을 입력하세요? ");
String name = s.nextLine();
```

만약 이름을 입력받는 데 char 단위로 입력받아야 한다면 많은 문제가 있습니다. 첫 번째, 이름이 몇 글자인지 알아야 합니다. 두 번째, 글자 수만큼 반복해서 물어봐야 합니다. 이를 고려하여 코딩한다면 다음과같을 것입니다.

파일 ch04_FunctionString/src/com/yudong80/java/ch04/InputNameChar.java

```java
package com.yudong80.java.ch04;

import java.util.Scanner;

public class InputNameChar {
    public static void main(String[] args) {
        System.out.println("이름을 입력하세요? ");

        System.out.println("이름이 몇 자인가요? ");
        Scanner s = new Scanner(System.in);
        int nameLength = s.nextInt();

        char[] name = new char[nameLength];
        for (int i=0; i < nameLength; ++i) {
            System.out.println((i+1) +  "번째 글자를 입력하세요?");
            char ch = s.next().charAt(0); //nextChar()가 없어서 유사하게 만듦
            name[i] = ch;
        }
        s.close();

        for (char ch : name) {
            System.out.print(ch);
```

```
            }
            System.out.println(" 님 반갑습니다!");
        }
    }
```

먼저 이름의 글자 수를 입력받습니다. 글자 수가 필요한 이유는 몇 번째 글자에서 반복문을 멈출지 알아야 하기 때문입니다. 글자 수를 바탕으로 name 배열의 길이를 정하고, 새로운 char 배열을 만듭니다.

for 문을 통해 글자 수만큼 이름의 각 글자를 입력받습니다. 사실 자바에는 한 글자씩 입력받는 방법이 제공되지 않습니다. 그렇기 때문에 예제를 위해 부득이하게 다음과 같이 코딩하였습니다.

```
char ch = s.next().charAt(0); //nextChar()가 없어서 유사하게 만듦
```

좋은 방법이 아니지만 이렇게 한 개의 글자를 받아서 name 변수에 하나씩 넣습니다.

마지막으로, 출력할 때도 String이 없기 때문에 한 글자씩 출력해야 합니다. 단순하게 String을 사용하면 되는데 문자를 다루는 것이 쉽지 않습니다. 예제의 실행 결과는 다음과 같습니다.

```
이름을 입력하세요?
이름이 몇자인가요?
4
1번째 글자를 입력하세요?
J
2번째 글자를 입력하세요?
a
3번째 글자를 입력하세요?
n
4번째 글자를 입력하세요?
e
Jane 님 반갑습니다!
```

다음은 String타입으로 이름을 입력받는 예제입니다.

```java
package com.yudong80.java.ch04;


import java.util.Scanner;


public class InputNameString {
    public static void main(String[] args) {
        Scanner s = new Scanner(System.in);
        System.out.println("이름을 입력하세요? ");
        String name = s.nextLine();
        s.close();


        System.out.println(name + " 님 반갑습니다!");
    }
}
```

String은 char 배열에 비해 어떤 장점이 있을까요? 먼저 배열처럼 문자열의 길이를 고려하지 않아도 됩니다. 기술적인 용어인 char에 비해 문자열은 보다 상식에 가깝습니다. String은 기본 데이터형인 char에 비해 다양한 메서드를 제공합니다.

다음은 String의 기본 개념에 대한 예제입니다.

파일 ch04_FunctionString/src/com/yudong80/java/ch04/StringBasic.java

```java
package com.yudong80.java.ch04;


public class StringBasic {
    public static void main(String[] args) {
        //1. String은 문자열 변수를 의미합니다.
        String station = "광화문";
        System.out.println(station + "역에 도착하였습니다.");


        //2. String은 길이를 가지고 있습니다.
        System.out.println(station + " 변수의 길이는 " + station.length() +
" 입니다.");
```

```
//3. String은 char로 이루어져 있습니다.
System.out.println("이번 역은 ");
for (int i=0; i < station.length(); ++i) {
    char c = station.charAt(i);
    System.out.println(c);
}
System.out.println("입니다.");

//4. String은 재할당할 수 있습니다.
station = "충정로";
System.out.println("다음 역은 " + station + "역입니다.");
    }
}
```

String은 문자열 데이터 그 자체입니다. 예를 들어 station 변수에는 "광화문", "마포"와 같이 일반 문자열을 대입할 수 있습니다.

String은 길이를 가지고 있습니다. char 배열은 먼저 배열의 크기를 할당하고, 배열에 내용을 넣는 방식이라면(인간에게 직관적이지 않기 때문에 상대적으로 저수준(low-level)이라 부릅니다) String은 이미 그 값이 할당되어 있으므로 length( ) 메서드를 호출하여 길이를 알 수 있습니다.

char 배열의 길이를 구할 때는 〈변수명〉.length 라는 속성을 사용하며, String에서 길이를 구할 때는 length( ) 메서드를 호출합니다.

String은 내부적으로 char로 이루어져 있습니다. 따라서 charAt( ) 메서드를 호출하면 내부에 있는 char들을 하나씩 읽을 수 있습니다.

String 변수에는 일반 변수와 마찬가지로 언제든지 다른 값을 재할당할 수 있습니다. station 변수에 "충정로"라는 새로운 값을 넣었습니다. 만약 char 배열이라면 몇 글자의 값을 넣어야 할지 정해야 하며, 넣어야 할 데이터가 기존 배열의 크기보다 커져야 한다면 배열의 크기를 늘려야 새로운 값을 넣을 수 있습니다.

예제의 실행 결과는 다음과 같습니다.

광화문역에 도착하였습니다.

광화문 변수의 길이는 3 입니다.

이번 역은

광

화

문

입니다.

다음 역은 충정로역입니다.

다양한 사례를 통해 String 사용법을 알아봅시다. 다음은 String 클래스에서 제공하는 주요 메서드입니다.

메서드	반환형	내용
length( )	int	문자열의 길이를 반환
charAt( )	char	특정 위치의 char를 반환
substring( )	String	문자열의 일부를 반환
equals( )	boolean	두 문자열의 내용이 같은지 확인
indexOf( )	int	입력받은 char 혹은 String의 대상 문자열에 나타나는 첫 번째 위치 반환. 만약 존재하지 않으면 −1
lastIndexOf( )	int	입력받은 char 혹은 String의 대상 문자열에 나타나는 마지막 위치 반환. 만약 존재하지 않으면 −1
startsWith( )	boolean	대상 문자열이 인자로 입력받은 문자열로 시작하는지 여부 확인
endsWith( )	boolean	대상 문자열이 인자로 입력받은 문자열로 끝나는지 여부 확인
replace( )	String	문자열 내부의 특정 문자열을 다른 문자열로 교체 (주의) 대상 문자열은 변경되지 않으며 반환되는 문자열을 사용해야 함
isEmpty( )	boolean	문자열이 비어 있는지 확인

[표 4-2] String 클래스의 주요 메서드

하나씩 알아보도록 하겠습니다. 다음은 string 클래식의 length( ) 와 charAt( ) 예제입니다. 2, Part3 예제에서 등장한 적이 있습니다.

파일 ch04_FunctionString/src/com/yudong80/java/ch04/StringLengthCharAt.java

```
package com.yudong80.java.ch04;

public class StringLengthCharAt {
    public static void main(String[] args) {
```

```java
//1. length() 사용법
String java = "Java";
int len = java.length();
System.out.println(java + "의 길이는 " + len + " 입니다.");

String emptyString = "";
System.out.println("빈 문자열의 길이는 " + emptyString.length() + "
입니다.");

//2. charAt() 사용법
String[] stars = {
        "물병자리", "사수자리", "백조자리",
};

for (String star : stars) {
    char firstChar = star.charAt(0);
    char lastChar = star.charAt(star.length() -1);
    System.out.println(star + "의 첫 번째 글자는 " + firstChar + "
입니다");
    System.out.println(star + "의 마지막 글자는 " + lastChar + " 입
니다");
    }
}
}
```

length( ) 사용법입니다. java 변수에 "Java"라는 문자열을 대입합니다. 그다음 len 변수에는 java 변수에 length( ) 메서드를 호출한 결과를 넣습니다.

문자열 중에는 빈 문자열(empty string)이 있습니다. 이것은 내용을 포함하지 않아 ""로 표기합니다. 문자열 변수의 초기값으로 사용됩니다. 빈 문자열에 length( ) 메서드를 호출하면 0을 반환합니다.

charAt( ) 메서드입니다. 자주 사용하는 메서드는 아니지만 앞에서 다뤄봤으니 사용법을 알아둡시다. 문자열의 특정 인덱스에 있는 char을 반환합니다. 예를 들어 첫 번째 글자를 얻으려면 0을 인자로 입력합니다. 마지막 인덱스는 어떻게 알 수 있을까요? [15]

---

15 파이썬 언어의 경우 마지막 인덱스를 얻기 위해 -1을 사용할 수 있습니다. 아쉽게도 자바에서는 음수의 인덱스는 사용할 수 없습니다. ArrayIndexOutOfBoundsException 이 발생합니다.

마지막 인덱스는 (문자열 길이 −1)입니다. 따라서 lastChar 변수는 charAt( ) 메서드의 인자로 star.length
( ) −1 을 넣었습니다. 예제의 실행 결과는 다음과 같습니다.

```
Java의 길이는 4 입니다.
빈 문자열의 길이는 0 입니다.
물병자리의 첫 번째 글자는 물 입니다
물병자리의 마지막 글자는 리 입니다
쌍둥이자리의 첫 번째 글자는 쌍 입니다
쌍둥이자리의 마지막 글자는 리 입니다
게자리의 첫 번째 글자는 게 입니다
게자리의 마지막 글자는 리 입니다
```

다음은 substring( )와 equals( ) 메서드에 관한 예제입니다. 이제부터 String 클래스의 강력한 기능들이 나
옵니다.

📄 **파일** ch04_FunctionString/src/com/yudong80/java/ch04/StringSubstringEquals.
java

```java
package com.yudong80.java.ch04;

public class StringSubstringEquals {
    public static void main(String[] args) {
        //1. substring() 예제
        String poem =
        "Two roads diverged in a yellow wood,\n" +
        "And sorry I could not travel both";

        String samePoem = poem.substring(0);
        String firstWord = poem.substring(0, 3);
        String secondLine = poem.substring(37);
        System.out.println("시의 내용은:\n" + samePoem);
        System.out.println("시의 첫 번째 단어는: " + firstWord);
        System.out.println("시의 두 번째 줄은: " + secondLine);

        //2. equals() 와 equalsIgnoreCase()  예제
        String apple = "apple";
        String macintosh = "macintosh";
```

```
        String mac = "Macintosh";

        boolean isSame = apple.equals(mac);
        boolean isSameWord = macintosh.equalsIgnoreCase(mac);
        System.out.println(apple + "과 " + mac + "은 같은가요? " + isSame);
        System.out.println(macintosh + "와 " + mac + "은 같은 단어인가요(대소문
자 무관)? " + isSameWord);
    }
}
```

먼저 substring( ) 메서드는 이 메서드는 주어진 문자열의 시작 인덱스와 끝 인덱스를 인자로 받아 문자열의 구간을 반환합니다. poem 변수에는 필자가 좋아하는 시인인 로버트 프로스트의 '가지 않은 길(The Road Not Taken)'의 첫 두 줄의 내용이 들어있습니다.

samePoem 변수는 poem.substring(0);을 호출하였는데 이는 처음(인덱스 0)부터 마지막까지의 내용을 반환합니다. 따라서 poem 변수와 내용이 같습니다. firstWord 변수는 0부터 2까지의 구간을 의미하며 편하게 0부터 3개라고 보시면 됩니다. 즉, 첫 번째 단어인 'Two'가 반환됩니다.

secondLine 변수는 두 번째 행의 값이 저장됩니다. 이를 위해 그 위치(37)를 세어 substring( ) 함수를 호출하였는데 좋아 보이지는 않습니다. 다음에 나오는 StringIndexOf 예제에서 개선해봅니다.

equals( )와 equalsIgnoreCase( ) 메서드는 두 문자열이 같은 내용을 가졌는지 확인하여 boolean 을 반환합니다. 지금까지 두 개의 숫자를 비교할 때는 등호(==)를 사용하였으나 두 문자열을 비교할 때는 등호를 사용하면 안 됩니다. 그에 대한 이유는 Part5 객체 지향 입문에서 다룹니다. 여기에서는 문자열을 비교할 때는 equals( ) 메서드를 호출해야 한다고만 기억하세요.

apple, macintosh, mac 변수에 각각 적절한 문자열을 할당합니다. apple 변수와 mac 변수가 같은지 확인합니다. 당연히 다른 문자열이니 다르다고 나옵니다. 두 번째는 macintosh 변수와 mac 변수의 문자열을 서로 비교합니다. 앞서 equals( ) 메서드와는 다르게 equalsIgnoreCase( ) 메서드를 호출하여 영문자를 기준으로 대소문자를 무시하고 비교합니다.

예제의 실행 결과는 다음과 같습니다.

```
시의 내용은:
Two roads diverged in a yellow wood,
And sorry I could not travel both
시의 첫 번째 단어는: Two
시의 두 번째 줄은: And sorry I could not travel both
```

apple과 Macintosh은 같은가요? false

macintosh와 Macintosh은 같은 단어인가요(대소문자 무관)? true

다음은 indexOf( )와 lastIndexOf( )의 예제입니다.

파일 ch04_FunctionString/src/com/yudong80/java/ch04/StringIndexOf.java

```java
package com.yudong80.java.ch04;

public class StringIndexOf {
    public static void main(String[] args) {
        //1. indexOf()
        String poem =
        "Two roads diverged in a yellow wood,\n" +
        "And sorry I could not travel both";

        int firstAndPosition = poem.indexOf("And");
        int firstIPosition = poem.indexOf("I");
        System.out.println("And 의 첫 위치는 " + firstAndPosition +
" 입니다.");
        System.out.println("I 의 첫 위치는 " + firstIPosition + " 입니다.");

        int secondLineIndex = firstAndPosition;
        System.out.println("두 번째 줄의 위치는 " + secondLineIndex +
" 입니다.");
        System.out.println("두 번째 줄의 내용은 " + poem.substring(secondLin
eIndex) + " 입니다.");

        //2. lastIndexOf()
        poem += "\nAnd be one traveller, long I stood";

        int lastAndPostion = poem.lastIndexOf("And");
        System.out.println("And 의 마지막 위치는 " + lastAndPostion +
" 입니다.");
    }
}
```

poem 변수에는 시의 내용이 들어 있습니다. firstAndPostion 변수에는 poem 변수에서 "And"가 가장 먼저 나오는 인덱스가 반환됩니다. firstIPosition 변수에는 "I"가 첫 번째로 나오는 인덱스를 저장합니다.

poem 변수에는 두 번째 줄이 "And"로 시작됩니다. 따라서 앞선 예제와 같이 시작 위치를 35로 하드코딩하지 말고 첫 번째 "And"가 나오는 위치로 교체합니다. secondLineIndex 변수의 값을 firstAndPostion 변수의 값으로 정의합니다.

두 번째 줄은 poem.substring(secondLineIndex) 명령으로 출력합니다. 왜 secondLineIndex 변수를 만들었을까요? 그냥 poem.substring(firstAndPostion)으로 해도 되지 않을까요? poem 변수에 항상 같은 데이터가 들어가 있다면 firstAndPostion 변수를 그대로 사용해도 무방할 것입니다. 하지만 시의 내용이 달라진다면 어떨까요?

따라서 우리가 원하는 두 번째 줄의 시작 위치를 의미하는 변수를 별도로 두는 것이 좋습니다. 그것이 firstAndPostion이 될 수도 있고 개행문자('\n')가 첫 번째로 나오는 위치가 될 수도 있기 때문입니다. 좀 더 일반적으로 생각해보면 And 라는 단어보다는 의미가 존재하는 개행 문자를 기준으로 줄을 구별하는 것이 적절할 것입니다.

같은 방식으로 lastIndex( ) 메서드도 호출해봅니다. 이번에도 "And"의 마지막 위치를 구하는데 poem 변수에는 And가 한 개밖에 없으므로 의미가 없습니다. 따라서 poem 변수에 시의 세 번째 줄인 "And be one traveller, long I stood"라는 문장을 추가하였습니다. 문자열의 경우 같은지 비교할 때는 등호를 사용할 수 없지만 문자열을 서로 붙일 때는 더하기(+) 기호를 사용할 수 있습니다.

lastAndPostion 변수에는 "And"가 마지막에 나오는 위치를 저장합니다. 예제의 실행 결과는 다음과 같습니다.

```
And 의 첫 위치는 37 입니다.
I 의 첫 위치는 47 입니다.
두 번째 줄의 위치는 37 입니다.
두 번째 줄의 내용은 And sorry I could not travel both
And 의 마지막 위치는 71 입니다.
```

다음은 startsWith( )와 endsWith( ) 메서드의 예제입니다.

파일 ch04_FunctionString/src/com/yudong80/java/ch04/StringStartsEndsWith.java

```java
package com.yudong80.java.ch04;


public class StringStartsEndsWith {
```

```java
public static void main(String[] args) {
    //1. startsWith()
    String[] poem = {
        "Two roads diverged in a yellow wood",
        "And sorry I could not travel both",
        "And be one traveller, long I stood",
    };

    for (int i=0; i< poem.length; ++i) {
        String line = poem[i];
        boolean startsWithAnd = line.startsWith("And");
        System.out.println((i+1) + " 번째 줄은 And로 시작하나요? " +
startsWithAnd);
    }

    //2. endsWith()
    for (int i=0; i< poem.length; ++i) {
        String line = poem[i];
        boolean endsWithOod = line.endsWith("ood");
        System.out.println((i+1) + " 번째 줄은 ood로 끝나요? " +
endsWithOod);
    }
}
```

startsWith( ) 와 endsWith( ) 메서드는 매우 직관적입니다. 대상 문자열에 대해 인자로 주어진 문자열로 시작하는지 혹은 끝나는지를 검사합니다. 결과는 boolean 타입입니다.

예를 들어 시의 두 번째, 세 번째 줄은 모두 And로 시작합니다. 하지만 첫 번째와 세 번째 줄은 모두 ood 로 끝납니다. 예제의 실행 결과는 다음과 같습니다.

```
1 번째 줄은 And로 시작하나요? false
2 번째 줄은 And로 시작하나요? true
3 번째 줄은 And로 시작하나요? true
1 번째 줄은 ood로 끝나요? true
```

2 번째 줄은 ood로 끝나나요? false

3 번째 줄은 ood로 끝나나요? true

다음은은 replace( )와 isEmpty( ) 메서드의 예제입니다.

파일 ch04_FunctionString/src/com/yudong80/java/ch04/StringReplaceIsEmpty.
java

```java
package com.yudong80.java.ch04;

public class StringReplaceIsEmpty {
    public static void main(String[] args) {
        //1. replace()
        String javaWiki = "Java is a general-purpose programming lang
uage. Java";
        String python = javaWiki.replace("Java", "Python");

        System.out.println("원래 문장: " + javaWiki);
        System.out.println("치환된 문장: " + python);

        //2. isEmpty()
        String msg = ""; //default
        System.out.println("빈 문자열인가요? " + msg.isEmpty());

        msg = "새로운 메시지가 도착했습니다.";
        System.out.println("빈 문자열인가요? " + msg.isEmpty());
    }
}
```

replace( ) 메서드의 사용법은 단순합니다. 첫 번째 인자는 변경하고자 하는 대상 문자열, 두 번째 인자는 대체할 문자열을 넣으면 됩니다. javaWiki 변수에는 자바 언어에 대한 설명이 들어 있습니다. 마지막에 Java를 한 번 더 넣은 이유는 replace( ) 메서드를 호출하면 문자열 전체에서 발생한 모든 문자열을 치환하기 때문입니다. javaWiki 변수에는 "Java"라는 문자열이 두 번 들어 있기 때문에 두 군데가 변경됩니다.

isEmpty( ) 메서드는 단순합니다. 대상 문자열이 빈 문자열이라면 true를 반환하고 그렇지 않은 경우에는 false를 반환합니다. 예제의 실행 결과는 다음과 같습니다.

원래 문장: Java is a general-purpose programming language. Java

치환된 문장: Python is a general-purpose programming language. Python

빈 문자열인가요? true

빈 문자열인가요? false

지금까지 기본적인 String 클래스의 사용을 알아보았으며 그 중요성은 아무리 강조해도 지나치지 않습니다.

4. 미니 프로젝트 #1: MyStroage

지금까지 배운 내용을 바탕으로 간단한 프로젝트를 해봅시다. 반드시 객체 지향을 알아야만 자바로 프로그램을 짤 수 있는 것이 아닙니다. 기본 타입, 제어문, 함수, String으로도 작은 프로그램을 만들 수 있습니다.

첫 번째 프로젝트는 "MyStorage"입니다. 지금까지 배운 내용을 바탕으로 다음과 같은 기능을 구현해봅시다.

❶ MyStorage 메뉴 표시
❷ 사용자 입력
❸ 물건 정보 등록하기
❹ 물건 넣기 (입고)
❺ 물건 빼기 (출고)
❻ 재고 조회하기

다음은 첫 번째 버전의 MyStorage입니다. 쉬운 부분부터 차례로 알아보도록 합시다. 먼저 전체 프로그램 구성이 어떤지 한번 살펴보세요.

파일 ch04_FunctionString/src/com/yudong80/java/prj/MyStorageV1.java

```java
package com.yudong80.java.prj;

import java.util.Scanner;

public class MyStorageV1 {
    static void showMenu() {
        System.out.println("MyStorage v1");
        System.out.println("------------------------");
        System.out.println("1. 물건 정보 등록하기 ");
```

```java
        System.out.println("2. 물건 넣기(입고)");
        System.out.println("3. 물건 빼기(출고)");
        System.out.println("4. 재고 조회");
        System.out.println("5. 종료하기");
        System.out.println("-------------------------");
    }

    static int selectMenu(Scanner s) {
        System.out.print("원하는 메뉴를 선택하세요? ");
        int select = s.nextInt();
        return select;
    }

    public static void main(String[] args) {
        Scanner s = new Scanner(System.in);
        while(true) {
            //1. 메뉴를 표시한다
            showMenu();

            //2. 메뉴를 고른다
            int menu = selectMenu(s);
            if (menu == 5) {
                System.out.println("프로그램을 종료합니다. 다음에 만나요.");
                break;
            }

            switch(menu) {
            case 1: //register
                System.out.println("물건을 등록합니다 <작업중>\n");
                break;
            case 2: //deposit
                System.out.println("창고에 물건을 넣습니다 <작업중>\n");
                break;
            case 3: //withdraw
                System.out.println("창고에서 물건을 가져옵니다 <작업중>\n");
```

```
                    break;
            case 4: //search
                    System.out.println("창고의 물건을 조회합니다 <작업중>\n");


                    break;
            }
        }
        s.close();
    }
}
```

먼저 패키지가 달라졌습니다. Part4의 예제들은 com.yudong80.java.ch04 패키지에 있지만 MyStorage는 com.yudong80.java.prj 패키지에 있습니다. 이렇게 의미적으로 다르면 별도의 패키지로 분리해야 합니다.

앞으로 main( ) 메서드의 내용은 최소화하고 나머지 기능을 함수 호출을 통해 제공받습니다. 일종의 협력이라고 생각하시면 됩니다.

main( ) 메서드는 showMenu( )를 호출합니다. showMenu( )의 내용은 다음과 같습니다.

```
static void showMenu() {
        System.out.println("MyStorage v1");
        System.out.println("------------------------");
        System.out.println("1. 물건 정보 등록하기 ");
        System.out.println("2. 물건 넣기(입고)");
        System.out.println("3. 물건 빼기(출고)");
        System.out.println("4. 재고 조회");
        System.out.println("5. 종료하기");
        System.out.println("------------------------");
    }
```

단순히 MyStorage의 버전을 표시합니다. 버전은 프로그램의 형상을 의미합니다. 앞서 XXX의 예제에서 이름 뒤에 V1, V2처럼 붙인 예제들이 있는데 이는 같은 프로그램에서 기능을 추가하거나 버그를 수정해 다음 버전으로 개선된 것을 의미합니다. 첫 번째 버전이므로 MyStorage V1입니다.

메뉴에는 이 프로그램의 주 기능인 물건 정보 등록하기, 입고하기, 출고하기, 재고 조회 기능을 표시하며 마지막으로 프로그램을 종료하는 메뉴를 제공합니다.

다음은 사용자 입력을 받는 부분입니다.

```java
static int selectMenu(Scanner s) {
    System.out.print("원하는 메뉴를 선택하세요: ");
    int select = s.nextInt();
    return select;
}
```

main( ) 함수에서 Scanner 객체를 생성했기 때문에 이를 인자로 받습니다. "원하는 메뉴를 선택하세요: "라는 문구를 출력한 후 int 형으로 사용자 입력을 받습니다. 만약 int 형이 아닌 String 같은 다른 데이터 타입을 입력 받으면 어떻게 될까요? 한번 해보세요. 이렇게 프로그램이 의도하지 않은 내용을 사용자가 입력했을 때 혹은 원하는 데이터가 오지 않았을 때 등에서 대처를 자바에서는 "예외 처리"라고 합니다. 이에 대해서는 Part9에서 알아봅니다. 예외 처리를 잘 하는 것은 프로그래머의 중요한 실무 능력입니다.

다음은 main( ) 함수입니다.

```java
public static void main(String[] args) {
    Scanner s = new Scanner(System.in);
    while(true) {
        //1. 메뉴를 표시한다
        showMenu();

        //2. 메뉴를 고른다
        int menu = selectMenu(s);
        if (menu == 5) {
            System.out.println("프로그램을 종료합니다. 다음에 만나요.");
            break;
        }

        switch(menu) {
        case 1: //register
            System.out.println("물건을 등록합니다 <작업중>\n");
            break;
        case 2: //deposit
            System.out.println("창고에 물건을 넣습니다 <작업중>\n");
            break;
```

```
                case 3: //withdraw
                        System.out.println("창고에서 물건을 가져옵니다 <작업중>\n");
                        break;
                case 4: //search
                        System.out.println("창고의 물건을 조회합니다 <작업중>\n");


                        break;
                }
        }
        s.close();
    }
```

main( ) 함수는 먼저 사용자 입력을 받아야 하기 때문에 Scanner 객체를 생성합니다. 그다음 무한 루프인 while(true)가 나옵니다. 이는 5번, 프로그램 종료 메뉴를 선택할 때까지 프로그램이 지속적으로 사용자의 입력을 처리해야 하기 때문입니다.

반복문 안에서는 메뉴를 출력하는 showMenu( ) 함수를 호출합니다. 함수 이름을 짓는 아주 중요한 프로그래머의 능력입니다. 개발자의 취향에 따라 같은 기능을 구현하는 데도 전혀 다른 구성이 가능한 것은 전혀 이상한 일이 아닙니다. 그래서 컴퓨터 공학을 인문학과 이공학의 융합 학문으로 표현하기도 합니다.

사용자 메뉴를 고르는 부분은 selectMenu( ) 함수에서 구현하였습니다. 단순히 메뉴를 표시하는 showMenu( )와는 달리 사용자가 입력한 메뉴 번호를 알아야 하기 때문에 selectMenu( ) 함수는 int를 반환합니다.

마지막은 switch 문입니다. 입력된 사용자 메뉴 번호를 바탕으로 MyStorage의 기능을 수행합니다. 가장 먼저 구현한 기능은 프로그램 종료입니다. 단순히 while 반복문을 빠져나오면 되므로 break 문을 실행합니다.

다음은 switch 문을 통해 각 기능을 수행합니다. MyStorageV1은 아직 실질적인 기능을 제공하지 않기 때문에 간단하게 <작업중>이라는 내용을 출력할 뿐입니다. 무언가 아쉽습니다.

예제의 실행 결과는 다음과 같습니다.

```
MyStorage v1
-------------------------
1. 물건 정보 등록하기
2. 물건 넣기(입고)
```

```
3.  물건 빼기(출고)

4.  재고 조회

5.  종료하기

--------------------------

원하는 메뉴를 선택하세요?  1

물건을 등록합니다 <작업중>


MyStorage v1

--------------------------

1.  물건 정보 등록하기

2.  물건 넣기(입고)

3.  물건 빼기(출고)

4.  재고 조회

5.  종료하기

--------------------------

원하는 메뉴를 선택하세요?  2

창고에 물건을 넣습니다 <작업중>


MyStorage v1

--------------------------

1.  물건 정보 등록하기

2.  물건 넣기(입고)

3.  물건 빼기(출고)

4.  재고 조회

5.  종료하기

--------------------------

원하는 메뉴를 선택하세요?  5

프로그램을 종료합니다. 다음에 만나요.
```

이제 본격적으로 각 기능을 구현해봅니다. 편의상 MyStorageV2라고 부릅시다. 앞서 비워두었던 4개 기능을 차례로 구현해봅니다. 먼저 물건 정보를 등록하는 기능입니다. 사용자 입장에서 생각해보면 단순히 물건을 넣는 것이지만 어떤 정보 시스템을 고려한다면 반드시 마스터 데이터(master data) 혹은 기준 정보라는 개념이 필요합니다.

예를 들어 "코카 콜라"와 "코카콜라"는 같은 물건일까요? 당연히 같은 물건입니다. 이와 비슷하게 "다이

어트 코카 콜라"는 어떨까요? 이번에는 다른 물건입니다. 어떤 데이터를 처리할 때 외관상으로 보이는 문자열을 그 식별자(Identifier 혹은 ID)로 한다면 같은 물건인지 다른 물건인지 구별하기 어렵습니다. 따라서 고유의 숫자 혹은 코드 형식의 ID를 부여하게 됩니다. 이에 대한 내용은 MyStorage를 계속 개발하면서 알아보도록 하겠습니다.

여기에서는 단순히 물건을 입고하지 않고 물건 등록이 완료된 물건만 입고할 수 있도록 제약을 걸겠습니다.

먼저 MyStorageV2에서는 내부 데이터를 선언하는 부분이 추가되었습니다. main( ) 함수에서 어떤 부분이 달라졌는지 주목하세요.

```java
public static void main(String[] args) {
    Scanner s = new Scanner(System.in);
    String[] products = { EMPTY, EMPTY, EMPTY, EMPTY, EMPTY };
    int[] counts = { 0, 0, 0, 0, 0 };

    while(true) {
        //1. 메뉴를 표시한다
        showMenu();

        //2. 메뉴를 고른다
        int menu = selectMenu(s);
        if (menu == 5) {
            System.out.println("프로그램을 종료합니다. 다음에 만나요.");
            break;
        }

        switch(menu) {
        case 1: //register
            register(s, products);
            break;
        case 2: //deposit
            System.out.println("창고에 물건을 넣습니다 <작업중>");
            break;
        case 3: //withdraw
            System.out.println("창고에서 물건을 가져옵니다 <작업중>");
```

```
                    break;
            case 4: //search
                    System.out.println("창고의 물건을 조회합니다 <작업중>");

                    break;
            }
        }
        s.close();
    }
```

달라진 부분은 아래의 두 줄입니다.

```
String[] products = { EMPTY, EMPTY, EMPTY, EMPTY, EMPTY };
int[] counts = { 0, 0, 0, 0, 0 };
```

드디어 데이터를 포함하는 프로그램을 만들 수 있게 되었습니다. 짝짝짝! 축하드립니다. 아주 작은 규모이지만 일종의 정보 시스템을 만든다고 생각하시고 잘 따라와주세요. products 배열에는 물건들이 들어갑니다. 그리고 counts 배열에는 각 물건들의 개수를 저장합니다.

EMPTY 상수는 "없음"을 의미합니다.

```
static String EMPTY = "없음";
```

다음은 물건은 등록하는 함수입니다.

```
    static void register(Scanner s, String[] products) {
        System.out.println("새로운 물건을 등록합니다");
        System.out.println("원하는 메뉴를 선택하세요? ");

        String input = s.next();
        int emptyIdx = -1; //not empty
        for (int i=0; i< products.length; ++i) {
            String product = products[i];
            if (EMPTY.equals(product)) {
                    emptyIdx = i;
                    break;
            }
```

```
            }

        if (emptyIdx < 0) {
            System.out.println("창고가 가득 찼습니다. 등록이 불가합니다.");
            return;
        }

        products[emptyIdx] = input;
        System.out.println("등록이 완료되었습니다. 제품 목록은: ");
        for (String product: products) {
            System.out.println(product);
        }
    }
```

MyStorageV1에 비해 제법 복잡합니다. 어떤 내용들이 있을까요? register( ) 함수는 인자로 Scanner와 String 배열인 products를 받습니다. products 배열을 인자로 받는 이유는 함수 실행 후에도 내가 등록한 데이터가 계속 남아 있어야 하기 때문입니다. 만약 products 변수를 register( ) 함수 내부에서 선언하면 함수 종료 후에 이 변수도 함께 제거됩니다.

먼저 비어 있는 슬롯(slot)을 찾아야 합니다. MyStorageV2는 총 5가지의 물건을 저장할 수 있습니다. 현재 물건 종류를 제거하는 기능은 제공하지 않습니다. EMPTY 상수는 슬롯이 비어 있다는 것을 의미하므로 for 문을 반복하면서 EMPTY와 같다면 비어 있는 것이 됩니다.

emptySlot 변수는 −1로 시작하며 0보다 작다면 비어 있는 슬롯이 없는 것입니다. 만약 비어 있는 슬롯을 찾을 때 emptySlot 변수가 0보다 작은 경우라면 오류가 발생하며 물건은 등록되지 않습니다.

emptySlot 변수가 0 이상인 경우 비어 있는 슬롯에 입력한 물건 이름을 저장합니다. 등록이 완료되었다는 메시지와 함께 현재 등록된 제품 목록을 표시합니다. 예제의 실행 결과는 다음과 같습니다. 비어 있는 상태에서 "Cola"를 추가하였습니다.

```
MyStorage v2
-------------------------
1. 물건 정보 등록하기
2. 물건 넣기(입고)
3. 물건 빼기(출고)
```

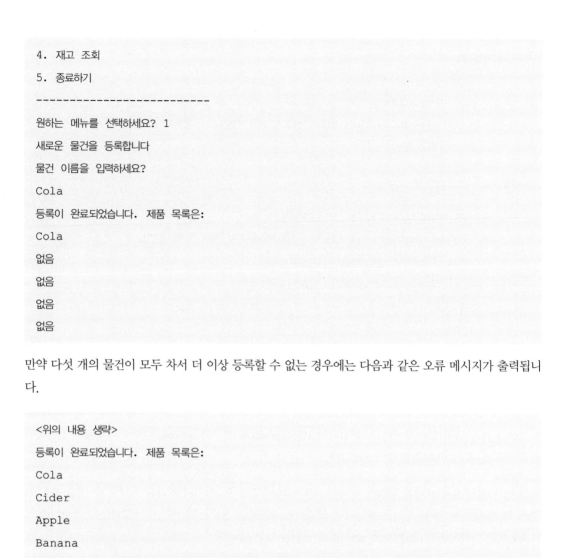

```
4. 재고 조회
5. 종료하기
--------------------------
원하는 메뉴를 선택하세요? 1
새로운 물건을 등록합니다
물건 이름을 입력하세요?
Cola
등록이 완료되었습니다. 제품 목록은:
Cola
없음
없음
없음
없음
```

만약 다섯 개의 물건이 모두 차서 더 이상 등록할 수 없는 경우에는 다음과 같은 오류 메시지가 출력됩니다.

```
<위의 내용 생략>
등록이 완료되었습니다. 제품 목록은:
Cola
Cider
Apple
Banana
Juice    //5개가 모두 채워진 상태
MyStorage v2
--------------------------
1. 물건 정보 등록하기
2. 물건 넣기(입고)
3. 물건 빼기(출고)
4. 재고 조회
5. 종료하기
--------------------------
원하는 메뉴를 선택하세요? 1
새로운 물건을 등록합니다
물건 이름을 입력하세요?
```

Water

창고가 가득 찼습니다. 등록이 불가합니다.

다음은 물건을 추가하는 deposit( ) 함수입니다. register( ) 함수와 유사하지만 몇 가지 다른 점이 있습니다.

```java
static void deposit(Scanner s, String[] products, int[] counts) {
    System.out.println("물건을 추가합니다(입고)");
    System.out.println("현재 등록된 물건 목록:");
    for (String product: products) {
        System.out.println("> " + product);
    }

    //1. 물건 슬롯 찾기
    System.out.println("추가할 물건 이름을 입력하세요? ");
    String input = s.next();
    int foundIdx = -1; //not found
    for (int i=0; i< products.length; ++i) {
        String product = products[i];
        if (input.equals(product)) {
            foundIdx = i;
            break;
        }
    }

    //2. 비어 있는 슬롯이 없다면 오류 발생
    if (foundIdx < 0) {
        System.out.println("찾는 물건이 없습니다. 입고할 수 없습니다.");
        return;
    }

    //3. 추가 성공
    System.out.println("추가할 개수를 입력하세요? ");
    int cnt = s.nextInt();
    counts[foundIdx] += cnt;
```

```
        System.out.println("등록이 완료되었습니다. 제품 현황은: ");
        for (int i=0; i< products.length; ++i) {
            System.out.println("> " + products[i] + ": " + counts[i] +
"개");
        }
    }
```

먼저 현재 등록된 물건 목록을 표시합니다. 그다음 추가할 물건 이름을 입력합니다. 입력받은 물건 이름을 기준으로 products 배열에 동일한 물건 이름이 있는지 확인합니다. 만약 foundIdx 변수가 0 이상이면 등록된 물건이 존재하는 것입니다. 만약 foundIdx 변수가 0보다 작은 경우 오류 메시지를 출력하고 함수를 종료합니다.

foundIdx 변수가 0 이상인 경우 추가할 개수를 입력받고 counts 배열에서 foundIdx에 해당하는 값을 더합니다.

논리적으로 생각해보면 deposit( ) 함수에는 몇 가지 잠재적인 결함이 있습니다. 잠시 생각해보세요.

❶ "없음"이라는 이름의 물건을 입고할 수 있습니다.
❷ 추가할 개수에 음수를 입력하면 물건의 개수가 음수가 될 수 있습니다.

입고가 완료되면 현재까지 저장된 물건의 목록과 개수를 출력합니다. 다음은 deposit( ) 함수의 실행 예제입니다. 제품을 추가하기 위해서는 먼저 물건을 등록해야만 합니다.

```
MyStorage v2
--------------------------
1. 물건 정보 등록하기
2. 물건 넣기(입고)
3. 물건 빼기(출고)
4. 재고 조회
5. 종료하기
--------------------------
원하는 메뉴를 선택하세요? 2
물건을 추가합니다(입고)
현재 등록된 물건 목록:
> Cola
> 없음
```

> 없음

> 없음

> 없음

추가할 물건 이름을 입력하세요?

Cola

추가할 개수를 입력하세요?

33

등록이 완료되었습니다. 제품 현황은:

> Cola: 33개

> 없음: 0개

> 없음: 0개

> 없음: 0개

> 없음: 0개

다음은 제품을 꺼내는 withdraw( ) 함수입니다. deposit( ) 함수와 거의 유사합니다.

```java
static void withdraw(Scanner s, String[] products, int[] counts) {
    System.out.println("물건을 꺼냅니다(출고)");
    System.out.println("현재 등록된 물건 목록:");
    for (String product: products) {
        System.out.println("> " + product);
    }

    //1. 물건 슬롯 찾기
    System.out.println("꺼낼 물건 이름을 입력하세요? ");
    String input = s.next();
    int foundIdx = -1; //not found
    for (int i=0; i< products.length; ++i) {
        String product = products[i];
        if (input.equals(product)) {
            foundIdx = i;
            break;
        }
    }
```

```
            //2. 비어 있는 슬롯이 없다면 오류 발생
            if (foundIdx < 0) {
                System.out.println("찾는 물건이 없습니다. 출고할 수 없습니다.");
                return;
            }


            //3. 꺼내기 성공
            System.out.println("꺼낼 개수를 입력하세요? ");
            int cnt = s.nextInt();
            counts[foundIdx] -= cnt;

            System.out.println("출고가 완료되었습니다. 제품 현황: ");
            for (int i=0; i< products.length; ++i) {
                System.out.println("> " + products[i] + ": " +
counts[i] + "개");
            }
    }
```

deposit( ) 함수와 마찬가지로 현재 등록된 물건 목록을 표시하며, 꺼낼 물건의 이름을 입력합니다. 등록된 물건이 있다면 foundIdx 변수는 0 이상이 됩니다.

만약 foundIdx 변수가 0보다 작은 경우 찾는 물건이 없다는 오류 메시지를 출력하고 종료합니다.

foundIdx 변수가 0 이상인 경우 물건을 찾고 꺼낼 개수를 입력받은 후 counts 배열에서 물건의 개수를 뺍니다. 여기에서도 몇 가지 예외 처리가 누락되어 있습니다.

❶ "없음" 물건도 출고가 가능합니다.
❷ 존재하는 개수보다 더 많은 수도 뺄 수 있습니다. 즉 100개 있는데 1000개를 출고할 수도 있습니다.
❸ 0개 있는 물건도 출고할 수 있습니다.
❹ 음수만큼 출고할 수 있습니다. 예를 들어 100개 있는데 −100개만큼 빼면 200개가 됩니다.

프로그램을 할수록 처리할 예외의 경우의 수가 늘어만 갑니다. 하지만 현재 단계에서는 너무 고민하지 말고 프로그램을 이어가도록 합시다. withdraw( ) 함수의 실행 예는 다음과 같습니다.

```
추가할 물건 이름을 입력하세요?
Cola
추가할 개수를 입력하세요?
100
```

입고가 완료되었습니다. 제품 현황은:

> Cola: 100개

> 없음: 0개

> 없음: 0개

> 없음: 0개

> 없음: 0개

MyStorage v2

----

1. 물건 정보 등록하기

2. 물건 넣기(입고)

3. 물건 빼기(출고)

4. 재고 조회

5. 종료하기

원하는 메뉴를 선택하세요? 3

물건을 꺼냅니다(출고)

현재 등록된 물건 목록:

> Cola

> 없음

> 없음

> 없음

> 없음

꺼낼 물건 이름을 입력하세요?

Cola

꺼낼 개수를 입력하세요?

30

출고가 완료되었습니다. 제품 현황은:

> Cola: 70개

> 없음: 0개

> 없음: 0개

> 없음: 0개

> 없음: 0개

마지막은 재고조회 함수인 search( )입니다.

```
static void search(String[] products, int[] counts) {
    System.out.println("현재 등록된 물건 목록:");
    for (int i=0; i< products.length; ++i) {
        System.out.println("> " + products[i] + ": " + counts[i] +
"개");
    }
}
```

매우 단순한 함수입니다. products와 counts 배열을 인자로 받아 그 내용을 출력합니다.

앞의 함수는 단지 여기에서만 쓰이기보다 register( ), deposit ( ), withdraw( )에서도 충분히 재활용될 수 있습니다.

단순히 물건을 등록하고 입고/출고하는 프로그램이지만 소스 코드는 170라인에 육박합니다. 여러분도 이와 같이 본인이 만들고 싶은 프로그램을 전체와 부분을 이루는 함수들로 구성하여 만들어보시기 바랍니다.

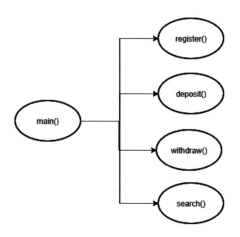

[그림 4-8] 프로그램 전체와 부분을 이루는 함수

전체 소스 코드의 경로는

ch04_FunctionString/src/com/yudong80/java/prj/MyStorageV2.java 입니다.

이번 장의 마무리

이번 장에서는 함수의 개념과 자바에서는 함수를 메서드로도 부른다는 사실을 알아보았습니다. 또한 피보나치 수열 예제를 통해 단일 함수로 되어 있던 로직을 리팩터링하여 다수의 함수(메서드)로 분해하였습니다. String 클래스의 사용법에 대해 알아보고 지금까지 배운 내용을 활용하여 나만의 저장소인 MyStorage 버전1과 버전2를 만들어 보았습니다.

연습문제

01 대부분의 프로그래밍 언어에서 제공되며 수학의 그것처럼 어떤 입력을 받아 원하는 결과를 반환하는 프로그램 단위는 무엇일까요?

02 인자(Parameter)는 함수 혹은 메서드의 원형에 정의된 매개 변수를 의미합니다. 프로그램에서 함수를 호출할 때 실제로 넘겨진 값은 무엇이라고 부를까요?

03 다음중 String 타입의 올바른 사용이 아닌 것은?

① String name = "홍길동";

② System.out.println("name의 길이는 " + name.length( ));

③ for (char c : name) { System.out.println ("이름 글자: " + c); }

④ char[] studentNo = "219911";

04 다음 중 String 타입에서 제공하는 메서드(함수)가 아닌 것은?

① length( )　　　　② isEmpty( )　　　　③ nextInt( )　　　　④ startsWith( )

05 다음 프로그램의 실행 결과를 예측하시오.

```java
public class NumberFilter {
    public static void main(String[] args) {
        String number= "00003478"
        String str1 = poem.substring(0);
        String str2 = poem.substing(4, 8);
        System.out.println(str1 + str2);
    }
}
```

06 다음 프로그램이 정상 동작할 수 있도록 빈 칸을 채우시오.

```java
public class CheckPoem {
    public static void main(String[] args) {
        String poem= "Two roads diverged in a yellow wood,"
        int yellowIndex = [빈 칸] ;
        System.out.println(""시에서 yellow의 위치는? "" + yellowIndex);
    }
}
```

01 다음은 문자열 데이터에서 앞에 영(0)을 제거하는 예제입니다. 빈 칸을 채우세요.

```java
package com.yudong80.java.ch04;

public class NumberFilter {
    static String filterZeros(String input) {
        //3. 0의 마지막 위치 구하기
        int lastIndex = [        ];

        //4. 0이 제거된 문자열 반환하기
        String res = [        ];
        return res;
    }

    public static void main(String[] args) {
        //1. 입력 데이터
        String[] data = {
            "000999",
            "00000000333",
            "77",
        };

        //2. 필터 결과 출력하기
        for (String input : data) {
            System.out.println(filterZeros(input));
        }
    }
}
```

실행 결과:

999

333

77

memo

PART 5

객체 지향 입문

이 장의 내용

- 클래스
- 객체
- 생성자
- 접근 제어자
- static 키워드
- 멤버 변수
- 메서드
- 메서드 오버로딩

5 객체 지향 입문

이번 장에서는 객체 지향 프로그래밍(Object Oriented Programming; 이하 OOP)의 기본 개념을 알아 보고 그 활용법을 배웁니다. 새로운 내용이 많지만 이 장에서 배우는 개념만으로도 간단한 객체 지향 응용 프로그램을 작성할 수 있습니다. 이 장에서 배우는 대부분의 내용은 자바 언어뿐만 아니라 다른 객체 지향 언어에서도 공통적으로 적용되니 OOP의 기본기를 배운다고 생각하셔도 좋습니다.

1. 객체 지향 프로그래밍이란 무엇인가?

객체 지향 프로그래밍이란 무엇일까요? 절차적 프로그래밍과는 어떻게 다를까요? 먼저 위키백과에 있는 객체 지향 프로그래밍의 정의를 살펴봅니다[16]. 당장은 어렵겠지만 나중에 영어 원문을 읽어보시기 바랍 니다. 다시 읽어도 좋은 내용이 많습니다.

Object-oriented programming (OOP) is a programming paradigm based on the concept of "objects", which can contain data, in the form of fields (often known as attributes or properties), and code, in the form of procedures (often known as methods).

(번역) 객체 지향 프로그래밍(OOP)은 일종의 프로그래밍 패러다임으로 객체(objects)의 개념에 기반하 고 있다. 객체는 데이터를 포함하며 필드의 형태를 띠고 있으며, 이를 속성(attributes 혹은 properties)이 라 부르기도 한다. 객체는 코드를 포함하며 이는 프로시저(procedures) 형식으로 되어 있다. 종종 메서드 (methods)라고 부른다.

객체 지향 프로그래밍은 객체를 활용하여 프로그래밍하는 것입니다. 객체란 무엇일까요? 위키의 정의에 도 나와 있듯이 객체는 데이터와 코드를 포함합니다.

객체 지향 개념잡기 #1: 객체는 데이터와 코드를 포함한다.

절차적 프로그래밍과의 가장 큰 차이점은 객체가 데이터를 포함한다는 것입니다. 그래서 객체는 코드와 데이터를 포함한다기보다 데이터와 코드를 포함한다고 순서를 적시하고 있습니다. 그러면 어떤 데이터 일까요?

---

16   https://en.wikipedia.org/wiki/Object-oriented_programming 아쉽게도 한국어 위키인 "객체 지향 프로그래밍"의 내용은 충분하지 않습 니다. 읽어보시려면 꼭 영어 원문을 보세요.

바로 변수입니다. 우리가 절차적 프로그래밍에서 다루었던 각종 변수들이 바로 객체가 다룰 수 있는 데이터입니다. 다시 한번 정리해봅시다.

객체 지향 개념잡기 #2: 객체의 데이터는 변수이다.

이렇게 생각하면 객체 지향 프로그래밍이 그리 어렵지 않습니다. 프로그램의 설계자로서 우리들이 중요하게 생각해야 할 것은 "객체에 어떤 데이터를 배치해야 할까?"입니다. 객체에 데이터를 잘 배치해 놓으면 배치한 데이터를 활용하는 코드들을 포함할 수 있습니다. 그렇게 실용적인 객체들이 하나씩 생겨납니다.

객체가 담을 수 있는 변수는 어떤 것들이 있을까요? 표로 정리해봅시다.

종류	예제 코드	비고

상수(기본 데이터형)	int STORAGE_MAX = 100;
	double PIE = 3.14;
	String DEFAULT_NAME = "NA";
		String은 기본 데이터형으로 포함하였음

변수(기본 데이터형)	int studentNo; double grade; String studentName;	
객체	표준 API 사용자가 정의한 클래스들	API: Application Programming Interface (응용 프로그래밍 인터페이스)

[표 5-1] 객체가 담을 수 있는 변수

String도 사실 클래스이며 객체입니다. 하지만 String은 현대 프로그래밍에서 기본 데이터형처럼 쓰이고 있기 때문에 기본 데이터형으로 분류하였습니다.

객체 지향 개념잡기 #3: 객체의 데이터는 실제로 상수, 변수, 객체를 포함한다.

객체의 코드에 대해 알아봅시다. Part4에서 배운 함수의 기본 개념은 입력 받은 인수를 활용하여 어떤 결과를 반환하는 구조입니다. 객체의 코드는 기본적으로 함수와 같지만 한 가지 차이점이 있습니다.

객체 지향 개념잡기 #4: 객체의 코드는 객체의 데이터를 사용한다.

객체에 적절한 데이터가 모이면 그것을 활용하는 코드도 함께 모아두는 것이 바람직합니다. 따라서 좋은 객체는 문맥에 맞는 적절한 데이터를 포함하며, 그 데이터를 활용하는 코드가 함께 배치되어 있습니다.

객제 지향 개념잡기 #5: 좋은 객체는 적절한 데이터를 포함하며 그 데이터를 활용하는 코드를 포함한다.

앞으로 여러분도 좋은 객체를 만드시길 바랍니다. 그렇다면 객체는 어떻게 만들 수 있을까요?

2. 객체는 클래스다

객체는 일종의 개념입니다. 앞서 위키 정의에서도 OOP는 객체의 개념에 기반하고 있다고 했습니다. 따라서 이러한 개념을 자바 언어에서는 어떻게 구현하고 있는지 알아봐야 합니다.

객체 지향 개념잡기 #6: 자바 언어는 객체를 만들 때 class 키워드를 사용한다.

자바 언어에서는 object가 아니라 class라는 단어로 객체를 구현합니다. 왜 class일까요? 공식적인 이유는 아니지만 실무 개발자로 느끼는 이유는 다음과 같습니다.

class는 계층 혹은 신분의 개념을 담고 있습니다. Part6에서 배울 상속(inheritance)이라는 개념과 클래스의 개념이 맞닿아 있습니다. 클래스는 간단하게 생각해서 객체의 추상형(abstraction)을 의미합니다.

객체를 설명하는데 추상화라는 더 어려운 개념이 나왔네요. 예를 들어서 간단하게 사람 클래스를 만들어 보겠습니다.

파일 ch05_OOPBasic/src/com/yudong80/java/ch05/PersonExampleV1.java

```java
package com.yudong80.java.ch05;

public class PersonExampleV1 {
    //멤버 변수
    String firstName = "자바";
    String lastName = "김";
    int age = 25;
    int height = 182;

    //멤버 함수(메서드)
    void gotoOffice(String destination) {
        System.out.println(getKoreanName() + "님이 " + destination + "으
로 출근합니다.");
    }

    String getKoreanName() {
        return lastName + " " + firstName;
    }

    public static void main(String[] args) {
        PersonExampleV1 p = new PersonExampleV1();
```

```
            p.goToOffice("마곡");
    }

}
```

클래스를 선언할 때는 class 키워드를 사용합니다. 자바 언어에서는 public class 의 이름은 파일명과 동일해야 합니다. 따라서 PersonExampleV1.java 파일에는 반드시 PersonExampleV1 클래스가 있어야 합니다. 만약 PersonExampleV1 클래스가 없으면 컴파일이 되지 않습니다.

다음은 객체의 데이터입니다. 앞으로는 클래스와 객체라는 용어가 자주 혼용되겠지만, 같은 의미로 생각하셔도 좋습니다. 객체는 개념이고 클래스는 자바 언어에서 객체를 구현하는 방법입니다. PersonExampleV1 클래스에는 다음의 데이터들이 정의되어 있습니다.

- firstName: String형으로 이름을 의미함
- lastName: String형으로 성을 의미함
- age: int형으로 나이를 의미함
- height: int형으로 키를 의미함

객체의 데이터는 자바 언어에서 멤버 변수라고 부릅니다. 중요한 내용이니 다시 정리합니다. 이 용어는 꼭 기억해두셔야 합니다.

객체 지향 개념잡기 #7: 클래스의 데이터는 멤버 변수(member variable)라고 부른다.

다음은 객체의 코드입니다. 4개의 멤버 변수와 어울리는 함수들로 goToOffice( )와 getKoreanName( )이 있습니다. 이들은 메서드라고 부릅니다.

객체 지향 개념잡기 #8: 클래스의 코드는 메서드(method)라고 부른다.

사실 메서드라는 단어는 영어 회화에서 많이 쓰이는 단어가 아닙니다. 예를 들어 한국인이 아는 메서드는 연기자의 연기력을 의미하는 "메서드 연기" 혹은 "메소드 연기"로 표현될 뿐입니다. 메서드라는 뜻은 방법이라는 뜻입니다. 즉 이 객체를 사용하는 방법이라는 뜻입니다. 이 말이 왜 중요할까요?

객체를 사용할 때는 멤버 변수는 감추고 메서드만 사용해야 합니다. 즉, 의도적으로 자바 객체는 메서드를 통해서만 사용할 수 있도록 개념적으로 명명해 놓았습니다.

객체 지향 개념잡기 #9: 객체는 메서드(method = 사용법)를 호출하여 사용한다.

마지막으로 main( ) 함수를 봅시다. main( ) 함수는 메서드일까요? 아니면 함수일까요? 사실 어떻게 부르셔도 상관은 없습니다. 뒤에서 static 키워드와 함께 다시 배우겠지만 main( ) 함수는 static 함수이기 때문에 PersonExampleV1 객체가 없어도 호출할 수 있습니다. 개인적으로는 main 함수라고 부르고 싶습니다.

main( ) 함수에서는 PersonExampleV1 객체를 p 변수에 생성하고 goToOffice( ) 메서드를 호출합니다.

예제의 실행 결과는 다음과 같습니다.

김 자바 님이 마곡으로 출근합니다.

3. 생성자와 접근 제어자

객체에는 단순히 멤버 변수와 메서드만 있는 것이 아닙니다. 멤버 변수와 메서드를 더 잘 활용할 수 있도록 다양한 부가 기능들이 제공되는데요. 대표적으로 생성자와 접근 제어자가 있습니다. 먼저 생성자는 객체를 생성하는 다양한 방법을 살펴봅니다.

PersonExampleV1 예제에서는 다음과 같이 객체를 생성했습니다.

```
PersonExampleV1 p = new PersonExampleV1();
```

자바 언어에서 객체를 생성하는 다양한 방법을 알아봅니다. 중요한 것은 new 키워드를 사용한다는 것입니다.

객체 지향 개념잡기 #10: 객체를 생성할 때는 new 키워드를 사용한다.

PersonExampleV1 예제를 확장하여 다양한 생성자를 추가해봅시다.

파일 **ch05_OOPBasic/src/com/yudong80/java/ch05/PersonExampleV2.java**

```java
package com.yudong80.java.ch05;

public class PersonExampleV2 {
    //멤버 변수
    String firstName = "자바";
    String lastName = "김";
    int age = 25;
    int height = 182;

    //생성자
    PersonExampleV2(String firstName, String lastName) {
        this.firstName = firstName;
        this.lastName = lastName;
    }

    PersonExampleV2(String firstName, String lastName, int age) {
```

```
        this.firstName = firstName;

        this.lastName = lastName;

        this.age = age;

    }


    PersonExampleV2(String firstName, String lastName, int age, int
height) {

        this.firstName = firstName;

        this.lastName = lastName;

        this.age = age;

        this.height = height;

    }


    //메서드
    void goToOffice(String destination) {

        System.out.println(getKoreanName() + "님이 " + destination + "으
로 출근합니다.");

    }


    String getKoreanName() {

        return lastName + " " + firstName;

    }


    public static void main(String[] args) {

        //PersonExampleV2 p = new PersonExampleV2(); -- 오류 발생

        PersonExampleV2 p = new PersonExampleV2("Java", "Kim");

        p.goToOffice("마곡");

    }

}
```

PersonExampleV1 예제와 비교하여 생성자만 추가되었습니다. 예제에서는 3개의 생성자를 제공합니다.

PersonExampleV2(String firstName, String lastName)

PersonExampleV2(String firstName, String lastName, int age)

PersonExampleV2(String firstName, String lastName, int age, int height)

생성자는 말 그대로 객체를 생성하는 방법(method)를 제공합니다. 생성자 역시 방법을 제공하기 때문에 메서드의 형태를 띠고 있습니다. 첫 번째 생성자는 firstName과 lastName 인자를 가지며 두 번째 생성자는 firstName, lastName, age를, 마지막 생성자는 firstName, lastName, age, height 인자를 갖습니다.

생성자의 코드에는 새로운 키워드인 this가 보입니다. 이것은 무엇일까요? this는 바로 자기 자신의 객체를 의미합니다.

```
PersonExampleV2(String firstName, String lastName) {
    this.firstName = firstName;
    this.lastName = lastName;
}
```

앞의 코드에서 this.firstName은 firstName 멤버 변수를 의미하고 firstName 변수는 생성자의 인자를 의미합니다. 만약 this가 없으면 멤버 변수와 생성자의 인자를 구별할 수 없기 때문에 자기 객체를 의미하는 this가 사용되었습니다.

객체 지향 개념잡기 #11: this 키워드는 객체 자신을 의미합니다.

this는 생성자에서도 쓰이고 일반 메서드에서도 활용합니다.

어느 생성자를 사용해야 할까요? 맥락에 맞게 사용하면 되며 객체를 생성하는 방법이 여러 가지라면 필요한 만큼 추가하면 됩니다.

아래쪽에 주석으로 막아 놓은 코드가 있습니다.

```
//PersonExampleV2 p = new PersonExampleV2(); -- 오류 발생
```

이 코드는 왜 오류가 발생할까요?

PersonExampleV1에서 사용한 생성자를 기본 생성자(default constructor)라고 합니다. 클래스에서 생성자를 선언하지 않으면 자바 컴파일러가 기본 생성자를 자동으로 생성합니다. 그렇기 때문에 PersonExampleV1 클래스에서는 암묵적으로 기본 생성자를 사용하였습니다.

PersonExampleV2에서는 명시적으로 생성자를 3개 추가하였기 때문에 기본 생성자가 추가되지 않습니다. 그렇기 때문에 컴파일 오류가 발생하는 것입니다.

예제에서는 firstName과 lastName으로 각각 "Java"와 "Kim"을 지정하였고 실행 결과는 다음과 같습니다.

```
Kim Java님이 마곡으로 출근합니다.
```

이제 접근 제어자에 대해 알아봅시다. 접근 제어자는 앞서 만든 멤버 변수, 생성자, 메서드에 모두 적용

할 수 있습니다. 이름에서도 알 수 있듯 접근을 막거나 허용하는 역할을 합니다. 자바 언어에서는 다음의 접근 제어자를 제공하며 각 기능이 다릅니다.

접근 제어자	의미	비고
public	공개함. 어디에서나 접근할 수 있음	
private	비공개함. 같은 클래스에서만 접근할 수 있음	
protected	비공개함. 기본적으로 private와 동일하지만 상속한 하위 클래스에서는 공개함	Part6에서 배움
(default)	같은 패키지에만 공개함. 생략하면 기본으로 적용됨	종종 원서에서 package-private 으로 표현됨

[표 5-2] 접근 제어자

각각의 쓰임새에 대해 알아보겠습니다.

파일 ch05_OOPBasic/src/com/yudong80/java/ch05/PersonExampleV3.java

```java
package com.yudong80.java.ch05;

public class PersonExampleV3 {
    //멤버 변수
    private String firstName = "자바";
    private String lastName = "김";
    private int age = 25;
    private int height = 182;

    //생성자
    public PersonExampleV3(String firstName, String lastName) {
        this.firstName = firstName;
        this.lastName = lastName;
    }

    public PersonExampleV3(String firstName, String lastName, int age) {
        this.firstName = firstName;
        this.lastName = lastName;
        this.age = age;
    }
```

```java
    public PersonExampleV3(String firstName, String lastName, int age,
int height) {
        this.firstName = firstName;
        this.lastName = lastName;
        this.age = age;
        this.height = height;
    }


    //메서드
    public void goToOffice(String destination) {
        System.out.println(getKoreanName() + "님이 " + destination + "으
로 출근합니다.");
    }


    private String getKoreanName() {
        return lastName + " " + firstName;
    }


    public static void main(String[] args) {
        //PersonExampleV2 p = new PersonExampleV2(); -- 오류 발생
        PersonExampleV3 p = new PersonExampleV3("Java", "Kim");
        p.goToOffice("마곡");
    }
}
```

먼저 멤버 변수의 접근 제어자입니다. 멤버 변수에는 public, private, protected, (default) 모두를 붙일 수 있지만 기본적으로는 private을 붙입니다. private의 의미는 비공개이므로 객체 지향 프로그래밍에서 멤버 변수는 외부에서 접근할 수 없도록 숨깁니다.

예를 들어 다른 클래스에서는 PersonExampleV3 클래스의 firstName, lastName, age, height와 같은 멤버 변수에 접근할 수 없습니다. 즉, 그 값을 가져올 수도(get), 값을 변경(set)할 수도 없습니다. 전문 용어로 캡슐화(encapsulation)라고 합니다.

객체 지향 개념잡기 #12: 멤버 변수의 접근 제어자는 private를 원칙으로 합니다. (캡슐화)

멤버 변수는 왜 감출까요? 실무적으로 많은 의미가 있지만 가장 큰 이유는 객체를 사용하는 방법의 통일입니다. 앞서 설명드렸듯 객체를 사용할 때는 생성자와 메서드만 사용하는 것을 원칙으로 합니다. 그 외의 경우에는 특별한 이유가 있어야 합니다.

이렇게 하면 어떤 점이 좋을까요? 먼저 생성자가 객체 생성을 담당하므로 이 클래스를 사용하는 사람은 이 객체를 생성할 때 다음과 같은 방법이 제공됨을 명시적으로 알 수 있습니다. PersonExampleV3 객체를 생성하는 방법은 다음과 같습니다.

> public PersonExampleV3(String firstName, String lastName)
>
> public PersonExampleV3(String firstName, String lastName, int age)
>
> public PersonExampleV3(String firstName, String lastName, int age, int height)

객체의 생성자는 대부분 public으로 선언합니다. 다음은 생성자의 접근 제어자를 다르게 했을 때 어떤 특징이 있는지 정리하였습니다.

생성자의 접근 제어자	기능	예제 코드
public	프로그램 어디서나 그 객체를 생성할 수 있음	public PersonExampleV3(String firstName, String lastName)
private	해당 클래스 내에서만 그 객체를 생성할 수 있음. 기본 과정에서는 추천하지 않음. 싱글턴(singleton) 패턴과 같이 특수한 경우에 사용함[17]	private PersonExampleV3(String firstName, String lastName)
protected	부모 클래스의 생성자를 자식 클래스에서 그대로 사용해야 할 때 (Part6 참고)	protected PersonExampleV3(String firstName, String lastName)
(default)	같은 패키지에서만 해당 클래스의 객체를 생성할 때	PersonExampleV3(String firstName, String lastName)

[표 5-3] 생성자의 접근 제어자

객체 지향 개념잡기 #13: 생성자의 접근 제어자는 기본적으로 pubilc을 사용하며 그 외에는 특별한 이유를 갖습니다.

다음은 메서드의 접근 제어자입니다. 생성자처럼 public, private, protected, (default)를 가질 수 있습니다. PersonExampleV3 예제에서는 다음과 같이 public과 private을 사용하였습니다.

> public void goToOffice(String destination)
>
> private String getKoreanName( )

---

17 싱글턴 패턴: 디자인 패턴(design pattern)의 일부로 특정 객체를 1개만 생성해야 하는 경우에 사용함.

앞과 같이 어떤 메서드의 접근 제어자, 반환형, 메서드의 이름과 인자를 나열한 것을 그 메서드의 시그니처(signature)라고 부릅니다. 즉, 해당 메서드의 식별자를 의미합니다.

한 가지 질문을 던져보겠습니다. 왜 goToOffice( )는 public이고 getKoreanName ( )은 private일까요? 앞서 접근 제어자별로 이를 메서드에 적용했을 때 어떤 차이가 있는지 정리해보겠습니다.

메서드의 접근 제어자	기능	예제 코드
public	객체를 생성하면 어디에서나 호출할 수 있음	public void goToOffice(String destination)
private	해당 클래스 안에서만 호출 가능함. 내부 메서드가 됨	private String getKoreanName( )
protected	부모 클래스의 메서드를 자식 클래스에서 호출해야 할 때(Part6 참고)	protected int getAge( )
(default)	같은 패키지에서만 메서드를 호출할 수 있음	String getkoreanlvame( )

[표 5-4] 메서드의 접근 제어자

객체 지향 개념잡기 #14: 메서드의 접근 제어자에는 public, private, protected와 (default)가 있습니다.

왜 goToOffice( )는 public이고 getKoreanName ( )은 private일까요? [표 5-4]에서도 알 수 있듯 goToOffice( ) 메서드는 객체를 생성하는 동일 혹은 외부 클래스에서 호출하는 용도이며, getKoreanName( )은 클래스 외부에서는 호출해서는 안 되는 메서드이기 때문입니다.

필요한 메서드만 클래스의 외부로 공개해야 합니다. private로 선언한 메서드들을 내부 메서드라고 부릅니다. 공개 메서드를 최소로 유지할수록 그 코드의 유지보수성(maintainability)이 좋아집니다.

이 예제의 실행 결과는 다음과 같습니다.

```
Kim Java님이 마곡으로 출근합니다.
```

PersonExampleV1 클래스는 버전을 더해가면서 다음과 같이 객체 지향적인 코드가 되어가고 있습니다.

클래스	내용(개선 사항)	비고
PersonExampleV1	단순히 멤버 변수와 메서드만 가지고 있음	
PersonExampleV2	객체를 생성하는 방법인 생성자가 추가됨	기본 생성자 활용 불가
PersonExampleV3	멤버 변수는 private로 선언함 생성자는 public로 선언함 메서드는 외부에서 호출할 경우 public로, 내부에서 사용할 경우에는 private로 선언함	

[표 5-5] PersonEzample 클래스 버전별 내용

4. static과 final 키워드

자바 언어에는 객체 지향 프로그램의 세상과 절차적 프로그래밍의 세상이 모두 있습니다. Smalltalk와 같은 프로그래밍 언어는 100% 순수 객체를 지원하지만 자바는 실용적인 목적에 의해 C언어와 같은 절차적 프로그래밍의 요소들과 클래스와 같은 객체 지향 프로그래밍의 개념을 모두 지원합니다.

static은 정적이라는 뜻입니다.

자바 언어에서 정적이란 무슨 의미일까요? 반대로 자바 언어에서 객체는 프로그램의 필요에 의해 실행 시간(runtime 혹은 런타임이라고 부름)에 생성됩니다. 즉, 프로그래머가 필요할 때 붕어빵처럼 뚝딱 찍어 내게 됩니다.

만약 멤버 변수 혹은 메서드를 static으로 선언하게 된다면 그 의미는 객체를 생성하지않고 사용할 수 있다는 것입니다.

예를 들어 Part1의 HelloWorld 의 main( ) 함수는 단순히 System.out.println( ) 호출만 존재합니다.

```
public static void main(String[] args) {
    System.out.println("HelloWorld!");
}
```

static은 어떻게 사용할 수 있을까요? 다음은 PersonExampleV3를 좀더 객체 지향적으로 바꿔본 예제입니다.

파일 ch05_OOPBasic/src/com/yudong80/java/ch05/PersonExampleV4.java

```
package com.yudong80.java.ch05;

public class PersonExampleV4 {
    private static final String DEFAULT_DESTINATION = "집";
    private static final int DEFAULT_AGE = 0;
    private static final int DEFAULT_HEIGHT = 0;

    //멤버 변수
    private String firstName;
    private String lastName;
    private int age = DEFAULT_AGE;
    private int height = DEFAULT_HEIGHT;
    private String destination = DEFAULT_DESTINATION;
```

```java
    //생성자
    public PersonExampleV4(String firstName, String lastName) {
        this.firstName = firstName;
        this.lastName = lastName;
    }


    public PersonExampleV4(String firstName, String lastName, int age) {
        this.firstName = firstName;
        this.lastName = lastName;
        this.age = age;
    }


    public PersonExampleV4(String firstName, String lastName, int age,
int height) {
        this.firstName = firstName;
        this.lastName = lastName;
        this.age = age;
        this.height = height;
    }


    //메서드
    public void goToOffice(String destination) {
        this.destination = destination;
        System.out.println(getKoreanName(firstName, lastName) +
                "님이 " + destination + "로 출근합니다.");
    }


    public String getPlace() {
        return destination;
    }


    private static String getKoreanName(String firstName, String last-
Name) {
        return lastName + " " + firstName;
```

```
        }

    public static void main(String[] args) {
        PersonExampleV4 p = new PersonExampleV4("Java", "Kim");

        String now = p.getPlace();
        System.out.println("현재 " + now + "에 있습니다.");

        if ("집".equals(now)) {
            p.goToOffice("회사");
        }
    }
}
```

static의 첫 번째 용도는 상수(constants)입니다. 상수란 변수처럼 값을 대입하고 변경 가능한 것이 아닌, 선언과 동시에 변경할 수 없는 값을 의미합니다. 예를 들어 원주율을 뜻하는 PIE라는 상수는 다음과 같이 선언할 수 있습니다.

```
private static final double PIE = 3.141592;
```

객체 지향 개념잡기 #15: static 키워드는 final 키워드와 함께 상수를 정의합니다.

이와 같은 형식으로 PersonExampleV4 에서는 3개의 상수를 정의합니다.

```
private static final String DEFAULT_DESTINATION = "집";
private static final int DEFAULT_AGE = 0;
private static final int DEFAULT_HEIGHT = 0;
```

DEFAULT_AGE와 DEFAULT_HEIGHT 상수는 각각 age와 height 멤버 변수의 초기값(init value)을 담고 있습니다. DEFAULT_DESTINATION 상수는 새로 추가된 destination 변수를 위한 초기값입니다.

final에 대해서는 이 절의 마지막에 별도로 설명하겠습니다. 현재는 static에 집중해주세요. final은 static 와 함께 많이 쓰입니다.

위 세 개의 상수는 다음과 같이 그에 맞는 멤버 변수를 초기화하는 데 사용하고 있습니다.

```
    private int age = DEFAULT_AGE;

    private int height = DEFAULT_HEIGHT;

    private String destination = DEFAULT_DESTINATION;
```

전체 멤버 변수는 5개인데 왜 3개만 초기화 값을 가지고 있을까요? 실무적으로 firstName과 lastName 멤버 변수는 초기화를 할 필요가 없습니다. 그 이유는 생성자에 있습니다.

현재 3개의 생성자가 있으며 세 생성자 모두 firstName과 lastName 멤버 변수를 정의하고 있기 때문입니다. 따라서 별도의 초기값은 필요하지 않습니다.

static은 일반적으로 생성자에는 사용하지 않습니다.

다음은 메서드에 사용한 static입니다. PersonExampleV4 에서는 한 개의 메서드(getplace( ))가 추가되었고, 다른메서드(getkoreanName ( ))의 시그니처가 변경되었습니다.

PersonExampleV3.java	PersonExampleV4.java

private String getKoreanName( ) {
 	
        return lastName + " " + firstName;
 	
}
	private static String getKoreanName(String firstName, String lastName) {
	
	        return lastName + " " + firstName;
	
	}
	
	public String getPlace( ) {
	
	        return destination;
	
	}

[표 5-6] 메서드에 사용한 static

먼저 getKoreanName( ) 메서드입니다. 이 메서드는 firstName과 lastName 멤버 변수를 활용하므로 static 이 없는 일반메서드여도 문제가 없습니다. 하지만 조금 더 생각을 해보면 "굳이 멤버 변수에 의존할 필요가 있나?"라는 생각이 들기도 합니다.

설계상의 선택으로 이와 같이 반드시 멤버 변수를 활용할 필요가 없는 메서드들을 유틸리티(utility) 메서드라고 부르며 별도의 클래스에 모아두기도 합니다. 예를 들면 NameUtil.java에 모아 놓으면 좋을 것 같습니다. 일반적으로 유틸리티 클래스는 static 메서드들만 포함되어 있습니다.

객체 지향 개념잡기 #16: static 메서드가 모여 종종 유틸리티 메서드가 됩니다.

반면 getPlace( ) 메서드의 경우 새로 추가된 destination 멤버 변수를 반환하므로 static 메서드가 되어서는 안 됩니다.

마지막으로 main( ) 함수에서는 PersonExampleV4 객체를 생성한 후, goToOffice( ) 메서드를 호출하기 전에 getPlace( ) 메서드를 호출하여 현재 어디에 있는지 확인해봅니다. 만약 현재 "집"에 있는 경우에만 "회사"로 출근합니다.

예제의 실행 결과는 다음과 같습니다.

현재 집에 있습니다.
Kim Java님이 회사로 출근합니다.

static과 함께 자주 쓰이는 final 키워드에 대해 알아봅시다. 내용이 복잡하지 않으니 어떤 경우에 쓰이는 지만 파악하면 됩니다.

파일 ch05_OOPBasic/src/com/yudong80/java/ch05/PersonExampleV5.java

```java
package com.yudong80.java.ch05;

public class PersonExampleV5 {
    private static final String DEFAULT_DESTINATION = "집";
    private static final int DEFAULT_AGE = 0;
    private static final int DEFAULT_HEIGHT = 0;

    //멤버 변수
    private String firstName;
    private String lastName;
    private int age = DEFAULT_AGE;
    private int height = DEFAULT_HEIGHT;
    private String destination = DEFAULT_DESTINATION;

    //생성자
    public PersonExampleV5(String firstName, String lastName) {
        this.firstName = firstName;
        this.lastName = lastName;
    }

    public PersonExampleV5(String firstName, String lastName, int age) {
        this.firstName = firstName;
        this.lastName = lastName;
        this.age = age;
    }
```

```java
    public PersonExampleV5(String firstName, String lastName, int age,
int height) {
        this.firstName = firstName;
        this.lastName = lastName;
        this.age = age;
        this.height = height;
    }


    //메서드
    public void goToOffice(final String destination) {
        this.destination = destination;
        System.out.println(getKoreanName(firstName, lastName) +
                "님이 " + destination + "로 출근합니다.");
    }


    public String getPlace() {
        return destination;
    }


    private static String getKoreanName(final String firstName, final
String lastName) {
        return lastName + " " + firstName;
    }


    public static void main(String[] args) {
        final String firstName = "Java";
        final String lastName = "Kim";
        PersonExampleV5 p = new PersonExampleV5(firstName, lastName);

        String now = p.getPlace();
        System.out.println(getKoreanName(firstName, lastName) +
                "님은 현재 " + now + "에 있습니다.");
```

```
            if ("집".equals(now)) {
                p.goToOffice("회사");
            }
        }
    }
```

예제가 다소 길지만 final 이 쓰인 곳만 살펴보면 됩니다. final 키워드는 사전적인 뜻으로 알 수 있듯이 "마지막"이라는 뜻입니다. 한 번 값을 정의하면 더 이상 다른 값을 넣을 수 없습니다. 자바에서는 가능한 final을 붙여주는 것이 좋습니다.

왜 그럴까요? 어떤 코드에 final이 붙어 있으면 코드를 읽는 사람이 안심할 수 있습니다. 값이 변하지 않기 때문입니다. 어떤 코드의 로직을 파악할 때 가장 어려운 점은 그 코드가 향후 어떻게든 변할 수 있는 "변경 가능성"의 파악입니다. 그만큼 불확실하고 위험 요소 또한 커집니다. 하지만 final이 붙어 있으면 그러한 변동성에서 자유로울 수 있습니다.

final 키워드를 사용하는 첫 번째 방법은 상수입니다. 보통 상수는 객체의 생성과 무관하기 때문에 static final을 모두 붙여줍니다. final static으로 해도 문제는 없으나 실무 개발자들은 대체로 static final 이 눈에 익숙합니다.

다음은 메서드의 인자입니다. 넘겨 받은 인자가 메서드내에서 변경되지 않음을 보장할 때 사용합니다. 예를 들어 goToOffice( )와 getKoreanName ( ) 메서드의 인자에 각각 final을 붙여 보았습니다. 깃헙(github)에 있는 유명한 오픈 소스들을 보면 메서드의 인자에 final이 자주 등장합니다.

    public void goToOffice(final String destination)

    private static String getKoreanName(final String firstName, final String lastName)

마지막은 main( ) 함수입니다. final 키워드는 지역 변수에도 많이 사용합니다. 메서드 내 코드의 주요 변수에 final이 있다면 코드를 읽기가 훨씬 수월해지고 가독성이 좋아집니다.

```
        final String firstName = "Java";
        final String lastName = "Kim";
```

이 변수들은 main( ) 함수 내에서 동일한 값을 유지합니다.

객체 지향 개념잡기 #17: final 키워드는 메서드의 인자와 지역 변수에 충분히 붙여주세요.

예제의 실행 결과는 다음과 같습니다.

```
Kim Java님은 현재 집에 있습니다.
Kim Java님이 회사로 출근합니다.
```

PersonExample 예제는 충분히 다루었으므로 이제는 새로운 예제와 함께 나머지 객체 지향 프로그래밍의 요소들을 알아보도록 하겠습니다.

5. 메서드 오버로딩

프로그래밍 언어의 목적은 좋은 프로그램을 만드는 데 있습니다. 실습 프로젝트를 수행하는 데 필요한 개념인 메서드 오버로딩(Method Overloading)을 알아봅니다.

이 정도는 알고 있어야 코드의 표현력이 훨씬 좋아집니다. 메서드 오버로딩이란 무엇일까요? 일반적으로 개발자들이 사용하는 메서드 오버로딩으로 표현합니다.

한 마디로 메서드 오버로딩은 한 개의 메서드 이름으로 여러 개의 메서드를 정의할 수 있는 기능입니다. 예제를 통해 그 쓰임새를 알아봅니다. 이미 생성자에서도 자연스럽게 쓰였습니다.

파일 ch05_OOPBasic/src/com/yudong80/java/ch05/CarExampleV1.java

```java
package com.yudong80.java.ch05;

class Car {
    private static final int DEFAULT_ACCEL = 10;
    static final String SPEED_UNIT = "km/h";
    static final String DISTANCE_UNIT = "km";
```

```java
private String carNumber;
private int speed = 0;

//주행거리. speed만큼 이동한다고 가정합니다.
private int distance = 0;

public Car(String carNumber) {
    this.carNumber = carNumber;
}

public void start() {
    System.out.println("차량[" + carNumber + "] 에 시동을 겁니다");
    accelerate();
}

public void accelerate() {
    accelerate(DEFAULT _ ACCEL);
}

public void accelerate(int km) {
    speed += km;
    distance += speed;
    printDistance();
}

public void decelerateHalf() {
    speed *= 0.5;
    distance += speed;
    printDistance();

}

public void decelerateAs(int km) {
    speed -= km;
```

```java
            distance += speed;
            printDistance();
        }

        public String getNumber() {
            return carNumber;
        }

        public int getDistance() {
            return distance;
        }

        private void printDistance() {
            String msg = "차량[" + carNumber + "] " +
                "시속: " + speed + SPEED_UNIT +
                " >> 이동거리: " + distance + DISTANCE_UNIT;
            System.out.println(msg);
        }
    }


public class CarExampleV1 {
    public static void main(String[] args) {
        Car car = new Car("GREEN");
        car.start();
        car.accelerate();
        car.accelerate(70);
        car.decelerateAs(60);
        car.decelerateHalf();
    }
}
```

이 예제는 데이터를 의미하는 Car 클래스와 main( ) 메서드를 포함하는 CarExampleV1 클래스를 별도로 분리했습니다. 일반적으로 main( ) 함수를 갖는 클래스는 별도로 분리하는 것이 좋습니다. 그 이유는 클래스는 데이터와 코드를 포함하는 사용자 정의 자료구조로 볼 수 있기 때문입니다. 자료구조에 대해서는 Part8에서 다룹니다.

Car 클래스는 carNumber, speed와 distance 멤버 변수를 갖습니다. 대부분은 우리가 바로 알 수 있는 내용이지만 accelerate( ) 메서드에 주목하세요.

Car 클래스에는 두 개의 메서드 오버로딩이 있습니다.

> public void accelerate( )

> public void accelerate(int km)

자바에서는 메서드의 식별 단위를 메서드 시그니처라고 부르며 메서드 이름과 인자의 종류, 개수를 포함하여 각각을 구분합니다. 즉 위의 두 메서드는 서로 다른 메서드입니다.

객체 지향 개념잡기 #18: 자바 클래스는 메서드의 이름이 같지만 인자의 갯수와 종류가 다른 다수의 메서드를 가질 수 있습니다.(메서드 오버로딩)

메서드 오버로딩은 코드의 표현력을 늘릴 수 있다는 장점이 있습니다. Car 클래스의 사용자는 가속한다는 메서드의 기능에 초점을 맞추고 필요한 인자들만 넘겨주면 됩니다. 예를 들어 메서드 오버로딩이 지원되지 않으면 아래의 메서드처럼 일일이 새로운 이름을 주어야 하는데 여간 번거로운 것이 아닙니다.

> public void decelerateHalf( )

> public void decelerateAs(int km)

decelerateHalf( )와 decelearteAs( ) 메서드는 별도의 이름을 갖는 것이 좋습니다. 왜 그럴까요? 잠시만 생각해보세요.

이는 코드의 내용을 보면 알 수 있습니다. 예를 들어 두 개의 accelerate( ) 메서드는 본질적으로 하나의 메서드라고 볼 수 있습니다. 내용을 보아도 accelerate(km)은 km만큼 가속하는 메서드이고 accelearte( )은 DEFAULT_ACCEL만큼 가속하는 메서드이기 때문입니다. 따라서 accelerate( ) 메서드는 새로 구현한 것이 아닌 단지 accelerate(km)을 내부적으로 호출합니다. 이렇게 코드에서 두 메서드가 본질적으로 같다는 것을 명시합니다. 동시에 Car 객체의 사용자는 사용법(method)을 하나로 유지하면서 내가 원하는 기능을 호출할 수 있습니다.

반면 decelerate( ) 계열의 두 메서드는 speed 멤버 변수를 다루는 방식이 다릅니다. 전자는 속도를 50%로 줄이는 곱셈의 계산을 하며 후자는 km만큼 줄이는 덧셈 계산을 합니다. 따라서 서로 다른 메서드가 되는 것이 맞습니다.

객체 지향 개념잡기 #19: 메서드 오버로딩을 사용할 때는 본질적으로 같은 메서드를 묶어야 한다.

마지막으로 간단한 코딩 팁을 드리겠습니다. 코드에서 반복되는 것은 메서드로 묶으세요. 예를 들어 accelerate( )와 decelerate( ) 계열의 메서드에서는 반복적으로 현재 차량의 속력을 출력하고 있습니다. 물론 단일 System.out.println( ) 호출이므로 그냥 넣어도 되지만 printSpeed( ) 함수로 묶어주는 것도 좋습니다. 코드가 간결해지며 추후에 변경 시 쉬워집니다. 한 곳만 수정해도 되거든요.

객체 지향 개념잡기 #20: 객체 지향 프로그래밍의 묘미는 중복되는 코드를 제거하는 것입니다.

이 예제는 코드의 중복을 줄이기 위해 내부의 다른 메서드를 다수 호출하고 있습니다. 호출 관계도를 간단히 그려봤습니다. 이렇게 코드의 중복을 줄이면 더 좋은 코드가 됩니다. 당장은 습관화되기 어렵겠지만 앞으로의 예제를 통해 좋은 코드의 원칙들을 반복 학습하시길 바랍니다.

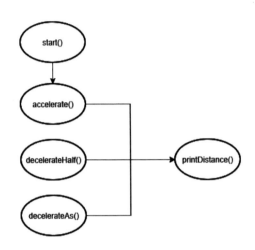

[그림 5-1] Car 클래스 내부의 호출 관계도[18]

그림으로 그려놓으면 start( ) 메서드는 내부적으로 accelerate( )를 타고 printSpeed( ) 메서드까지 호출하게 된다는 것을 쉽게 알아낼 수 있습니다. 예제의 실행 결과는 다음과 같습니다.

```
차량[GREEN] 에 시동을 겁니다
차량[GREEN] 시속: 10km/h >> 이동거리: 10km
차량[GREEN] 시속: 20km/h >> 이동거리: 30km
차량[GREEN] 시속: 90km/h >> 이동거리: 120km
차량[GREEN] 시속: 30km/h >> 이동거리: 150km
차량[GREEN] 시속: 15km/h >> 이동거리: 165km
```

6. 객체 배열

Part2에서는 기본 데이터형인 int, double 과 String 타입의 배열을 배웠습니다. 다음은 사용자 정의 클래스인 Car 클래스를 활용한 예제입니다.

---

18 딱히 어떤 표준을 따른 것은 아니며 이해를 돕기 위해 작성하였습니다.

```java
package com.yudong80.java.ch05;

package com.yudong80.java.ch05;

public class CarRace {
    private static final int CAR_MAX = 3;

    //1. 객체 배열 선언
    private Car[] cars;

    public CarRace() {
        registerCars();
    }

    private void registerCars() {
        //2. 객체 배열 정의
        cars = new Car[CAR_MAX];
        for (int i=0; i < cars.length; ++i) {
            String carName = "SKY-" + i;
            cars[i] = new Car(carName);
        }
    }

    public void start() {
        //3. 경주 시작
        for (Car car : cars) {
            car.start();
        }
    }

    public void race() {
        //4. 경주
        cars[0].accelerate(70);
```

```
        cars[1].accelerate(50);
        cars[2].accelerate();
        cars[0].decelerateAs(20);
        cars[1].decelerateHalf();
    }


    public void showResult() {
        //5. 경주 결과
        for (Car car: cars) {
            String msg = "차량[" + car.getNumber() + "] " +
                "이동거리는 " + car.getDistance() +
                Car.DISTANCE _ UNIT + "입니다.";
            System.out.println(msg);
        }
    }


    public static void main(String[] args) {
        CarRace race = new CarRace();
        race.start();
        race.race();
        race.showResult();
    }

}
```

먼저 객체 배열의 선언입니다. Part2의 String 배열 예제(ArrayString.java)와 마찬가지로 Car[] cars; 문장으로 배열을 선언할 수 있습니다. 배열을 정의할 때는 CAR_MAX 상수로 배열의 크기를 지정하며, 배열각 인덱스에 새로운 Car 객체를 넣었습니다.

경주를 시작할 때는 for each 문을 활용하여 인덱스를 명시적으로 넣지 않고 car 객체의 start( ) 메서드를 호출합니다. 경주를 할 때는 accelerate( ), decelerateAs( ) 등의 메서드를 호출하며, 경주 결과를 출력할때는 각 car 객체의 getDistance( ) 메서드를 호출하여 이동 거리를 가져왔습니다.

배열은 객체를 담는 컨테이너의 역할을 할 뿐 배열에서 가져온 객체는 일반 객체와 동일하게 메서드를호출할 수 있습니다. 예제의 실행 결과는 다음과 같습니다.

차량 SKY-0에 시동을 겁니다

차량[SKY-0] 시속: 10km/h >> 이동거리: 10km

차량 SKY-1에 시동을 겁니다

차량[SKY-1] 시속: 10km/h >> 이동거리: 10km

차량 SKY-2에 시동을 겁니다

차량[SKY-2] 시속: 10km/h >> 이동거리: 10km

차량[SKY-0] 시속: 80km/h >> 이동거리: 90km

차량[SKY-1] 시속: 60km/h >> 이동거리: 70km

차량[SKY-2] 시속: 20km/h >> 이동거리: 30km

차량[SKY-0] 시속: 60km/h >> 이동거리: 150km

차량[SKY-1] 시속: 30km/h >> 이동거리: 100km

차량[SKY-0] 이동거리는 150km입니다.

차량[SKY-1] 이동거리는 100km입니다.

차량[SKY-2] 이동거리는 30km입니다.

7. null의 개념

널(null)은 객체 지향 프로그래밍을 공부하다 보면 반드시 마주치게 됩니다. null은 값이 없음, 혹은 값이 정해지지 않았다는 의미로 실제로는 모호한 상태입니다. 역사적으로 1965년에 토니 호아레(Tony Hoare)라는 영국의 컴퓨터 과학자에 의해 처음 고안되었으며 당시 "존재하지 않는 값"을 표현하기 위함이었습니다. 그는 이후에 null을 만든 것을 후회한다고 토로한 바가 있습니다.

null은 실무 프로그래머도 자주 만나게 됩니다. 예를 들어 어떤 자바 앱에서 NullPointerException(Part9에서 자세히 배웁니다)이 발생하면 앱이 즉시 중단됩니다. 다음은 null의 기본에 관한 예제입니다.

파일 ch05_OOPBasic/src/com/yudong80/java/ch05/NullBasic.java

```java
package com.yudong80.java.ch05;

public class NullBasic {
    public static void main(String[] args) {
        //1. null의 의미
        String star; //객체는 초기값이 null 상태
        Car car1 = null; //명시적으로 null 선언 가능
        Car[] cars; //배열 선언도 null임
```

```
    //2. null 상태는 최소화해야 함
    star = "My name is star";
    car1 = new Car("Purple");
    cars = new Car[1];
    cars[0] = new Car("MAGENTA");


    //3. null이 아니기에 모두 사용 가능함
    System.out.println(star);
    System.out.println(car1);
    System.out.println(cars);
    System.out.println(cars[0]);
  }
}
```

먼저 null의 의미입니다. String 타입의 star 변수는 선언만 되어 있습니다. String 타입은 객체형 변수로 선언만 되어 있는 경우 그 값은 null입니다. 사용자 정의 클래스인 Car 타입의 변수 car1는 명시적으로 null로 정의하였습니다. 배열 변수인 cars도 초기값은 null입니다.

null 상태는 최소로 해야 합니다. 변수 star와 car1는 값을 할당하였습니다. 배열 변수의 경우 new Car[1]과 같이 길이 1의 배열을 정의하였고 첫 번째 요소로 "MAGENTA"를 인수로 하는 같은 Car 객체를 넣었습니다. null에 대해 기억해야 할 사실은 다음과 같습니다.

객체 지향 개념잡기 #21: null 상태를 최소화해야 합니다. 객체 변수는 선언 후 최대한 빠르게 실제 값(객체)를 할당합니다.

예제의 실행 결과는 다음과 같습니다.

```
My name is star
com.yudong80.java.ch05.Car@123772c4
[Lcom.yudong80.java.ch05.Car;@2d363fb3
com.yudong80.java.ch05.Car@7d6f77cc
```

변수 star와 car1의 경우 할당된 값을 그대로 출력합니다. 배열 변수를 println( )에 넣는 경우 그 변수의 toString( ) 메서드를 호출한 결과가 출력됩니다. 마지막으로 cars[0]를 출력하는 경우 cars[0].toString( )한 결과가 출력됩니다.

다음은 null의 대응에 대한 예제입니다.

파일 ch05_OOPBasic/src/com/yudong80/java/ch05/NullPractice.java

```java
package com.yudong80.java.ch05;


//null 대응하기
public class NullPractice {

    static void printName(String name) {
        //1.null이 오면 로직을 skip 합니다.
        if(name == null) return;

        System.out.println("printName: " + name);
    }

    static void printAlternativeName(String name) {
        //2. null이 오면 다른 이름으로 교체합니다.
        if(name == null) {
            name = "기본 이름";
        }

        System.out.println("printAlternativeName: " + name);
    }

    static void printNameAs(String name, String defaultName) {
        //3. null이 오면 defaultName 인수로 대체합니다.
        if(name == null) {
            name = defaultName;
        }

        System.out.println("printNameAs: " + name);
    }

    public static void main(String[] args) {
        printName("Jennie");
```

```
            printName(null);
            printAlternativeName("Jennie");
            printAlternativeName(null);

            final String defaultName = "default name";
            printNameAs("James", defaultName);
            printNameAs(null, defaultName);
        }
    }
```

null에 대응하는 방법은 다양합니다. 먼저 printName( ) 메서드의 인자인 name의 값이 null인 경우입니다. 이 메서드는 그 이름을 출력하는데 null을 출력하는 것은 적절하지 않습니다. 따라서 아래의 println( ) 문을 실행하지 않고 메서드를 그대로 반환합니다. 이러한 대응 방법을 보호절(Guarded clause)라고 합니다.

다음은 printAlternativeName( ) 메서드의 경우와 같이 name 인자가 null인 경우는 다른 값(예, "기본 이름")으로 대체해도 됩니다. 정답은 없으며 메서드의 의도에 맞도록 조치하면 됩니다.

마지막은 printNameAs( ) 메서드와 같이 또 하나의 인자인 defaultName 을 받는 경우입니다. 만약 name 인자가 null 이라면 name의 값으로 defaultName 변수의 값을 정의하여 대신 사용합니다.

예제의 실행 결과는 다음과 같습니다.

```
printName: Jennie
printAlternativeName: Jennie
printAlternativeName: 기본 이름
printNameAs: James
printNameAs: default name
```

printName( )은 한 번만 호출되었습니다. 그 이유는 null이 인수로 들어왔을 때 바로 return했기 때문입니다. printAlternativeName( ) 메서드를 호출하였을 때는 null이 인수로 들어왔을 때 "기본 이름"을 출력합니다. printNameAs( ) 메서드를 호출하였을 때는 defaultName 인자로 넘긴 "default name"이 출력됩니다.

8. 미니 프로젝트 #2 : KDelivery

지금까지 배운 다양한 객체 지향의 기본 요소들을 활용하여 KDelivery라는 배달 음식 시스템을 만들어봅시다. KDelivery를 사용하는 사람은 크게 두 부류입니다. 먼저 가맹점 주인으로 음식점 정보를 등록합니다. 다음은 KDelivery의 일반 이용자입니다. 가맹점의 배달 음식을 주문하고 다 먹은 후에 평점을 등록합니다.

사용자	필요 기능
가맹점 주인	음식점 정보 등록 매출 조회
일반 사용자	배달 주문 평점 등록

[표 5-7] KDelivery 기능 요약

사용자별로 두 가지의 기능을 갖습니다. 지금까지 배운 지식으로도 충분히 위의 프로그램을 만들 수 있습니다. 단, 예외 처리 기능은 제공되지 않습니다.

클래스별 속성과 멤버 변수는 다음과 같이 분석되었습니다.[19]

이름 (클래스명)	속성	멤버 변수	개수	비고
가맹점 (Shop)	음식점 상호 배달 음식 음식 가격	shopName foodName price	1 N N	배열로 구현하며 최대 음식 개수는 10개로 함
주문 (Order)	주문자 이름 음식점 상호 주문 음식	customerName shopName foodName	1 1 1	하나의 주문에 한 가지 음식만 주문할 수 있음
평점 (Feedback)	주문자 이름 음식점 상호 주문 음식 별점	customerName shopName foodName grade	1 1 1 1	별 1~5까지

[표 5-8] KDelivery 클래스

각 주문에는 한 가지 음식만 포함합니다. 다음은 가맹점을 의미하는 Shop 클래스입니다.

파일 ch05_OOPBasic/src/com/yudong80/java/prj/Shop.java

```java
package com.yudong80.java.prj;

public class Shop {
    private static final int FOOD_MAX = 10;
    private static final String EMPTY_FOOD = "";
```

---

19 일반적인 정보 시스템에서 요구되는 정보의 유일성(uniqueness)이나 무결성(integrity) 등은 생략합니다.

```java
    private static final int EMPTY_PRICE = 0;

    private String shopName;
    private String[] foodNames;
    private int[] prices;

    public Shop(String shopName) {
        this.shopName = shopName;
        initValues();
    }

    private void initValues() {
        foodNames = new String[FOOD_MAX];
        prices = new int[FOOD_MAX];
        for (int i=0; i < FOOD_MAX; ++i) {
            foodNames[i] = EMPTY_FOOD;
            prices[i] = EMPTY_PRICE;
        }
    }

    /**
     * 가맹점의 음식을 추가
     * @param idx 인덱스
     * @param name 배달 음식 이름
     * @param price 배달 음식 가격
     */
    public void addFood(int idx, String name, int price) {
        System.out.println(shopName + "에 음식(" + name + ", " + price + ")
추가되었습니다.");
        foodNames[idx] = name;
        prices[idx] = price;
    }
}
```

Shop 클래스의 멤버 변수에는 shopName, foodNames와 prices가 있습니다. Shop( ) 의 생성자는 인자로

shopName을 받습니다.

생성자에서는 내부적으로 initValues( ) 메서드를 호출하고 foodNames와 prices 멤버 변수를 초기화합니다. 둘 다 배열이므로 FOOD_MAX 만큼 배열을 생성하고 각각을 EMPTY_FOOD, EMPTY_PRICE로 채웁니다. 이 코드를 모두 생성자에 넣을 수도 있지만 간결성을 위해 initValues( )라는 별도 메서드로 분리하였습니다.

addFood( ) 메서드는 가맹점에 음식을 등록합니다. 인자로 인덱스(idx), 배달 음식 이름(name)과 배달 음식 가격(price)을 받으며 해당 인덱스의 배열에 배달 음식 이름과 음식의 가격을 넣습니다. 코드를 보면 여태까지 보이지 않던 주석문이 보입니다.

```
/**
 * 가맹점의 음식을 추가
 * @param idx 인덱스
 * @param name 배달 음식 이름
 * @param price 배달 음식 가격
 */
```

이것은 자바의 표준 주석문 방식인 자바독(javadoc)입니다. 이 형식으로 만들어 두면 javadoc 프로그램을 활용하여 소스 코드의 문서를 자동으로 생성할 수 있습니다.

다음은 Order(주문) 클래스입니다.

파일 ch05_OOPBasic/src/com/yudong80/java/prj/Order.java

```
package com.yudong80.java.prj;

public class Order {
    private String customerName;
    private String shopName;
    private String foodName;

    public Order(String cust, String shop, String food) {
        customerName = cust;
        shopName = shop;
        foodName = food;
    }
```

```java
    public String getCustomerName() {
        return customerName;
    }

    public String getShopName() {
        return shopName;
    }

    public String getFoodName() {
        return foodName;
    }
}
```

Order 클래스는 주문자 이름(customerName), 음식점 상호(shopName)와 주문 음식(foodName)을 멤버 변수로 갖습니다. 생성자에서는 이들 세 인자를 받아 객체를 생성합니다.

주문 정보를 열람하기 위해서는 getCustomerName( ), getShopName( ), getFoodname( ) 메서드를 호출하며 한 번 생성된 후에는 위의 정보를 변경할 수 없습니다. 즉, 멤버 변수를 변경(set)하는 메서드는 존재하지 않습니다. 위와 같이 별도의 계산 없이 값을 저장하는 역할을 하는 객체를 값 객체(value object)로 부릅니다.

다음은 배달 음식 평점을 의미하는 Feedback 클래스입니다.

파일 ch05_OOPBasic/src/com/yudong80/java/prj/Feedback.java

```java
package com.yudong80.java.prj;

public class Feedback {
    private String customerName;
    private String shopName;
    private String foodName;
    private int grade;

    public Feedback(String cust, String shop, String food, int grd) {
        customerName = cust;
        shopName = shop;
        foodName = food;
```

```java
        grade = grd;
    }


    public String getCustomerName() {
        return customerName;
    }

    public String getShopName() {
        return shopName;
    }

    public String getFoodName() {
        return foodName;
    }

    public int getGrade() {
        return grade;
    }

    public String getStars() {
        final String star = "★";
        String res = "";

        for (int i=0; i< grade; ++i) {
            res += star;
        }

        return res;
    }

    public void printInfo() {
        System.out.println("[고객님: " + customerName +
                ", 가맹점: " + shopName +
                ", 음식: " + foodName +
                ", 별점: " + getStars());
```

```
        }
    }
```

배달 음식의 평점을 남기기 위해서는 주문자 이름(customerName), 음식점 상호(shopName), 주문 음식(foodName)과 별점(grade) 멤버 변수가 필요합니다. 생성자에서는 위의 네 인자를 모두 받아 평점 객체를 생성합니다.

생성된 평점 정보의 각 멤버 변수를 조회할 수 있는 getCustomerName ( ), getShopName ( ), getFoodName ( ), getGrade( ) 메서드를 제공합니다.

getStars( ) 메서드는 입력된 grade 멤버 변수의 값을 별점(★)으로 환산해줍니다. 마지막으로 printInfo ( ) 메서드는 입력된 정보를 화면에 출력합니다.

마지막으로 main( ) 함수를 포함하는 KDeliveryMainV1 클래스입니다.

파일 ch05_OOPBasic/src/com/yudong80/java/prj/KDeliveryMainV1.java

```java
package com.yudong80.java.prj;


import java.util.Scanner;


public class KDeliveryMainV1 {
    private static int SHOP_MAX = 10;
    private static int ORDER_MAX = 20;
    private static int FEEDBACK_MAX = ORDER_MAX;


    private Shop[] shops;
    private Order[] orders;
    private Feedback[] feedbacks;


    private int shopIdx = 0;
    private int orderIdx = 0;
    private int feedbackIdx = 0;


    private Scanner s;


    public KDeliveryMainV1() {
```

```java
        s = new Scanner(System.in);

        initValues();
    }


    private void initValues() {
        shops = new Shop[SHOP_MAX];

        orders = new Order[ORDER_MAX];

        feedbacks = new Feedback[FEEDBACK_MAX];
    }


    public void close() {
        if (s != null) {
            s.close();
        }
    }


    public int selectMainMenu() {
        System.out.println("  KDelivery V1");

        System.out.println("------------------------------");

        System.out.println("1) 음식점 등록하기");

        System.out.println("2) 음식점 평점 조회하기");

        System.out.println("3) 음식 주문하기");

        System.out.println("4) 평점 등록하기");

        System.out.println("5) 종료하기");

        System.out.println("> 무엇을 도와드릴까요? ");


        int select = s.nextInt();

        return select;
    }


    public void selectAddShopMenu() {
        final String shopName;

        final String foodName;

        final int price;
```

```java
        System.out.println("반갑습니다. 가맹주님!");
        System.out.println("음식점 상호는 무엇인가요?");
        shopName = s.next();

        System.out.println("음식 이름은 무엇인가요?");
        foodName = s.next();

        System.out.println("음식 가격은 얼마인가요?");
        price = s.nextInt();

        Shop s = new Shop(shopName);
        s.addFood(0, foodName, price);
        shops[shopIdx++] = s;

        System.out.println(">> 정상 처리되었습니다.");
    }


    public void selectDashboardMenu() {
        for (Feedback feedback : feedbacks) {
            if (feedback == null) {
                break;
            }
            feedback.printInfo();
        }
    }


    public void selectOrderMenu() {
        final String customerName;
        final String shopName;
        final String foodName;

        System.out.println("반갑습니다. 고객님!");
        System.out.println("주문자 이름은 무엇인가요?");
```

```java
        customerName = s.next();

        System.out.println("음식점 상호는 무엇인가요?");
        shopName = s.next();

        System.out.println("음식 이름은 무엇인가요?");
        foodName = s.next();

        Order s = new Order(customerName, shopName, foodName);
        orders[orderIdx++] = s;

        System.out.println(">> 정상 처리되었습니다.");
    }
        public void selectFeedbackMenu() {
        final String customerName;
        final String shopName;
        final String foodName;
        final int grade;

        System.out.println("반갑습니다. 고객님!");
        System.out.println("주문자 이름은 무엇인가요?");
        customerName = s.next();

        System.out.println("음식점 상호는 무엇인가요?");
        shopName = s.next();

        System.out.println("음식 이름은 무엇인가요?");
        foodName = s.next();

        System.out.println("음식 맛은 어땠나요?  (1~ 5별점)?");
        grade = s.nextInt();

        Feedback f = new Feedback(customerName, shopName, foodName,
grade);
```

```
                feedbacks[feedbackIdx++] = f;


                System.out.println(">> 정상 처리되었습니다.");


        }
    public static void main(String[] args) {
            KDeliveryMainV1 kd = new KDeliveryMainV1();
            int menu = 5; //default
            do {
                menu = kd.selectMainMenu();


                switch(menu) {
                case 1: kd.selectAddShopMenu(); break;
                case 2: kd.selectDashboardMenu(); break;
                case 3: kd.selectOrderMenu(); break;
                case 4: kd.selectFeedbackMenu(); break;
                }


            } while (menu != 5);


            System.out.println("이용해주셔서 감사합니다.");
                        kd.close();
        }
    }
```

먼저 KDeliveryMainV1 클래스는 SHOP_MAX, ORDER_MAX, FEEDBACK_MAX 라는 상수가 존재하며 상수값은 각각 10, 20, 20입니다. 특히 FEEDBACK_MAX는 ORDER_MAX와 값이 동일해야 하기 때문에 20을 직접 대입하지 않고 ORDER_MAX로 대입하였습니다. 이렇게 연관이 있는 데이터를 묶어두면 의미 파악이 쉽습니다.

멤버 변수로는 Shop 객체의 배열인 shops, Order 객체의 배열인 orders와 Feedback 객체의 배열인 feedbacks 변수를 가집니다. Scanner 타입의 멤버 변수 s는 표준 입출력으로 사용자 입력을 받으며 모든 입력을 받은 후에는 close ( ) 메서드를 호출하여 입출력 자원을 해제합니다. 입출력에 대해서는 Part7에서 다룹니다.

shopIdx, orderIdx, feedbackIdx 멤버 변수는 각각 shops, orders, feedbacks 배열의 현재 위치를 의미합니

다. 0으로 초기화합니다.

KDeliveryMainV1 클래스의 생성자에서는 먼저 멤버 변수 s를 생성하며 실제 자료를 담는 멤버 변수들은 별도 내부 메서드인 initValues( )에서 초기화합니다. 향후에 다른 객체가 추가되더라도 생성자를 고치기 보다는 initValues( ) 메서드에 추가하는 것이 좋습니다.

◀ 혼자 정리하는 자바 ▶

같은 변수 초기화인데 initValues() 메서드에서 모두 하면 좋지 않을까요?

충분히 생각할 수 있는 이슈입니다. 앞서 initValues() 에서 배열을 초기화하고 있기 때문입니다. 이는 사실 상황에 따라 다릅니다. 현재의 shopIdx, orderIdx, feedbackIdx 와 같이 int형의 기본값이 0으로 초기화되는 경우에는 굳이 메서드에 라인을 추가하기보단, 멤버 변수를 바로 초기화하는 것이 더 깔끔합니다.

예를 들어 shopIdx, orderIdx, feedbackIdx는 0으로 초기화하지 않아도 int 변수가 생성될 때 0이 되기도 합니다. 하지만 그럴 경우 컴파일러의 경고도 뜹니다('초기화가 필요합니다'처럼..).

만약 위 멤버 변수들이 객체 타입이라 모두 initValues() 메서드에서 초기화해주는 것이 바람직합니다. 이렇게 어떤 코드를 보고 다양하고 건전한 궁금증을 계속 가진다면 좋겠습니다.

selectMainMenu( ) 메서드는 주 메뉴를 표시하고 사용자 입력을 받습니다. Scanner 클래스의 nextInt( ) 메서드에서 사용자 입력을 받아 반환합니다.

selectAddShopMenu( ) 메서드는 새로운 가맹점을 추가하는 기능을 담당합니다. 음식점 상호, 음식 이름, 음식 가격을 사용자로부터 입력받아 Shop 객체를 생성하고, 이것을 shops 배열에 추가합니다. 사실 아래 코드는 주의해야 합니다.

예제 코드	내부 의미
shops[shopIdx++] = s;	shops[shopIdx] = s; shopIdx +=1;

[표 5-9] 예제 코드의 의미

관용적으로 이렇게 쓰는 코드이기에 저도 똑같이 작성했지만 우측을 보면 사실 두 줄의 코드가 복합되어 있습니다. 처음 배울 때는 우측과 같이 명시적으로 이렇게 두 개로 나누는 것을 추천합니다. 그래야 의미도 분명하고 실수의 발생도 줄일 수 있기 때문입니다. 짧은 코드보다 의미가 분명한 코드가 좋습니다.

selectDashboardMenu( ) 메서드는 feedbacks 배열에 있는 Feedback 객체를 가져온 후, 그 객체의 printInfo( ) 메서드를 출력합니다.

selectOrderMenu( ) 메서드는 주문자 이름(customerName), 음식점 상호(shopName)와 음식 이름 (foodName)을 입력받아 Order 객체를 생성합니다. orders 배열에 생성한 객체를 추가합니다.

selectFeedbackMenu( ) 메서드는 주문자 이름, 음식점 상호, 음식 이름과 평점(grade) 정보를 입력받아 Feedback 객체를 생성한 후 feedbacks 배열에 추가합니다.

마지막으로 main( ) 메서드에서는 KDeliveryMainV1 객체를 생성합니다. 먼저 selectMainMenu( ) 메서드를 실행하여 사용자에게 주 메뉴를 출력하고 선택된 메뉴에 따른 하위 메뉴를 실행합니다. 만약 5번을 선택하면 close( ) 메서드를 호출하고 프로그램을 종료합니다.

프로젝트의 실행 결과는 다음과 같습니다. 이 예제는 반드시 main( ) 함수가 존재하는 KDeliveryMainV1 클래스를 실행해야 하며 다른 클래스는 실행되지 않습니다.

```
   KDelivery V1
-------------------------------
1) 음식점 등록하기
2) 음식점 평점 조회하기
3) 음식 주문하기
4) 평점 등록하기
5) 종료하기
> 무엇을 도와드릴까요?
1
반갑습니다.  가맹주님!
음식점 상호는 무엇인가요?
PizzaHouse
음식 이름은 무엇인가요?
Pizza
음식 가격은 얼마인가요?
18000
PizzaHouse에 음식(Pizza, 18000) 추가되었습니다.
>> 정상 처리되었습니다.
   KDelivery V1
-------------------------------
1) 음식점 등록하기
2) 음식점 평점 조회하기
3) 음식 주문하기
4) 평점 등록하기
5) 종료하기
> 무엇을 도와드릴까요?
3
```

반갑습니다. 고객님!

주문자 이름은 무엇인가요?

Jane

음식점 상호는 무엇인가요?

PizzaHouse

음식 이름은 무엇인가요?

Pizza

>> 정상 처리되었습니다.

　KDelivery V1

\-

1) 음식점 등록하기

2) 음식점 평점 조회하기

3) 음식 주문하기

4) 평점 등록하기

5) 종료하기

> 무엇을 도와드릴까요?

4

반갑습니다. 고객님!

주문자 이름은 무엇인가요?

유동

음식점 상호는 무엇인가요?

우리집

음식 이름은 무엇인가요?

피자

음식맛은 어땠나요? (1~ 5별점)?

5

>> 정상 처리되었습니다.

　KDelivery V1

\-

1) 음식점 등록하기

2) 음식점 평점 조회하기

3) 음식 주문하기

4) 평점 등록하기

5) 종료하기

```
> 무엇을 도와드릴까요?
2
[고객님: 유동, 가맹점: 우리집, 음식: 피자, 별점: ★★★★★
  KDelivery V1
  -------------------------------
1) 음식점 등록하기
2) 음식점 평점 조회하기
3) 음식 주문하기
4) 평점 등록하기
5) 종료하기
> 무엇을 도와드릴까요?
5
이용해주셔서 감사합니다.
```

9. UML 다이어그램 그리기

KDeliveryMainV1 클래스는 코드의 양도 많고 한번에 파악하기 어렵습니다. 왜 그럴까요? 가시화된 도구가 없기 때문입니다. 객체 지향 프로그래밍에서는 전체 프로그램의 구조를 다양한 각도로 분석할 수 있는 UML(Unified Modeling Language; 통합 모델링 언어)을 표준으로 정의하였습니다. 기본이 되는 클래스 다이어그램(Class diagram)에 대해 알아본 후 그 내용을 바탕으로 KDelivery 시스템을 분석해보도록 하겠습니다.

클래스 다이어그램의 정의는 다음과 같습니다.

"소프트웨어 공학에서 클래스 다이어그램은 통합 모델링 언어에서 시스템의 클래스, 클래스의 속성, 동작 방식, 객체 간 관계를 표시함으로써 시스템의 구조를 기술하는 정적 구조 다이어그램의 일종이다. (위키백과)"[20]

이것을 통해 KDelivery 시스템에 포함된 클래스 이름, 멤버 변수, 메서드를 표현하고 각 클래스의 호출 관계(의존 관계라고도 함)를 가시화할 수 있습니다.

KDeliveryMainV1 시스템의 클래스 다이어그램은 다음과 같습니다.

---

20 https://ko.wikipedia.org/wiki/클래스_다이어그램

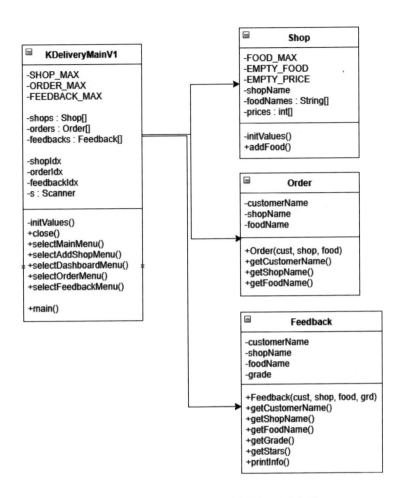

[그림 5-2] KDeliveryMainV1 시스템의 클래스 다이어그램

[그림 5-2]를 보면 어떤 생각이 드시나요? 코드를 그대로 한 장의 도표로 옮겨 놓았기 때문에 시스템 전반에 대해 많은 것을 파악할 수 있습니다.

클래스는 직사각형으로 표현합니다. 클래스는 크게 세 부분으로 나눠집니다.

❶ 클래스 이름
❷ 멤버 변수 목록
❸ 메서드 목록

클래스 이름 부분에는 패키지 명을 제외한 클래스 이름을 넣습니다. 예를 들면 KDeliveryMainV1, Shop, Order와 Feedback이 있습니다. 멤버 변수의 표기 방식은 다음과 같습니다.

❶ private 멤버 변수는 (−)으로 표기
❷ public 멤버 변수는 (+)으로 표기

예를 들어 KDeliveryMainV1 클래스의 상수인 SHOP_MAX, ORDER_MAX 등은 private이기 때문에 앞

에 (−)을 붙입니다. 주목해야 할 사항은 다이어그램에 있는 모든 클래스의 멤버 변수들이 모두 private(−)으로 되어 있다는 것입니다.

멤버 변수의 타입을 표기할 때는 콜론(:)을 붙입니다. 이름으로 분명하게 타입을 파악할 수 있는 경우에는 생략해도 됩니다. 예를 들어 KDeliveryMainV1 클래스의 멤버 변수인 shops, orders, feedbacks는 각각 Shop[], Order[], Feedback[] 배열임을 강조하기 위해 별도 표기하였지만 shopIdx, orderidx, feedbackIdx 멤버 변수는 int형을 표현하지 않아도 큰 문제가 되지 않기에 생략하였습니다.

메서드 부분도 멤버 변수와 유사한 형식입니다. private 메서드는 (−)로, public 메서드는 (+)로 표현합니다. 메서드이기 때문에 메서드 이름 다음에 괄호를 붙입니다. 만약 메서드의 인자를 표현하는 것이 중요하다면 그 안에 인자 이름도 넣어줍니다. 예를 들어 Order와 Feedback 클래스의 생성자는 각각 cust, shop, food 등의 인자를 가지고 있으므로 별도 표기하였습니다.

UML 표기법은 표준이지만 강제력이 있는 것은 아닙니다. 중요한 것은 내 시스템을 적절하게 표현하고 이 시스템의 개발자가 아닌 다른 사람도 그 내용을 파악할 수 있도록 의사소통(communication)의 도구로 사용하는 것입니다.

클래스는 홀로 존재하는 단위가 아니며 서로 연관성을 가집니다. KDeliveryMainV1 클래스는 Shop, Order, Feedback 클래스와 연관 관계를 가집니다. 연관 관계는 방향성을 가지며 KDeliveryMainV1 클래스가 Shop 객체를 생성하거나 메서드를 호출하기 때문에 모두 KDeliveryMainV1 클래스에서 Shop, Order, Feedack 클래스 방향으로 화살표가 향해 있으며, 반대로는 화살표가 존재하지 않습니다.

코딩을 잘하는 것도 중요하지만 이렇게 내가 만든 시스템의 구조를 그려보는 것은 매우 중요한 공부법입니다. 전체 구조가 재대로 구성되어 있지 않다면 아무리 좋은 알고리즘도 소용이 없습니다. 소프트웨어 시스템도 일종의 집(house)입니다. 누수가 발생하고 외풍이 심한 집은 누구도 원하지 않을 것입니다.

이번 장의 마무리

이번 장에서는 객체 지향 프로그래밍의 전반적인 개념에 대해 알아보았습니다. 아래 내용을 다시 한번 읽어보고 잘 이해되는지 확인해보세요.

객체 지향 개념 잡기

01 객체는 데이터와 코드를 포함한다.

02 객체의 데이터는 변수이다.

03 객체의 데이터는 실제로 상수, 변수, 객체를 포함한다.

04 객체의 코드는 객체의 데이터를 사용한다.

05 좋은 객체는 적절한 데이터를 포함하며 그 데이터를 활용하는 코드를 포함한다.

06 자바 언어는 객체를 만들 때 class 키워드를 사용한다.

07 클래스의 데이터는 멤버 변수(member variable)라고 부른다.

08 클래스의 코드는 메서드(method)라고 부른다.

09 객체는 메서드(method = 사용법)를 호출하여 사용한다.

10 객체를 생성할 때는 new 키워드를 사용한다.

11 this 키워드는 객체 자신을 의미한다.

12 멤버 변수의 접근 제어자는 private를 원칙으로 한다. (캡슐화)

13 생성자의 접근 제어자는 기본적을 pubilc을 사용하며 그 외에는 특별한 이유를 갖는다.

14 메서드의 접근 제어자는 상황별로 pubilc, private, protected, (default) 모두 사용 가능하다.

15 static 키워드는 상수를 정의할 때 사용한다. (final 포함)

16 static 메서드는 종종 유틸리티 메서드가 되기도 한다.

17 final 키워드는 메서드와 지역 변수에 되도록 붙일 것

18 자바 언어에서는 같은 이름을 갖는 메서드를 여러 개 보유할 수 있다. (단, 메서드 시그니처가 달라야 함)

19 메서드 오버로딩을 사용할 때는 본질적으로 같은 메서드를 묶어야 한다. (예, decelerateHalf( )와 decelerateAs( )의 사례)

20 객체 지향 프로그래밍의 묘미는 코드의 중복을 제거하는 것이다.

21 null 상태를 최소화해야 한다. 객체 변수는 선언 후 최대한 빠르게 실제 값(객체)을 할당한다.

 **연습문제**

01 다음은 객체 지향 프로그래밍의 기본 개념입니다. 빈 칸을 채우세요.

객체 지향 프로그래밍(OOP)는 일종의 프로그래밍 패러다임으로 A의 개념에 기반하고 있다. A는 데이터를 포함하는 데 필드의 형태를 띠고 있다. 이것을 속성이라고 부르기도 한다. A는 또한 코드를 포함하며 이것을 종종 B 라고 부른다.

A: [   ]   B: [   ]

02 자바 언어는 객체를 소스 코드에 정의할 때 [] 키워드를 사용합니다. 다음 중 맞는 것은?

① object   ② class   ③ public   ④ method

03 다음 중 올바른 생성자의 호출이 아닌 것은?

```
public class Person {
    //생성자
    Person(String fullName) { … }
    Person(String givenName, String familyName) { … }
    Person(String givenName, String middleName, String familyName) { …
}
}
```

① Person p1 = new Person("홍길동");
② Person p2 = new Person( );
③ Person p3 = new Person("홍민", "손");
④ Person p4 = new Person("James", "Author", "Gosling");

04 다음은 Person 객체의 코드 일부입니다. 다음의 메서드를 정의해보세요.

```
public class Person {
    String firstName;
    String lastName;
    int age;
    double height;

    public Person(String firstName, String lastName) {
        this.firstName = firstName;
        this.lastName = lastName;
    }

    //문제 4-1 나이를 설정하는 setAge() 메서드를 정의하시오.

    //문제 4-2 키를 설정하는 setHeight() 메서드를 정의하시오.

    //문제 4-3 나이를 반환하는 getAge() 메서드를 정의하시오.
}
```

05 다음은 메서드 오버로딩 예제입니다. 첫 번째 shoot( ) 메서드를 참고하여 두 번째 shoot 메서드의 원형을 채우세요. 빈 칸을 채우세요.

```
public class Ball {
    private static double DEFAULT_ANGLE = 30; //30도

public int shoot(int power) {
    this.shoot(power, DEFAULT_ANGLE);
}


[                    ] {
    ... 내용 생략 ..
}
}
```

실습 문제

01 다음은 Tesla 객체를 활용하는 예제입니다. 빈 칸을 채우세요.

```java
package com.yudong80.java.ch05;

class Tesla {
    private String name;
    private int speed;
    private int distance;

    public Tesla(String name, int speed) {
        this.name = name;
        this.speed = speed;
    }

    public void run(int hours) {
        [     ]
    }

    public String getName() {
        return name;
    }

    public int getDistance() {
        return distance;
    }
}

public class ElectricCar {
    public static void main(String[] args) {
        //1. Tesla 객체 생성 (속도는 100km/h 기준)
        [     ]
```

```java
        //2. 자동차 운행 (50시간)
        t.run(50);

        //3. 주행거리 출력
        String carName = t.getName();
        int distance = [      ];
         System.out.println("테슬라 " + carName + "는 " + distance + "km를
운행중입니다.");
    }
}
```

실행 결과:
테슬라 모델Y는 5000km를 운행중입니다.

PART 6

객체 지향 속으로

6 객체 지향 속으로

이번 장에서는 객체 지향 프로그래밍의 더 깊은 곳(Core)으로 들어갑니다. Part5에서 배운 클래스와 함께 객체 지향 프로그래밍의 중요 요소인 인터페이스와 상속, 그리고 추상 클래스와 중첩 클래스와 같은 기법도 배웁니다. 충분한 예제를 준비했으니 차분히 따라오세요.

1. 인터페이스

인터페이스(interface)란 무엇일까요? 사전적인 의미로는 '서로 맞닿는 면'을 의미합니다. 앞서 배운 클래스와 함께 객체 지향 프로그래밍의 중요한 개념을 이루고 있으며 위키피디아는 다음과 같이 정의합니다.

> An interface in the Java programming language is an abstract type that is used to specify a behavior that classes must implement. [21]
> 자바 언어에서 인터페이스는 추상 타입으로 클래스들이 구현해야 하는 행동들을 명시합니다.

여기에서 핵심 단어는 바로 추상, 구현, 행동입니다. 먼저, 추상(abstract, 抽象)이라는 단어는 어떤 대상의 상(image, 象)을 이끌어낸다(extract, 抽)는 의미입니다. 추상이라는 단어가 어려울 수 있겠지만 단순하게 생각하면 일반화(generalization)입니다. 프로그래머는 수많은 대상을 코드로 만들 때 일반화하여 생각할 수 있어야 합니다.

프로그램의 힘은 대량의 데이터를 다루는 반복성인데, 시스템의 구성 요소를 잘 일반화해둘수록 범용적이며 확장 가능한 시스템을 구축할 수 있습니다. 이러한 설계 능력은 추상적인 사고로부터 나옵니다. 추상이라는 말을 꼭 기억해두세요.

두 번째, 구현입니다. 인터페이스가 추상이라면 그 자체로는 실행되지 않습니다. 인터페이스를 구현한 클래스가 있어야 동작할 수 있습니다. 자바 언어는 추상을 위한 인터페이스와 구현을 위한 클래스라는 문법을 제공합니다. 인터페이스를 구현한 클래스를 구체 클래스(concrete class) 혹은 구현 클래스(implementation class)라고 부릅니다.

---

21 https://en.wikipedia.org/wiki/Interface_(Java)

세 번째는 행동입니다. 인터페이스는 메서드 시그니처를 포함하여 클래스의 행동 양식을 정의합니다.

객체 지향 핵심 #1: 자바 언어는 클래스의 추상적인 개념으로 인터페이스(interface)를 제공한다.

예제를 통해 인터페이스의 문법에 대해 알아봅시다. 다음은 Part5의 CarExampleV1.java 예제를 기반으로 Car 인터페이스를 추출한 예제입니다.

파일 ch06_OOPCore/src/com/yudong80/java/ch06/Car.java

```
package com.yudong80.java.ch06;


interface Car {
    void start();
    void accelerate();
    void accelerate(int km);
    void decelerateHalf();
    void decelerateAs(int km);
}
```

자바 언어에서는 인터페이스 정의를 위한 interface 키워드를 제공합니다. 클래스와 비슷한 문법이지만 추상적인 개념이기 때문에 메서드의 본문(body)는 갖지 않습니다. 자바 8이후로는 인터페이스가 메서드 본문을 가질 수 있도록 허용하지만 처음 배우는 분들은 순수하게 시작하는 것이 좋습니다.

자바 인터페이스는 메서드만 가질 수 있을까요? 그렇지 않습니다. 인터페이스는 상수도 가질 수 있습니다. 여기서 잠깐 의문이 듭니다. 변수가 아니라 상수라고요?

네, 맞습니다. 인터페이스는 변수를 가질 수 없습니다. 다음은 클래스와 인터페이스의 간단한 비교 표입니다.

	클래스	인터페이스
멤버 변수	O	X
상수	O	O (public 상수만 가능함)
메서드 선언(header)	O	O (자동으로 public이 됨)
메서드 본문	O	X
생성자	O	X

[표6-1] 클래스와 인터페이스 비교

요약하자면 자바 인터페이스는 public 상수와 메서드 선언부만 가질 수 있습니다. 이것으로 무엇을 할 수 있을까요?

객체 지향 핵심 #2: 자바 인터페이스는 메서드 선언부와 public 상수를 가질 수 있다.

앞서 설명 했듯 인터페이스는 클래스의 추상화입니다. 따라서 인터페이스를 통해 객체를 생성할 수 있습니다. 다음은 Car 인터페이스를 활용한 객체 생성 예제입니다.

파일 ch06_OOPCore/src/com/yudong80/java/ch06/CarExampleV2.java

```java
package com.yudong80.java.ch06;

public class CarExampleV2 {
    public static void main(String[] args) {
        //Car 객체 생성 (비추천 방법)
        Car car = new Car() {
            public void start() {
            }
            public void accelerate() {
            }
            public void accelerate(int km) {
            }
            public void decelerateHalf() {
            }
            public void decelerateAs(int km) {
            }
        };

        car.start();
        car.accelerate();
        car.accelerate(70);
        car.decelerateAs(60);
        car.decelerateHalf();
    }
}
```

무언가 코드가 이상합니다. Car 인터페이스를 사용하여 Car 객체를 생성하였지만 앞선 CarExampleV1. java와는 다릅니다. CarExampleV1 예제에서는 Car 객체를 다음과 같이 생성하였습니다.

Car car = new Car("가1234");

Car 인터페이스는 생성자를 가질 수 없기 때문에 위와 같은 방법으로는 Car 객체를 생성할 수 없습니다. 그러면 어떻게 해야 할까요? 조금 어려울 수 있지만 생각을 전환해봅시다. 앞의 Car 객체를 생성할 때는 Car가 두 번 나옵니다. 혹시 여기에 힌트가 있지 않을까요?

그렇습니다. 무언가가 두 번 나온다는 얘기는 둘 중 하나는 다른 것을 사용할 수 있는 가능성을 의미합니다.

객체 지향 핵심 #3: 인터페이스로 객체를 생성할 때는 구체(concrete) 클래스가 있어야 한다.

다음은 CarExample을 개선한 예제로 인터페이스를 활용한 객체 생성의 올바른 방법을 보여줍니다.

파일 **ch06_OOPCore/src/com/yudong80/java/ch06/CarExampleV3.java**

```java
package com.yudong80.java.ch06;


class MyCar implements Car {
    private static final int DEFAULT_ACCEL = 10;
    private static final String SPEED_UNIT = "km/h";


    private String carNumber;
    private int speed = 0;


    public MyCar(String carNumber) {
        this.carNumber = carNumber;
    }


    public void start() {
        System.out.println("내 차량 " + carNumber + "에 시동을 겁니다");
        accelerate();
    }


    public void accelerate() {
        accelerate(DEFAULT_ACCEL);
```

```java
    }

    public void accelerate(int km) {
        speed += km;
        printSpeed(speed);
    }

    public void decelerateHalf() {
        speed *= 0.5;
        printSpeed(speed);

    }

    public void decelerateAs(int km) {
        speed -= km;
        printSpeed(speed);
    }

    private static void printSpeed(final int speed) {
        System.out.println("시속: " + speed + SPEED_UNIT);
    }
}

public class CarExampleV3 {
    public static void main(String[] args) {
        Car car = new MyCar("가1234");
        car.start();
        car.accelerate();
        car.accelerate(70);
        car.decelerateAs(60);
        car.decelerateHalf();
    }
}
```

이 코드는 Part5의 CarExampleV1 예제와 매우 유사하지만 객체 지향 프로그래밍의 관점에서 몇 가지 중요한 점을 담고 있습니다. 어떤 차이가 있는지 반드시 숙지해야 합니다.

먼저 클래스 이름입니다. 클래스 이름은 MyCar 이고(즉, 추상적인 Car 인터페이스가 아님) Car 인터페이스를 구현하고 있습니다. 어떤 클래스가 특정 인터페이스를 구현(implements) 하고 있다면 implements 키워드에 구현하는 인터페이스 이름을 기술합니다. 예제에서 MyCar 클래스는 Car 인터페이스를 구현합니다.

두 번째, MyCar 클래스의 생성자입니다. 앞서 CarExampleV2 예제에서는 Car 인터페이스를 통해 Car 객체를 생성할 수 있었지만 내가 원하는 생성자를 정의할 수 없어 불편합니다. 하지만 인터페이스를 구현하는 클래스(즉, 구체 클래스)는 생성자를 원하는 대로 정의할 수 있습니다.

세 번째, 가장 중요합니다. 앞으로 객체를 생성할 때는 클래스 이름만 사용하는 것이 아니라 그 인터페이스를 기술할 수 있습니다. 즉, 구현 클래스는 MyCar 클래스이지만 내 프로그램에서는 이 객체를 MyCar 객체가 아니라 추상적인 Car 객체로 사용하겠다는 것입니다. 이는 객체 지향 프로그래밍 용어로 다형성(polymorphism)이라 부르며 Part8의 자료구조 클래스들이 이 원리(예, List 인터페이스를 구현한 ArrayList, LinkedList 클래스등)를 따릅니다. 이것이 자바 언어에서 인터페이스를 지원하는 중요한 이유입니다.

객체 지향 핵심 #4: 인터페이스를 사용하는 이유는 다형성(polymorphism)에 있다.

이제 Car 객체는 MyCar 클래스로 생성할 수 있고 혹은 Car 인터페이스를 구현하는 다른 클래스로부터 생성할 수도 있습니다. 이러한 확장성이 매우 중요합니다. 다음은 클래스를 사용하는 CarExampleV1과 CarExampleV3의 비교입니다.

	CarExampleV1.java	CarExampleV3.java
객체 생성	Car car = new Car("가1234");	Car car = new MyCar("가1234");
인터페이스	NA	Car
구체 클래스	Car*	MyCar

[표6-2] CarExampleV1 와 CarExampleV3 예제의 코드 비교
* 객체를 생성할 때 본문를 가지고 있으므로 구체(concrete) 클래스입니다.

CarExampleV3 예제의 실행 결과는 다음과 같습니다.

```
내 차량 가1234에 시동을 겁니다
시속: 10km/h
시속: 20km/h
시속: 90km/h
시속: 30km/h
시속: 15km/h
```

* MyCar 클래스이므로 내 차량이라고 출력하였습니다.

객체 지향 프로그래밍의 좀 더 멋진 면을 알아봅시다. 인터페이스 자체는 멋지지는 않지만, 좋은 코드와 만날 때 그 진가를 발휘합니다.

예를 들어 여러분이 큰 돈을 벌어 MyCar보다 속도가 두 배 빠른 SpeedCar 클래스를 장만했다고 해봅시다. 만약 두 대의 차가 있는데 인터페이스가 없다면 어떻게 될까요? 다음은 Car 인터페이스를 구현한 SpeedCar 클래스입니다.

파일 ch06_OOPCore/src/com/yudong80/java/ch06/SpeedCar.java

```java
package com.yudong80.java.ch06;

public class SpeedCar implements Car {
    private static final int DEFAULT_ACCEL = 10;
    private static final String SPEED_UNIT = "km/h";

    private String carNumber;
    private int speed = 0;

    public SpeedCar(String carNumber) {
        this.carNumber = carNumber;
    }

    @Override
    public void start() {
        System.out.println("스피드 카 " + carNumber + "에 시동을 겁니다");
        accelerate();
    }
```

```java
    @Override
    public void accelerate() {

        accelerate(DEFAULT _ ACCEL * 2); //2배!

    }


    @Override
    public void accelerate(int km) {

        speed += (km * 2); //2배!

        printSpeed(speed);

    }


    @Override
    public void decelerateHalf() {

        speed *= 0.5;

        printSpeed(speed);

    }


    @Override
    public void decelerateAs(int km) {

        speed -= km;

        printSpeed(speed);

    }


    private static void printSpeed(final int speed) {

        System.out.println("시속: " + speed + SPEED _ UNIT);

    }

}
```

SpeedCar 클래스는 Car 인터페이스를 구현합니다.

@Override입니다. 이것은 어노테이션(annotation)이라 하는데 자바의 중요한 표준 표기법입니다. 예를 들어 start( ) 메서드에 붙어 있는 @Override 는 Car 인터페이스에 있는 메서드를 물려받았다는 것을 의미합니다. 객체 지향 용어로 오버라이드라고 하며 자세한 내용은 다음 절인 상속 부분에서 배웁니다.

인터페이스를 상속하여 그 메서드를 구현하는 경우 반드시 @Override를 붙여 주는 것이 좋습니다. 사실

CarExampleV2 와 같이 생략하더라도 컴파일 오류가 발생하지는 않지만 @Override를 붙여주게 되면 이 메서드가 인터페이스의 메서드를 구현한 것인지 아니면 별도로 추가한 것인지 바로 알 수 있기 때문입니다.

인터페이스의 메서드입니다. Car 인터페이스에서는 생략하였지만 인터페이스의 메서드는 자동으로 public 접근 제어자가 붙습니다. 따라서 인터페이스를 구현하게 되면 자동으로 그 코드에 public이 붙습니다.

MyCar 클래스와 코드가 거의 같지만 가속할 때는 모두 2배입니다. 만약 인터페이스가 없다면 MyCar 클래스와 SpeedCar 클래스를 호출하려면 다음과 같이 해야 합니다.

파일 ch06_OOPCore/src/com/yudong80/java/ch06/CarExampleV4.java

```java
package com.yudong80.java.ch06;

public class CarExampleV4 {
    public static void main(String[] args) {
        //1. MyCar 객체 생성
        MyCar car = new MyCar("가1234");
        car.start();
        car.accelerate();
        car.accelerate(70);
        car.decelerateAs(60);
        car.decelerateHalf();

        //2. SpeedCar 객체 생성
        SpeedCar speedCar = new SpeedCar("우8322");
        speedCar.start();
        speedCar.accelerate();
        speedCar.accelerate(70);
        speedCar.decelerateAs(60);
        speedCar.decelerateHalf();
    }
}
```

먼저 MyCar 객체를 생성합니다. 그다음 start( ), accelerate( ), decelerateAs( ), decelerateHalf( ) 메서드를 차례로 호출합니다. 같은 방식으로 SpeedCar 객체를 생성합니다. 그다음 start( ), accelerate( ) 등의 메서드를 호출합니다.

예제의 실행 결과는 다음과 같습니다.

```
내 차량 가1234에 시동을 겁니다
시속: 10km/h
시속: 20km/h
시속: 90km/h
시속: 30km/h
시속: 15km/h
스피드 카 우8322에 시동을 겁니다
시속: 40km/h
시속: 80km/h
시속: 220km/h
시속: 160km/h
시속: 80km/h
```

코드를 보면 MyCar 객체의 사용법과 SpeedCar 객체의 사용법이 동일합니다. 반복적인 코드를 제거하는 것도 좋은 프로그래머의 역량입니다. 우리는 이미 Car 인터페이스가 있고 MyCar, SpeedCar 클래스가 이 인터페이스를 구현하고 있으므로 다음과 같이 간결하게 만들 수 있습니다.

파일 ch06_OOPCore/src/com/yudong80/java/ch06/CarExampleV5.java

```java
package com.yudong80.java.ch06;

public class CarExampleV5 {
    public static void main(String[] args) {
        //1. MyCar, SpeedCar 객체 생성
        Car[] cars = {
            new MyCar("가1234"),
            new SpeedCar("우8322"),
        };


            //2. Car 객체 호출
```

```
        for (Car car : cars) {
            car.start();
            car.accelerate();
            car.accelerate(70);
            car.decelerateAs(60);
            car.decelerateHalf();
        }
    }
}
```

이 예제의 핵심은 바로 Car[] 타입의 cars 배열입니다. 앞으로 MyCar, SpeedCar뿐만 아니라 새로운 클래스가 생겨도 CarExampleV5의 로직을 그대로 유지할 수 있습니다. 단지 cars 배열에 새로운 요소만 추가하면 됩니다. 정말 멋지지 않나요?

객체 지향 핵심 #5: 인터페이스를 사용하면 일반화된 객체를 더 잘 사용할 수 있다.

인터페이스 자체의 문법은 단순하지만 활용성이 높습니다. 인터페이스의 개념을 잘 익혀두고 이것을 어떻게 사용할지 많은 고민이 필요합니다. 객체 지향 프로그래밍은 초보자분들에게 쉬운 개념이 아닙니다. 필자도 그랬고 많은 선배들도 마찬가지였을 것입니다. 하지만 이러한 개념들을 본인의 코드에 녹여보는 것이 진짜 공부라고 생각합니다.

인터페이스의 접근 제어자에 대해 알아봅시다. 우리가 배운 Car 인터페이스에는 접근 제어자가 없는 형태였습니다. 하지만 클래스와 마찬가지로 인터페이스도 다음과 같은 접근 제어자를 가질 수 있습니다. 다음은 클래스의 접근 제어자와 비교한 표입니다.

	클래스	인터페이스
public (default)	O	O
private protected	O	X

[표6-3] 클래스와 인터페이스의 접근 제어자

표에 나와 있듯이 자바 인터페이스는 public과 (default)만 사용 가능합니다. Car 예제에서는 (default) 접근 제어자를 활용하였으며, 다음은 pubilc 인터페이스를 활용한 예제입니다. 인터페이스를 자바 패키지 내부에서만 사용하면 (default)접근 제어자를 사용하고 그 외의 경우 public을 사용합니다. 실무 코드에서는 대체로 public interface가 쓰입니다.

다음은 PrintService 인터페이스 예제입니다.

```java
package com.yudong80.java.ch06;


public interface PrintService {
    boolean search(String name);

    boolean print(String documentPath);

}
```

이 예제에서는 가상의 PrintService를 제시합니다. 프린트 서비스의 첫 번째 메서드는 search( )입니다. 이 메서드는 name을 인자로 받으며 원격에 있는 프린터를 찾습니다. 결과는 boolean 타입으로 검색에 성공하면 true를 반환하고 그 외에는 false를 반환합니다.

두 번째 메서드는 print( )입니다. 문서의 경로를 의미하는 documentPath 문자열을 인자로 넘기면 그 경로에 있는 문서를 출력합니다. 출력 요청이 접수되면 true를 반환하고 그 외에는 false를 반환합니다.

코드가 한 줄도 없는데 어떻게 이런 내용을 말할 수 있을까요? 이것이 인터페이스의 또 다른 힘입니다.

객체 지향 핵심 #6: 잘 정의된 인터페이스는 수백 줄의 코드를 간결하게 설명한다.

마지막으로 인터페이스 이름은 어떻게 지으면 좋을까요? 가장 좋은 방법은 프로젝트 혹은 프로그램의 설계자가 결정하는 것입니다. 일반적으로 인터페이스는 클래스와 함께 쓰이므로 다음과 같은 사례들을 활용하면 무난합니다.

	인터페이스	클래스
사례 #1	Car	SpeedCar MyCar CarImpl
사례 #2	ICar	Car 그 외 나머지 클래스
사례 #3	CarInterface	사례 #1, #2 모두 활용 가능

[표6-4] 클래스와 인터페이스의 사용 예

첫 번째 사례는 인터페이스를 일반 명사로 채택하는 경우입니다. 그 경우 클래스는 보통 CarImpl 같은 구현 클래스의 이름을 갖거나 예제에서 활용했던 SpeedCar, MyCar 같은 클래스 이름을 활용합니다.

두 번째 사례는 ICar 와 같이 I를 붙여 인터페이스임을 강조하는 것입니다. 장점은 Car를 클래스의 이름으로 사용할 수 있습니다. Car를 인터페이스 이름으로 사용할지 클래스 이름으로 사용할지는 경우에 따라 다르며 정답이 없습니다.

마지막 사례는 아예 접미사로 Interface를 붙이는 것입니다. 두 번째 사례와 큰 차이는 없습니다.

이 책에서는 첫 번째 사례를 따르고 있습니다. 클래스 이름보다는 인터페이스가 대표적인 이름을 갖는 것이 유용하다고 생각하기 때문입니다.

2. 상속

객체 지향의 두 번째 핵심은 상속(Inheritance)입니다. 상속은 인터페이스보다 알아야 하는 내용도 많고 코드에 적용했을 때 주의해야 할 점도 많습니다.

상속은 어떤 클래스들이 부모와 자식(혹은 상위와 하위, 일반화와 구체화)의 관계를 갖고 자식 클래스가 부모 클래스의 코드를 물려받는 것입니다. 인터페이스를 구현하는 경우 implements 키워드를 사용하는 것과 같이 어떤 클래스를 상속하려면 extends 키워드를 사용합니다. extends는 확장한다는 뜻으로 자식 클래스는 부모 클래스의 코드를 물려받아 그 기능을 확장하는 의도를 가지고 있습니다. 확장의 의미는 일반적인 부모 클래스를 구체화한다는 의미와 부모 클래스에 추가적인 기능을 제공한다는 의미를 모두 가집니다. 하지만 후자의 용도로 사용할 때는 신중해야 합니다.

상속을 하면 어떤 코드를 물려받을까요? 중요한 내용이니 표로 정리해 보았습니다.

	인터페이스	상속	예제 코드
public 자원	public 상수와 메서드를 물려받음	public 멤버 변수, 상수와 메서드를 모두 물려받음	InheritanceBasic01.java
protected 자원	NA	protected 멤버 변수, 상수와 메서드를 물려받음	InheritanceBasic02.java
생성자	NA	생성자는 물려받지 않으며 자식 클래스에서는 부모 클래스의 생성자 중 하나를 반드시 호출해야 함.	InheritanceBasic03.java
메서드 오버라이딩	가능	가능	InheritanceBasic04.java

[표 6-5] 인터페이스와 상속의 비교

인터페이스는 public 상수와 public 메서드만 하위 클래스가 물려받을 수 있지만 상속은 public 상수를 포함한 public 멤버 변수와 public 메서드등을 모두 물려받을 수 있습니다.

이제부터는 상속만의 기능입니다. protected는 Part5에서는 다루지 않은 새로운 접근 제어자로 부모 클래스에서 사용합니다. default 접근 제어자와 범위가 같지만 추가적으로 패키지가 다르더라도 부모 클래스를 상속하는 자식 클래스에서는 접근을 허용합니다.

생성자의 경우 부모 클래스에서 물려받지 않으며 자식 클래스의 생성자는 부모 클래스의 생성자 중 하나를 반드시 호출하는 코드로 시작해야 합니다. 그렇지 않으면 오류가 발생합니다. 마지막으로 상속은 부모 클래스에 있는 메서드를 재정의할 수 있는 메서드 오버라이딩을 지원합니다.

알아야 하는 내용이 많지만 예제를 통해 하나씩 알아보겠습니다. 다음은 public 자원 상속에 대한 예제입니다.

파일 ch06_OOPCore/src/com/yudong80/java/ch06/InheritanceBasic01.java

```java
package com.yudong80.java.ch06;

class ParentClass {
    public int publicField = 999;
    private String privateField;

    public void publicMethod(String arg) {
        System.out.println("부모 클래스의 public method 입니다. arg? " +
arg);
    }

    private void privateMethod() {
        System.out.println("부모 클래스의 private method 입니다. 상속되지 않습니
다.");
    }
}

class ChildClass extends ParentClass{
    //내용 없음
}

public class InheritanceBasic01 {
    public static void main(String[] args) {
        //1. 부모 클래스로 선언
        ParentClass parent = new ChildClass();
        parent.publicMethod("부모 클래스로 선언");
```

```
        System.out.println("부모 클래스의 public field 값? " + parent.pub-
licField);


        //2. 자식 클래스로 선언
        ChildClass child = new ChildClass();
        child.publicMethod("자식 클래스로 호출");
        System.out.println("자식 클래스의 public field 값? " + child.public-
Field);
    }
}
```

부모 클래스인 ParentClass는 멤버 변수로 public 필드인 publicField와 privateField를 가지고 있으며 public 메서드인 publicMethod( )와 private 메서드인 privateMethod( )를 가지고 있습니다.

자식 클래스인 ChildClass는 ParentClass를 상속하고 있기 때문에 extends 키워드를 사용하였습니다. 이 클래스는 오직 상속만 하고 있으며 자신만의 내용은 없습니다. 자식 클래스는 부모 클래스의 어떤 멤버 변수와 메서드를 상속할까요?

객체 지향 핵심 #7: 자식 클래스는 부모 클래스의 public 멤버 변수와 메서드를 상속한다.

이제 main( ) 메서드입니다. 먼저 자식 클래스는 부모 클래스로 선언할 수 있습니다. 객체 지향 프로그래밍의 이점을 누리기 위해서는 자식 클래스를 생성할 때 부모 클래스로 선언할 수 있는지 살펴보는 것이 중요합니다. 여기에서는 자식 클래스가 부모 클래스를 그대로 상속하고 있기 때문에 어려움 없이 바로 그렇게 할 수 있습니다. parent 변수는 부모 클래스의 publicField와 publicMethod( )를 호출할 수 있습니다.

객체 지향 핵심 #8: 자식 클래스는 최대한 부모 클래스로 선언하여 생성한다. (단, 자식 클래스에 있는 메서드를 호출하는 경우에만 자식 클래스로 선언한다)

다음은 ChildClass 타입으로 선언한 child 변수입니다. 마찬가지로 부모 클래스의 publicField 멤버 변수와 publicMethod( ) 메서드를 마치 자기 클래스에 있는 것처럼 호출할 수 있습니다.

예제의 실행 결과는 다음과 같습니다.

```
부모 클래스의 public method 입니다. arg? 부모 클래스로 선언
부모 클래스의 public field 값? 999
부모 클래스의 public method 입니다. arg? 자식 클래스로 호출
자식 클래스의 public field 값? 999
```

상속 관계에 있는 두 클래스는 다양한 이름으로 부르고 있습니다. 객체 지향 프로그래머라면 이러한 용어는 곧 익숙해지게 됩니다. 모두 같은 뜻입니다.

- 부모 클래스 vs 자식 클래스
- 상위 클래스 vs 하위 클래스
- 슈퍼 클래스 vs 서브 클래스

위의 내용은 인터넷 검색할 때 교차로 사용할 수 있으니 잘 기억해두세요. 다음은 상속의 두 번째 항목인 protected 접근자에 관한 예제입니다.

파일 ch06_OOPCore/src/com/yudong80/java/ch06/InheritanceBasic02.java

```java
package com.yudong80.java.ch06;

class SuperClass {
    public int publicNumber = 100;
    protected String protectedKey = "KM-01-9867";

    public void print(String msg) {
        System.out.println("SUPER: " + msg);
    }

    protected String getKey() {
        System.out.println("SUPER:getKey() 호출");
        return protectedKey;
    }
}

class SubClass extends SuperClass {
    public String getKey() {
        System.out.println("SUB:getKey() 호출");
        return "SUB-" + super.protectedKey;
    }

    public void printSub(String msg) {
        System.out.println("SUB: " + msg);
    }
}
```

```
public class InheritanceBasic02 {
    public static void main(String[] args) {
        //1. 상위 클래스로 선언
        SuperClass sc = new SubClass();
        sc.print("상위 클래스의 메서드를 호출합니다.");
        System.out.println("key? " + sc.getKey());

        //2. 자식 클래스로 선언
        SubClass sub = new SubClass();
        System.out.println("subKey? "+ sub.getKey());
    }
}
```

부모 클래스의 이름은 SuperClass입니다. super 키워드는 부모 혹은 상위 클래스를 의미합니다. 이 클래스는 public 멤버 변수인 publicNumber와 protected 멤버 변수인 protectedKey를 정의합니다. 또한 public인 print( ) 메서드와 protected 메서드인 getKey( )를 포함합니다.

자식 클래스의 이름은 SubClass입니다. extends 키워드를 사용하여 SuperClass 클래스를 상속하며 getKey( )와 printSub( ) 메서드를 포함합니다.

main( ) 메서드에 있는 sc 변수는 부모 클래스인 SuperClass로 선언하였습니다. 하지만 실제 객체는 SubClass 클래스의 인스턴스입니다. 부모 클래스에 있는 print( ) 와 getKey( ) 메서드를 호출 가능하지만 SubClass에 있는 printSub( ) 메서드는 호출할 수 없습니다.

sub 변수는 SubClass 타입으로 선언 및 객체 생성하였기 때문에 printSub( ) 메서드를 호출할 수 있습니다. SubClass클래스의 getKey( ) 메서드에서는 super 키워드를 통해 protectedKey 멤버 변수에 접근합니다.

객체 지향 핵심 #9: 자식 클래스는 super 키워드로 부모 클래스의 protected 혹은 public 멤버 변수에 접근할 수 있다.

예제의 실행 결과는 다음과 같습니다.

```
SUPER: 상위 클래스의 메서드를 호출합니다.
SUB:getKey() 호출
key? SUB-KM-01-9867
SUB:getKey() 호출
subKey? SUB-KM-01-9867
```

여기에서 주목해야 할 내용은 sc.getKey( ) 메서드를 호출할 때 SuperClass가 아니라 SubClass에 있는 getKey( ) 메서드가 호출된다는 점입니다.

2.1 상속의 형변환

어떤 클래스들이 상속 관계에 있으면 상위 혹은 하위 계층(hierarchy)이 생기며 어떤 변수의 선언형과 실제로 할당되는 인스턴스 사이에는 다음과 같은 경우의 수가 생기게 됩니다. 각각 고유의 의미가 있으니 잘 생각해보세요.

선언	정의(할당)	내용
부모 클래스	부모 클래스	부모 타입의 인스턴스 생성
부모 클래스	자식 클래스	부모 타입으로 선언하여 내부적으로는 자식 클래스의 인스턴스를 할당 (다형성)
자식 클래스	자식 클래스	자식 타입의 인스턴스 생성
자식 클래스	부모 클래스	객체 생성 불가

[표 6-6] 상속 관계에서 경우의 수

이중에서 부모 클래스로 선언하여 자식 클래스의 인스턴스를 생성한 경우에 주목하세요. 이렇게 사용하는 목적은 다수의 자식 클래스가 있을 때 실제 구현한 객체는 자식 클래스들 중 하나지만 모두 부모 클래스로 선언하여 로직을 일반화하는데 있습니다.

인터페이스를 부모 클래스로 통일하면 다수의 서로 다른 객체들을 동일한 것으로 취급할 수 있습니다. 예제를 통해 알아봅시다.

다음은 상속의 형변환에 대한 예제입니다.

파일 ch06_OOPCore/src/com/yudong80/java/ch06/InheritanceType.java

```java
package com.yudong80.java.ch06;

public class InheritanceType {
    public static void main(String[] args) {
        //1. 부모 클래스의 인스턴스화
        SuperClass s1 = new SuperClass();
        System.out.println("s1.number: " + s1.publicNumber);
        s1.print("메시지 #1");
        System.out.println("s1.getKey(): " + s1.getKey());


        //2. 부모로 선언, 자식 객체 할당
```

```
        SuperClass s2 = new SubClass();
        System.out.println("s2.number: " + s2.publicNumber);
        s2.print("메시지 #2");
        System.out.println("s2.getKey(): " + s2.getKey());
        //System.out.println("s2.getSubKey(): " + s2.getSubKey());

        //3. 자식 클래스의 인스턴스화
        SubClass s3 = new SubClass();
        System.out.println("s3.number: " + s3.publicNumber);
        s3.print("메시지 #3");
        System.out.println("s3.getKey(): " + s3.getKey());
        //System.out.println("s3.getSubKey(): " + s3.getSubKey());
        //4. 자식으로 선언, 부모 객체 할당 (불가)

        //SubClass s4 = new SuperClass();
    }
}
```

부모 클래스를 인스턴스화하는 경우입니다. SuperClass에 정의된 멤버 변수와 메서드를 호출할 수 있습니다.

다음은 부모 클래스의 타입으로 선언하고 자식 클래스의 객체를 할당하는 경우입니다. getKey( ) 메서드의 경우 SuperClass와 SubClass 클래스에 모두 존재합니다. 이러한 경우 메서드 오버라이딩이라고 하며 (6.2.3 절)에서 자세히 다룹니다. s2.getKey( ) 메서드를 호출하면 SubClass 클래스에 있는 getKey( ) 메서드가 호출됩니다.

마지막으로 자식 클래스로 인스턴스화하는 경우에는 자식 클래스의 멤버 변수와 메서드를 호출하며, 만약 부모 클래스에만 존재하는 멤버 변수와 메서드의 경우 접근 제어자를 고려하여 호출이 가능합니다.

예제의 실행 결과는 다음과 같습니다.

```
s1.number: 100
SUPER: 메시지 #1
SUPER:getKey() 호출
s1.getKey(): KM-01-9867
s2.number: 100
SUPER: 메시지 #2
```

```
SUB:getKey() 호출
s2.getKey(): SUB-KM-01-9867
s3.number: 100
SUPER: 메시지 #3
SUB:getKey() 호출
s3.getKey(): SUB-KM-01-9867
```

자식 클래스의 객체를 부모 클래스로 선언하면 더 유연한 구조를 만들 수 있습니다. 다음 예제를 보시죠.

파일 ch06_OOPCore/src/com/yudong80/java/ch06/InheritanceArray.java

```java
package com.yudong80.java.ch06;


class SisterClass extends SuperClass {
    public String getKey() {
        System.out.println("SISTER:getKey() 호출");
        return "SISTER-" + super.protectedKey;
    }
}


public class InheritanceArray {
    public static void main(String[] args) {
        //1. SuperClass 배열 선언
        SuperClass[] arr = new SuperClass[3];

        //2. 배열 요소 정의
        arr[0] = new SuperClass();
        arr[1] = new SubClass();
        arr[2] = new SisterClass();

        //3. 일괄 getKey() 호출
        for (SuperClass obj : arr) {
            System.out.println(obj.getKey());
        }
    }
}
```

먼저 SuperClass[] 배열을 선언합니다. 그다음 요소로 각각 SuperClass, SubClass와 SisterClass타입의 객체를 넣습니다. 이렇게 서로 다른 클래스의 객체를 넣었지만 SuperClass를 상속하였기 때문에 때문에 동일한 타입의 객체처럼 사용할 수 있습니다.

이 예제의 백미는 배열을 순회하며 각 요소의 getKey( ) 메서드를 호출할 때입니다. 동일하게 getKey( ) 메서드를 호출하였지만 각 클래스에 맞는 getKey( ) 메서드가 호출됩니다. 이렇게 선언과 정의를 분리하는 형식을 다형성(Polymorphism)이라 합니다.

객체 지향 핵심 #10: 자식 클래스의 서로 다른 인스턴스들을 부모 클래스로 선언하여 다형성(polymorphism)을 구현할 수 있다.

예제의 실행 결과는 다음과 같습니다.

```
SUPER:getKey()  호출
KM-01-9867
SUB:getKey()  호출
SUB-KM-01-9867
SISTER:getKey()  호출
SISTER-KM-01-9867
```

각 요소의 구체 클래스인 SuperClass, SubClass와 SisterClass클래스에 있는 getKey( )가 호출됨을 확인할 수 있습니다.

2.2 생성자의 상속

생성자는 객체가 생성되는 방법을 의미합니다. 상속의 경우 생성자를 어떻게 다루어야 하는지 잘 알고 있어야 합니다. 왜 그럴까요? 예를 들어 어떤 자식 클래스의 객체를 생성하려면 먼저 부모 객체가 생성되어야 합니다. 그래야 자식 객체에서 부모 객체에서 공유된 멤버 변수와 메서드를 호출할 수 있습니다.

객체 지향 핵심 #11: 자식 클래스의 생성자에서는 부모 클래스의 생성자를 반드시 호출해야 한다.

예제를 통해 알아봅시다. 다음은 간단한 입출금 기능을 포함한 BankAccount 클래스입니다.

파일 ch06_OOPCore/src/com/yudong80/java/ch06/BankAccount.java

```java
package com.yudong80.java.ch06;

public class BankAccount {
    protected String accountNumber;
    protected int balance;
```

```
    public BankAccount(String accNumber) {

        accountNumber = accNumber;

        balance = 0;

        System.out.println(accNumber + "계좌가 생성되었습니다 (잔고: " + bal-
ance + " 원)");

    }

    public void deposit(int amount) {

        balance += amount;

    }

    public void withdraw(int amount) {

        if (amount > balance) {

            System.out.println("잔고가 없습니다.");

            return;

        }

        balance -= amount;

    }

    public int getBalance() {

        return balance;

    }

}
```

이 클래스는 계좌 번호를 의미하는 accountNumber 멤버 변수와 잔고를 의미하는 balance 멤버 변수와 String 타입의 accNumber 변수를 인자로 받는 생성자를 가지고 있습니다. 이 생성자는 accountNumber 와 balance 멤버 변수의 값을 초기화합니다.

돈을 입금하는 deposit( ) 메서드, 잔고를 인출하는 withdraw( ) 메서드와 잔고를 반환하는 getBalance( ) 메서드를 포함합니다.

다음은 정기 예금 계좌를 의미하는 SavingAccount 클래스입니다.

```java
package com.yudong80.java.ch06;

public class SavingAccount extends BankAccount{

    private static final double SAVING_ACCOUNT_INTEREST_RATE = 0.02;
//2%

    public SavingAccount(String accNumber, int deposit) {
        super(accNumber);
        super.balance = deposit;
        System.out.println(accNumber + "계좌가 생성되었습니다 (잔고: " +
deposit + " 원)");
    }

    public int getMaturedAmount() {
        double res = super.balance * (1 + SAVING_ACCOUNT_INTEREST_
RATE);
        return (int) res;
    }
}
```

SAVING_ACCOUNT_INTEREST_RATE 상수는 정기 예금 금리를 의미하며 0.02(2%)의 값을 갖고 있습니다. SavingAccount 클래스의 생성자는 accNumber와 deposit을 인자로 받습니다. 먼저 부모 클래스의 객체를 생성하기 위해 super(accNumber)를 호출하였습니다.

super( )란 무엇일까요? 이것은 자바의 예약어로 부모 클래스의 생성자를 의미합니다. super(accNumber)를 호출하면 BankAccount 클래스의 다음 생성자가 호출됩니다.

```java
public BankAccount(String accNumber)
```

그다음은 super 키워드를 사용하여 부모 클래스의 balance 멤버 변수를 초기화합니다. 괄호가 없는 super는 부모 객체를 의미합니다. 따라서 부모 객체의 balance 멤버 변수를 초기화합니다.

getMaturedAmount( ) 메서드는 정기 예금의 만기 시 받을 수 있는 예상 금액을 반환합니다. 여기에서는 1년 단리 금액(즉, 원금에 2% 이자를 더한 1.02배의 금액)을 의미합니다. res 변수가 double인 이유는

SAVING_ACCOUNT_INTEREST_RATE 상수가 double형이기 때문입니다. 우리는 소수점 이하의 금액은 버리므로 반환하기 전에 int형으로 강제 변환하였습니다.

다음은 두 클래스를 활용하는 상속의 예제입니다.

파일 ch06_OOPCore/src/com/yudong80/java/ch06/InheritanceBasic03.java

```
package com.yudong80.java.ch06;

public class InheritanceBasic03 {
    public static void main(String[] args) {
        //1. 부모 클래스로 선언
        BankAccount account = new SavingAccount("ACC-2020-01",
500 _ 000);
        System.out.println("계좌의 잔고는? " + account.getBalance() + "원");

        account.deposit(100 _ 000);
        account.withdraw(50 _ 000);
        System.out.println("입출금 후 계좌의 잔고는? " + account.getBalance()
+ "원");

        //account.getMaturedAmount() 호출 불가

        //2. 자식 클래스로 선언
        SavingAccount sav = new SavingAccount("ACC-2020-02",
5 _ 000 _ 000);
        System.out.println("계좌의 잔고는? " + sav.getBalance() + "원");

        sav.deposit(5 _ 000 _ 000);
        System.out.println("정기 예금 만기 금액은? " + sav.getMaturedAmount()
+ "원");
    }
}
```

먼저 account 변수는 부모 클래스인 BankAccount 타입으로 선언하였습니다. 그러므로 부모 클래스에 있는 deposit( ), withdraw( )와 getBalance( ) 메서드를 호출할 수 있습니다. 하지만 SavingAccount 타입이 아니기 때문에 자식 클래스에 있는 getMaturedAmount( ) 메서드는 호출할 수 없습니다.

account 변수를 선언할 때 숫자에 언더스코어(_)가 포함되어 있습니다. 이것은 자바 7에서 추가된 기능으로 금액이나 큰 숫자를 표현하기에 좋습니다. 만약 콤마(,)를 사용할 수 있다면 더 좋았겠지만 아쉽습니다. 유용한 문법이니 잘 기억해두세요.

sav 변수는 SavingAccount 타입으로 선언하여 부모클래스에 있는 deposit( ) 메서드뿐만 아니라 이 클래스에만 있는 getMaturedAmount( ) 메서드도 호출할 수 있습니다.

이와 같이 객체의 쓰임이 부모 클래스 타입으로 충분하면 부모 타입으로 선언하는 것을 고려하고, 자식 클래스에서 추가적으로 정의한 메서드를 호출해야 하는 경우에는 자식 클래스 타입으로 선언합니다.

예제의 실행 결과는 다음과 같습니다.

```
ACC-2020-01계좌가 생성되었습니다 (잔고: 0 원)
ACC-2020-01계좌가 생성되었습니다 (잔고: 500000 원)
계좌의 잔고는? 500000원
입출금 후 계좌의 잔고는? 550000원
ACC-2020-02계좌가 생성되었습니다 (잔고: 0 원)
ACC-2020-02계좌가 생성되었습니다 (잔고: 5000000 원)
계좌의 잔고는? 5000000원
정기 예금 만기 금액은? 10200000원
```

마지막으로 예외적인 상황에 대해서 생각해봅시다.

❶ 부모 클래스에는 생성자가 없는데 자식 클래스에는 생성자가 존재하는 경우
❷ 부모 클래스에 private 생성자만 존재하는 경우

이럴경우 자식 클래스의 생성자는 어떻게 해야 할까요? 궁금할 때는 예제를 작성해보는 것이 가장 좋습니다.

파일 ch06_OOPCore/src/com/yudong80/java/ch06/InheritanceBasic04.java

```java
package com.yudong80.java.ch06;


class DefaultConstructorParentClass {


}


class PrivateConstructorParentClass {
    private PrivateConstructorParentClass() {
```

```java
    }

    public PrivateConstructorParentClass(String arg) {
        System.out.println("PrivateConstructorParentClass 객체가 생성되었습니
다. arg? " + arg);
    }
}

class ChildClassA extends DefaultConstructorParentClass {
    public ChildClassA() {
        System.out.println("ChildClassA 객체가 생성되었습니다.");
    }
}

class ChildClassB extends PrivateConstructorParentClass {

    public ChildClassB(String arg) {
        super(arg);
    }
}

public class InheritanceBasic04 {
    public static void main(String[] args) {
        //1. 부모 클래스에 생성자가 없는 경우
        DefaultConstructorParentClass obj1 = new ChildClassA();
        ChildClassA obj2 = new ChildClassA();

        //2. 부모 클래스에는 private 생성자만 존재하는 경우
        PrivateConstructorParentClass obj3 = new ChildClassB("부모 클래스
로 선언");
        ChildClassB obj4 = new ChildClassB("자식 클래스로 선언");
    }
}
```

부모 클래스인 DefaultConstructorParentClass 클래스에는 생성자가 없습니다. 그리고 PrivateConstructor ParentClass 클래스는 private 생성자와 public 생성자를 제공합니다.

ChidClassA 라는 자식 클래스는 DefaultConstructorParentClass 클래스를 상속합니다. 부모 클래스에는 생성자가 없기 때문에 자식 클래스의 생성자에서 부모 클래스의 생성자 호출을 생략해도 됩니다.

ChildClassB 클래스의 생성자에서는 부모 클래스의 private 생성자는 호출할 수 없기 때문에 부모 클래스의 public 생성자인 super(arg)를 호출해야 합니다.

예제의 실행 결과는 다음과 같습니다.

```
ChildClassA 객체가 생성되었습니다.
ChildClassA 객체가 생성되었습니다.
PrivateConstructorParentClass 객체가 생성되었습니다. arg? 부모 클래스로 선언
PrivateConstructorParentClass 객체가 생성되었습니다. arg? 자식 클래스로 선언
```

2.3 메서드 오버라이딩

지금까지 부모 클래스와 자식 클래스의 관계는 원만한 편입니다. 부모 클래스에서 상속한 내용을 거스르지 않았기 때문이죠. 자식 클래스는 부모 클래스의 멤버 변수와 메서드를 공유합니다. 또한 생성자는 기본 생성자만 있는 경우를 제외하고는 반드시 부모 클래스의 생성자를 호출하도록 되어 있습니다.

만약 부모 클래스의 내용을 고쳐야 한다면 어떻게 할까요? 다양한 자식 클래스가 존재하다 보면 부모 클래스의 일부 메서드를 재정의할 필요가 생깁니다. 이것을 객체 지향 프로그래밍 용어로 메서드 오버라이딩(overriding)이라고 합니다. 오버라이딩의 의미는 기존의 것을 기각하거나 무시한다는 뜻입니다.

메서드 오버라이딩은 앞서 Part5에서 배운 메서드 오버로딩(overloading, 과적재)과는 다릅니다. 다음은 메서드 오버로딩과 메서드 오버라이딩의 비교 표입니다.

	메서드 오버로딩(Part5참고)	메서드 오버라이딩
상속 연관성	X (상속과 무관함)	O (상속 관계에서만 가능)
연관 범위	같은 클래스	부모 클래스와 관계
의미	이름은 같지만 인자의 타입과 수(메서드 시그니처)가 다른 메서드를 정의할 수 있음	부모 클래스에 있는 메서드를 재정의
비고	메서드 시그니처가 달라야 함	메서드 시그니처가 동일해야 함

[표 6-7] 메서드 오버로딩과 메서드 오버라이딩

객체 지향 프로그래밍에서의 메서드 오버라이딩은 부모 클래스의 메서드를 자식 클래스에서 의미를 변경하거나 재정의하는 것을 의미합니다. 어떻게 할 수 있을까요?

다음은 메서드 오버라이딩의 예제입니다.

파일 ch06_OOPCore/src/com/yudong80/java/ch06/MethodOverridingExample01.java

```java
package com.yudong80.java.ch06;

class ColoredParent {
    public String getPrimaryColor() {
        return "red";
    }

    public String getSecondaryColor() {
        return "blue";
    }
}

class PurpleChild extends ColoredParent {
    @Override
    public String getSecondaryColor() {
        return "purple";
    }
}

public class MethodOverridingExample01 {
    public static void main(String[] args) {
        //1. 부모 객체 생성
        ColoredParent cp = new ColoredParent();
        System.out.println("1차 색상? " + cp.getPrimaryColor());
        System.out.println("2차 색상? " + cp.getSecondaryColor());

        //2. 자식 객체 생성
        ColoredParent purple = new PurpleChild();
        System.out.println("1차 색상? " + purple.getPrimaryColor());
        System.out.println("2차 색상? " + purple.getSecondaryColor());
    }
}
```

부모 클래스인 ColoredParent 클래스는 1차 색상을 반환하는 getPrimaryColor( )와 2차 색상을 반환하는 getSecondaryColor( ) 메서드를 제공합니다.

PurpleChild 클래스는 ColoredParent 클래스를 상속합니다. 이제 getSecondaryColor( ) 메서드를 오버라이드해보겠습니다. 다음과 같이 @Override 어노테이션을 붙여 오버라이드함을 선언합니다.

```
@Override
public String getSecondaryColor() {
    return "purple";
}
```

새로 정의한 메서드는 부모 클래스의 구현과는 다르게 "purple" 값을 반환합니다.

객체 지향 핵심 #12: 메서드 오버라이딩을 하면 자식 클래스의 메서드에서 부모 클래스의 메서드를 재정의할 수 있다.

main( ) 메서드에서는 부모 클래스의 객체를 생성합니다. 이 객체에 getPrimaryColor( )와 getSecondary Color( ) 메서드를 호출하면 각각 "red"와 "blue" 값을 얻을 수 있습니다.

purple 변수는 PurpleChild 객체이며 ColoredParent 타입으로 선언하였습니다. 자식 클래스에서는 get SecondaryColor( ) 메서드를 재정의하였으므로 이 메서드를 호출하면 "purple" 값이 반환되어야 합니다.

예제의 실행 결과는 다음과 같습니다.

```
1차 색상? red
2차 색상? blue
1차 색상? red
2차 색상? purple
```

다음은 GreenGrass라는 자식 클래스를 포함한 메서드 오버라이딩 예제입니다.

파일 ch06_OOPCore/src/com/yudong80/java/ch06/MethodOverridingExample02.java

```
package com.yudong80.java.ch06;

class GreenGrass extends ColoredParent {
    @Override
    public String getPrimaryColor() {
        return "green";
    }
```

```
    @Override
    public String getSecondaryColor() {

        return "yellow";

    }

}


public class MethodOverridingExample02 {
    public static void main(String[] args) {
        //1. 부모 클래스로 선언
        ColoredParent[] cps = {
            new ColoredParent(),
            new PurpleChild(),
            new GreenGrass(),
        };


        for (ColoredParent cp: cps) {
            System.out.println("1차 색상? " + cp.getPrimaryColor());
            System.out.println("2차 색상? " + cp.getSecondaryColor());
        }
    }
}
```

GreenGrass 클래스는 부모 클래스의 getPrimaryColor( ), getSecondaryColor( ) 메서드 모두를 오버라이
딩합니다.

cps 변수는 ColoredParent [ ] 배열이지만 그 요소는 각각 ColoredParent, PurpleChild와 GreenGrass 객체
입니다. 하지만 객체들을 사용할 때는 모두 부모 타입인 ColoredParent 타입으로 다룹니다. 만약 새로운
자식 클래스가 생기더라도 배열 선언부만 변경하면 되며 로직 부분은 그대로 유지할 수 있습니다.

예제의 실행 결과는 다음과 같습니다.

```
1차 색상? red
2차 색상? blue
1차 색상? red
2차 색상? purple
1차 색상? green
2차 색상? yellow
```

메서드 오버라이딩에서 오버라이딩의 원래 뜻은 "기각하다"입니다. 앞의 예제처럼 반환값을 변경하는 경우에도 사용하지만 자식 클래스에서 부모 메서드의 기능을 제거할 때도 사용할 수 있습니다. SavingAccount 예제로 돌아갑니다.

파일 ch06_OOPCore/src/com/yudong80/java/ch06/SavingAccount.java

```java
package com.yudong80.java.ch06;

public class SavingAccount extends BankAccount{

    private static final double SAVING_ACCOUNT_INTEREST_RATE = 0.02;
//2%

public SavingAccount(String accNumber, int deposit) {
        super(accNumber);
        super.balance = deposit;
System.out.println(accNumber + "계좌가 생성되었습니다 (잔고: " + deposit + " 원)");
    }

    public int getMaturedAmount() {
        double res = super.balance * (1 + SAVING_ACCOUNT_INTEREST_
RATE);
        return (int) res;
    }
}
```

사실 이 클래스에는 문제가 있습니다. 정기 예금 계좌는 일반적으로 통장을 개설하면 만기 전에는 금액을 인출하거나 추가 불입을 할 수 없습니다. 그런데 SavingAccount 클래스가 BankAccount 클래스를 상속했기 때문에 부모 클래스에 있는 deposit( ), withdraw( ) 메서드를 호출할 수 있는 문제가 있습니다.

따라서 메서드 오버라이딩을 활용하여 이 문제를 해결해봅니다.

파일 ch06_OOPCore/src/com/yudong80/java/ch06/SavingAccountV2.java

```java
package com.yudong80.java.ch06;

public class SavingAccountV2 extends BankAccount {
    private static final double SAVING_ACCOUNT_INTEREST_RATE = 0.02;
    //2%

    private boolean isExpired = false;

    public SavingAccountV2(String accNumber, int deposit) {
        super(accNumber);
        super.balance = deposit;
        System.out.println(accNumber + "계좌가 생성되었습니다 (잔고: " +
deposit + " 원)");
    }

    public int getMaturedAmount() {
        double res = super.balance * (1 + SAVING_ACCOUNT_INTEREST_
RATE);
        return (int) res;
    }

    public void expire() {
        isExpired = true;
        balance = getMaturedAmount();
    }

    @Override
    public void deposit(int amount) {
        System.out.println("정기 예금은 추가 불입을 할 수 없습니다.");
    }

    @Override
```

```java
    public void withdraw(int amount) {
        if(!isExpired) {
            System.out.println("정기 예금은 만기 전에 인출이 불가합니다.");
            return;
        }

        super.withdraw(amount);
    }
}
```

만기 여부를 저장하는 멤버 변수인 isExpired 를 추가합니다. 초기값은 false입니다.

SavingAccountV2 클래스의 생성자는 super(accountNumber)를 호출하여 부모 클래스의 생성자를 호출합니다. accountNumber 멤버 변수를 부모 클래스가 갖고 있기 때문에 자식 클래스보다는 부모 클래스에서 초기화해주는 것이 맞습니다.

expire( ) 메서드는 만기 시에 호출합니다. isExpired 멤버 변수가 true가 되며, 만기 시 약정된 이자(SAVING_ACCOUNT_INTEREST_RATE)를 가산하여 잔고에 추가합니다.

그다음 deposit( ) 메서드를 오버라이딩합니다. 정기 예금 계좌는 추가 불입을 할 수 없기 때문에 deposit( ) 메서드가 호출되면 "정기 예금은 추가 불입을 할 수 없습니다"라는 문구를 출력하고 return 문을 호출하여 메서드를 종료합니다.

withdraw( ) 메서드를 오버라이딩합니다. 만약 isExpired가 false여서 만기되지 않았다면 적절한 오류 문구를 출력하고 메서드를 종료합니다. 만약 만기가 되었다면 예금 인출을 할 수 있습니다. 앞서 SavingAccountV2 클래스의 생성자에서도 보았듯이 balance 멤버 변수를 직접 조작하기보단 부모 클래스에 있는 super.withdraw( )를 호출하는 것이 바람직합니다.

객체 지향 핵심 #13: 메서드 오버라이딩을 할 때 부모 클래스의 메서드를 호출하는 것이 필요한지 먼저 검토해야 한다.

왜 그럴까요? 메서드 오버라이딩을 하면 자식 클래스의 코드와 부모 클래스의 코드가 직접적인 연관성을 갖게 됩니다. 따라서 자식 클래스에서 메서드를 오버라이딩 하기에 앞서 부모 클래스에 존재하는 메서드를 재활용할 수 있는 지 확인해야 합니다. 이렇게 하면 코드 중복을 줄일 수 있습니다.

다음은 SavingAccountV2 클래스를 활용하여 문제를 해결한 예제입니다.

```java
package com.yudong80.java.ch06;

public class MethodOverridingExample03 {
    public static void main(String[] args) {
        //1. 문제 상황
        BankAccount acc1 = new SavingAccount("ACC-101", 500 _ 000);
        acc1.deposit(100 _ 000); //추가 불입 안 되어야 함
        acc1.withdraw(300 _ 000); //만기 전에는 인출 불가
        System.out.println("- 잔고는 " + acc1.getBalance() + "원 입니다.");

        //2. 메서드 오버라이딩으로 문제 해결
        SavingAccountV2 sav = new SavingAccountV2("ACC-102", 700 _ 000);
        sav.deposit(100 _ 000);
        System.out.println("- 잔고는 " + sav.getBalance() + "원 입니다.");
//잔고가 그대로임

        sav.expire();
        System.out.println("- 잔고는 " + sav.getBalance() + "원 입니다.");
        sav.withdraw(500 _ 000);
        System.out.println("- 잔고는 " + sav.getBalance() + "원 입니다.");
    }
}
```

먼저 문제 상황을 확인합니다. SavingAccount 객체로 계좌를 생성한 후 각각 100,000원과 300,000원을 입금, 출금합니다. 잔고를 확인해보면 입출금이 가능하다는 문제가 있습니다.

sav 변수는 SavingAccountV2 객체입니다. 이 변수도 BankAccount 객체로 선언하면 좋겠지만 expire( ) 메서드를 호출해야 하므로 SavingAccountV2 타입으로 선언하였습니다. 먼저 100,000원을 입금합니다. 오류 메시지만 출력되고 잔고는 그대로 있어야 합니다.

그다음 expire( ) 메서드를 호출하여 500,000원을 출금하고 잔고를 확인합니다. 예제의 실행 결과는 다음과 같습니다.

ACC-101계좌가 생성되었습니다 (잔고: 0 원)

ACC-101계좌가 생성되었습니다 (잔고: 500000 원)

- 잔고는 300000원 입니다.

ACC-102계좌가 생성되었습니다 (잔고: 0 원)

ACC-102계좌가 생성되었습니다 (잔고: 700000 원)

정기 예금은 추가 불입을 할 수 없습니다.

- 잔고는 700000원 입니다.

- 잔고는 714000원 입니다.

- 잔고는 214000원 입니다.

여기에서 ACC-101 계좌가 생성되었다는 문구가 두 번 출력된 이유는 SavingAccountV2 클래스의 생성자에서 부모 클래스의 생성자를 호출했기 때문입니다.

앞서 메서드 오버라이딩을 하면 부모 클래스의 코드와 자식 클래스의 코드가 직접적인 연관성을 갖는다고 배웠습니다. 따라서 생성자 혹은 메서드에 붙어 있는 접근 제어자도 함께 영향을 주게 됩니다. 내용을 요약하면 다음과 같습니다.

객체 지향 핵심 #14: 메서드 오버라이딩 시, 부모 클래스의 접근 제어자는 그대로 쓴다. 필요 시에만 제한을 푼다.

접근 제어자가 제한적이라는 의미는 무엇일까요? 영어에 빈도 부사가 존재하는 것처럼 접근 제어자에도 제한성을 기준으로 순서를 매길 수 있습니다.

상속의 접근 제어자의 순서 (제한이 낮은 순서)
public 〉 protected 〉 (default) 〉 private

따라서 다음과 같이 표로 정리할 수 있습니다.

부모 메서드의 접근 제어자	메서드 오버라이딩 시 사용할 수 있는 접근 제어자	비고
public	public	
protected	public protected	
(default)	public (default)	
private	오버라이딩 불가	
final이 붙은 경우	오버라이딩 불가	다음 절에서 다룸

[표 6-8] 메서드 오버라이딩의 접근 제어자

앞의 내용을 코드로 정리하였습니다. 상속의 final 제한자는 다음 절에서 다룹니다.

파일 ch06_OOPCore/src/com/yudong80/java/ch06/MethodOverridingExample04.java

```java
package com.yudong80.java.ch06;

class Ancestor {
    public String getName() {
        return "Jane";
    }

    protected String getCity() {
        return "Seoul";
    }

    int getHeight() {
        return 165;
    }

    private String getAddress() {
        return "Secret";
    }
}

class Descendant extends Ancestor {
    @Override
    //public 만 가능
    public String getName() {
        return "Julie";
    }

    @Override
    //public, protected 가능
    public String getCity() {
        return super.getCity();
```

```
        }

        @Override
        //public , protected, (default) 가능
        protected int getHeight() {
            return super.getHeight() + 10;
        }


        //private method는 메서드 오버라이딩 불가
    }

public class MethodOverridingExample04 {
    public static void main(String[] args) {
        Ancestor man = new Descendant();
        System.out.println("이름? " + man.getName());
        System.out.println("도시? " + man.getCity());
        System.out.println("키? " + man.getHeight());
    }
}
```

부모 클래스인 Ancestor 클래스는 각기 다른 접근 제어자를 가진 getName( ), getCity( ), getHeight( ), getAddress( ) 메서드가 존재합니다.

자식 클래스인 Descendant 클래스는 위 메서드를 오버라이딩하고 있습니다. getName( ) 은 부모 클래스와 같은 public 접근 제어자만 가질 수 있습니다. getCity( )는 public과 protected 모두 가능합니다. getHeight( ) 메서드는 public, protected, (default) 모두 가질 수 있습니다.

마지막으로 private 메서드는 오버라이딩할 수 없습니다. 예제의 실행 결과는 다음과 같습니다.

```
이름? Julie
도시? Seoul
키? 175
```

2.4 상속과 final 제한자

final 제한자(혹은 final 키워드)는 앞서 Part5에서 다루었지만 상속에서는 추가적인 내용이 있기에 별도

정리합니다. final 제한자는 클래스와 메서드에 사용할 수 있습니다.

먼저 클래스에 final을 붙이면 그 클래스는 상속을 할 수 없습니다. 응용 프로그램을 작성할 때는 잘 사용하지 않으나 나만의 라이브러리를 만든다면 특정 클래스를 다른 사람이 상속할 수 없도록 만들 필요가 있습니다.

예를 들어 자바의 String 클래스는 final 클래스입니다. javadoc을 봅시다.

https://docs.oracle.com/javase/8/docs/api/java/lang/String.html

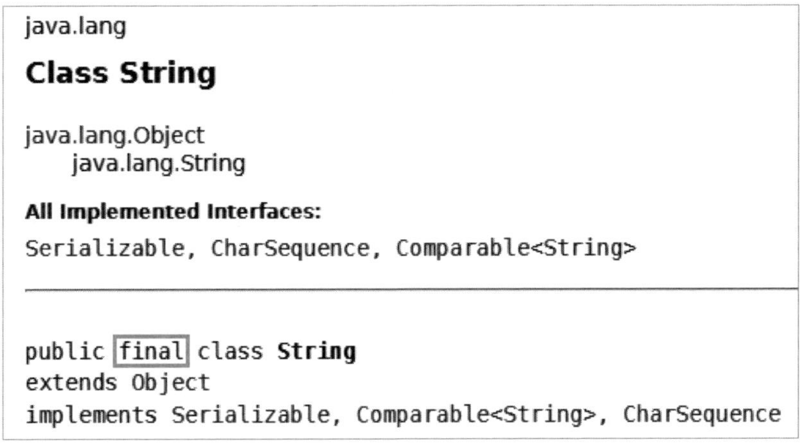

```
java.lang
Class String

java.lang.Object
    java.lang.String

All Implemented Interfaces:
Serializable, CharSequence, Comparable<String>
```
```
public final class String
extends Object
implements Serializable, Comparable<String>, CharSequence
```

[그림 6-1] 자바의 String 클래스는 final 클래스

String 클래스는 자바의 기본 데이터형으로 클래스를 상속해서 기능을 추가하기보다는 지역 변수 혹은 멤버 변수로 사용해야 합니다.

메서드에서도 마찬가지입니다. 부모 클래스의 어떤 메서드에 final이 붙어 있다면 그 메서드는 오버라이딩할 수 없습니다.

파일 ch06_OOPCore/src/com/yudong80/java/ch06/InheritanceFinalExample.java

```java
package com.yudong80.java.ch06;

final class LastWarrior {
    public void attack(String castle) {
        System.out.println("마지막 전사가 " + castle + " 성을 공격합니다.");
    }
}
```

```java
//final 클래스는 상속할 수 없습니다.
class NewWarrior /*extends LastWarrior*/ {

}


class BasicWarrior  {
    public final void attackNormal(String enemy) {
        System.out.println("전사가 " + enemy + " 에게 일반 공격을 합니다.");
    }
}


class AdvancedWarrior extends BasicWarrior {
    public void attackCritical(String enemy) {
        System.out.println("전사가 " + enemy + " 에게 치명적인 공격을 합니다.");
    }
}


public class InheritanceFinalExample {
    public static void main(String[] args) {
        //1. final 클래스는 상속 불가
        LastWarrior warrior = new LastWarrior();
        warrior.attack("런던");

        //2. final 메서드는 메서드 오버라이드 불가
        BasicWarrior basic = new BasicWarrior();
        basic.attackNormal("박쥐");

        AdvancedWarrior advanced = new AdvancedWarrior();
        advanced.attackNormal("오크");
        advanced.attackCritical("용");
    }
}
```

LastWarrior 클래스는 final 클래스이기에 상속할 수 없습니다. NewWarrior 클래스를 LastWarrior 클래스가 상속하려고 하면 다음과 같은 컴파일 오류가 발생합니다.

[그림 6-2] final 클래스는 상속 불가

BasicWarrior 클래스는 final인 attackNormal( ) 메서드를 갖고 있습니다. 이 메서드가 final이기 때문에 메서드 오버라이딩을 할 수 없습니다. 강제로 @Override를 시도하면 다음과 같은 컴파일 오류가 발생합니다.

[그림 6-3] final 메서드는 메서드 오버라이딩 불가

예제의 실행 결과는 다음과 같습니다.

```
마지막 전사가 런던 성을 공격합니다.
전사가 박쥐에게 일반 공격을 합니다.
전사가 오크에게 일반 공격을 합니다.
전사가 용에게 치명적인 공격을 합니다.
```

3. 추상 클래스

추상 클래스는 인터페이스와 상속의 중간쯤 되는 개념입니다. 추상(abstract) 클래스란 무엇일까요?

앞서 인터페이스를 배울 때 이미 추상의 의미를 배웠습니다. 그런데 추상 클래스는 왜 나왔을까요? 추상 클래스에서 추상이란 "인스턴스를 생성할 수 없는" 정도의 의미가 되겠습니다. 즉, 가장 순수한 형태의 추상은 인터페이스가 담당하며 추상 클래스는 인터페이스와 클래스 상속의 중간쯤 형태에 해당합니다.

클래스와 인터페이스가 객체 지향 프로그래밍을 이루는 중요한 두 축이라면 추상 클래스는 실무 프로그래밍을 위해 도입된 기술적인 문법이라고 볼 수 있습니다.

설명을 하려고 하니 더 어려워졌네요. 한마디로 추상 클래스는 "반제품의 클래스"입니다.

추상 클래스

= 클래스에 abstract를 붙임

= 인스턴스를 생성할 수 없음

= 인스턴스를 생성하려면 자식 클래스를 만들어야 함

= 추상 메서드를 포함하면 자동으로 추상 클래스가 되어야 함

= 일반 클래스에도 abstract 키워드를 붙여 추상 클래스를 만들 수 있음

= 추상 클래스도 부모 클래스를 가질 수 있음

추상 클래스의 예제는 다음과 같습니다.

파일 ch06_OOPCore/src/com/yudong80/java/ch06/abs/Phone.java

```java
package com.yudong80.java.ch06.abs;


public abstract class Phone {

    private String phoneNo;

    private String modelNo;

    protected boolean isValid;


    public Phone(String phoneNo, String modelNo) {

        this.phoneNo = phoneNo;

        this.modelNo = modelNo;

    }


    /**

     * 폰을 개통하려면 통신사 고유의 일련 번호를 넣어야 합니다.

     * @param serialNo 고유 일련 번호

     * @return 개통 여부

     */

    abstract boolean validate(String serialNo);


    /**

     * 전화를 겁니다.

     * @param phoneNo

     * @return 통화 성공 여부
```

```
    */
    /**
     * 전화를 겁니다.
     * @param phoneNo
     * @return 통화 성공 여부
     */
    abstract boolean call(String phoneNo);

    public String getPhoneNumber() {
        return phoneNo;
    }

    public String getModelNo() {
        return modelNo;
    }

    public boolean isValid() {
        return isValid;
    }
}
```

먼저 Phone 클래스에 abstract 키워드가 보입니다. 추상 클래스를 만들기 위해서는 class 옆에 abstract를 붙여줘야 합니다. Phone 클래스는 public 클래스이므로 키워드 부여 순서는

```
 public abstract class Phone
```

이 자연스럽습니다. 물론 abstract public class Phone으로도 선언할 수 있지만 public abstract class 순이 자연스럽습니다.

isValid 멤버 변수는 protected로 선언되어 있습니다. 왜 그럴까요? isValid 멤버 변수는 Phone 클래스에서는 결정할 수 없고 오직 추상 메서드인 validate( )에서만 결정되어야 하기 때문입니다. 이 메서드는 자식 클래스에서 구현하므로 protected로 선언해야 합니다.

다음은 두 개의 추상 메서드입니다. 앞서 설명했지만 추상 클래스에는 추상 메서드가 없어도 됩니다. 하지만 대부분의 추상 클래스는 추상 메서드를 적어도 한 개 이상 갖고 있습니다. 왜 그럴까요? 추상 메서드가 없는데 굳이 클래스에 abstract를 붙여서 인스턴스화를 막을 필요는 없기 때문입니다.

추상 메서드를 실제로 사용(인스턴스화)하려면 자식 클래스를 만들고 추상 메서드의 본문(body)을 제공해야 합니다. 따라서 추상 메서드가 어떤 역할을 하는지 꼭 문서화해 두어야 합니다. 따라서 첫 번째 validate( ) 메서드에는 다음과 같은 설명이 붙어 있습니다.

```
/**
 * 폰을 개통하려면 통신사 고유의 일련 번호를 넣어야 합니다.
 * @param serialNo 고유 일련 번호
 * @return 개통 여부
 */
```

javadoc 형식으로 작성되어 있으며 메서드의 내용, 주요 인자들과 반환형에 대해 언급하고 있습니다. 마찬가지로 두 번째 추상 메서드인 call( )에도 javadoc이 포함되어 있습니다.

이제 추상 클래스를 상속하여 구체 클래스를 만듭니다. 다음은 NovaPhone 클래스의 소스 코드입니다.

파일 ch06_OOPCore/src/com/yudong80/java/ch06/abs/NovaPhone.java

```java
package com.yudong80.java.ch06.abs;

public class NovaPhone extends Phone{

    private static final String NOVA_PREFIX = "NOVA:";
    private static final String[] REGION_CODES = {
            "010",
            "011",
            "012",
            "016,"
    };

    public NovaPhone(String phoneNo, String modelNo) {
        super(phoneNo, modelNo);
        System.out.println(modelNo + "(" + phoneNo + ") 가 생성되었습니다 [미
개통]");
    }

    @Override
    boolean validate(String serialNo) {
```

```java
        if (serialNo == null) {
            System.out.println("일련 번호가 비어 있습니다. 개통 실패!");
            return false;
        }


        if (serialNo.startsWith(NOVA_PREFIX)) {
            super.isValid = true;
            System.out.println(serialNo + "가 개통 되었습니다.");
            return true;
        }


        System.out.println("개통이 실패하였습니다.");
        return false;
    }


    @Override
    boolean call(String phoneNo) {
        if (phoneNo == null) {
            System.out.println("전화 번호가 비어 있습니다. 통화 실패!");
            return false;
        }


        for (String code : REGION_CODES) {
            if(phoneNo.startsWith(code)) {
                System.out.println(phoneNo + "로 통화 성공하였습니다.");
                return true;
            }
        }


        System.out.println("지역 코드가 맞지 않습니다.");
        return false;
    }
}
```

먼저 생성자는 부모 클래스의 생성자인 super(phoneNo, modelNo)을 호출합니다.

validate( ) 메서드에서는 임의로 NOVA_PREFIX 상수로 시작하는 일련 번호에 대해서만 개통을 허용합니다. 만약 serialNo 변수가 null이면 바로 false를 반환합니다. 그리고 serialNo 인수가 NOVA_PREFIX로 시작하는 경우에만 부모 클래스에 있는 isValid 멤버 변수를 true로 만들고 true를 반환합니다. 그 외에는 false를 반환합니다.

call( ) 메서드는 전화번호의 지역 번호로 통화 가능 여부를 판단합니다. 지역 번호는 REGION_CODES 배열에 들어 있습니다. 이 번호에 해당하는 지역 번호만 통화할 수 있습니다.

다음은 이 클래스들을 활용하는 예제입니다.

파일 ch06_OOPCore/src/com/yudong80/java/ch06/abs/PhoneExampleV1.java

```java
package com.yudong80.java.ch06.abs;

public class PhoneExampleV1 {
    public static void main(String[] args) {
        //1. NovaPhone 객체 생성
        Phone phone = new NovaPhone("010-1111-2222", "NovaX");

        boolean valid = phone.validate("NOVA:888-9999");
        if (valid) {
            //2. 첫 번째 통화 시도
            phone.call("013-4444-5555");

            //3. 두 번째 통화 시도
            phone.call("010-1111-2222");
        }
    }
}
```

먼저 NovaPhone 객체를 생성합니다. phone 변수는 부모 클래스인 Phone 타입으로 선언하였습니다. 그 다음 validate( ) 메서드를 호출합니다.

만약 개통이 성공하면 첫 번째 통화(013-4444-555)와 두 번째 통화(010-1111-2222)를 시도합니다. NovaPhone.java와 Phone.java를 미리 실행시킨 후 예제의 실행 결과는 다음과 같습니다.

NovaX(010-1111-2222)가 생성되었습니다 [미개통]

NOVA:888-9999가 개통 되었습니다.

지역 코드가 맞지 않습니다.

010-1111-2222로 통화 성공하였습니다.

4. 중첩 클래스

클래스의 마지막 개념은 중첩(nested) 클래스입니다. 중첩 클래스는 클래스 안에 클래스를 넣는 개념으로 실제로는 다음과 같이 네 가지 형태로 구현됩니다.

❶ 내부 클래스(inner class)
❷ 정적 중첩 클래스(static nested class)
❸ 지역 클래스(method local inner class)
❹ 익명 클래스(anonymous inner class)

하나씩 개념을 알아보고 어떻게 사용하는지 알아봅시다. 예제에서는 내부에 존재하는 클래스는 InnerClass 클래스로, 클래스를 감싸는 외부 클래스는 OuterClass 클래스로 명명합니다.

4.1 내부 클래스

내부 클래스는 다른 말로 비정적(non-static) 중첩 클래스라고도 부릅니다. 비정적이라는 말이 중요합니다. 이는 내부 클래스의 존재는 외부 클래스의 인스턴스가 있어야 생성될 수 있기 때문입니다. 즉, 내부 클래스의 객체는 외부 클래스의 객체에서만 생성할 수 있습니다. 사실 코드를 보면 처음에는 어색할 수 있습니다. 비정적이라는 것만 주목해주세요.

내부 클래스

```
class OuterClass {
    //내용

    class InnerClass {
        //내용
    }
}
```

내부 클래스의 생성
• OuterClass outerObj = new OuterClass();
• OuterClass.InnerClass innerObj = **outerObj.new InnerClass();***

* 이 부분이 처음에는 생소할 것입니다.

다음 예제는 내부 클래스를 작성하고 그 객체를 생성합니다.

파일 **ch06_OOPCore/src/com/yudong80/java/ch06/inner/InnerClassExample.java**

```java
package com.yudong80.java.ch06.inner;

class OuterClass {
    private int outerAge = 21;

    public void printOuterAge() {
        System.out.println("외부 클래스의 나이? " + outerAge);


        //외부 클래스에서는 내부 클래스에를 접근할 수 없음
        //System.out.println("내부 클래스의 나이? " + innerAge); //컴파일 오류
    }

    class InnerClass {
        private int innerAge = 25;

        public void printInnerAge() {
            System.out.println("외부 클래스의 나이? " + outerAge);
            printOuterAge();

            System.out.println("내부 클래스의 나이? " + innerAge);
        }
    }
}

public class InnerClassExample {
    public static void main(String[] args) {
        OuterClass outer = new OuterClass();
        OuterClass.InnerClass inner = outer.new InnerClass();

        outer.printOuterAge();
        inner.printInnerAge();
    }
}
```

OuterClass 클래스는 outerAge 멤버 변수와 printOuterAge( ) 메서드가 있습니다. printOuterAge( ) 메서드는 외부 클래스의 멤버 변수만 접근할 뿐 내부 클래스의 멤버 변수에는 접근할 수 없습니다.

InnerClass 클래스는 innerAge 멤버 변수와 printInnerAge( ) 메서드가 있습니다. 이 메서드는 외부 클래스에 있는 outer 멤버 변수에 접근할 수 있으며 printOuterAge( ) 메서드도 호출할 수 있습니다. 주목할 것은 이 멤버 변수와 메서드가 모두 private라는 점입니다.

private 접근 제어자는 클래스의 내부에서만 접근할 수 있습니다. 즉, 내부 클래스는 외부 클래스와 한 몸이라고 생각해도 무방합니다. 이 둘이 한 몸이기 때문에 내부 클래스의 인스턴스는 오직 외부 클래스의 객체에서만 생성할 수 있습니다.

내부 클래스의 인스턴스를 생성하기 위해서는 먼저 OuterClass 타입의 outer 변수가 필요합니다. 그다음 outer 변수에서 new 키워드를 사용하여 다음과 같이 내부 객체를 생성합니다.

```
OuterClass.InnerClass inner = outer.new InnerClass();
```

예제의 실행 결과는 다음과 같습니다.

```
외부 클래스의 나이? 21
외부 클래스의 나이? 21
외부 클래스의 나이? 21
내부 클래스의 나이? 25
```

내부 클래스는 매우 특수한 형태이기 때문에 자주 사용되지는 않습니다. 네 가지의 중첩 클래스 중 가장 대표적인 형태는 다음 절에서 다룰 정적 중첩 클래스입니다.

4.2 정적 중첩 클래스

실제로 이 형태를 많은 개발자들이 내부 클래스라고 부르기도 합니다. 그만큼 많이 쓰이는 표현이며, 중첩이라는 단어가 어렵기 때문입니다. 여기에서는 정적(static)이라는 말이 중요합니다.

앞서 내부 클래스는 정적이 아니기에 단독으로 존재할 수 없습니다. 하지만 정적 중첩 클래스는 외부 객체의 도움 없이도 인스턴스를 생성할 수 있습니다. 코드에서 내부 클래스와 정적 중첩 클래스의 차이는 단지 내부 클래스의 static의 존재 유무입니다. 하지만 작은 차이가 큰 결과를 만들어냅니다.

정적 중첩 클래스

```
class OuterClass {
    //내용

    static class InnerClass {
        //내용
    }
}
```

내부 클래스의 생성
• OuterClass.InnerClass innerObj = new OuterClass.InnerClass();

다음은 내부 클래스와 정적 중첩 클래스의 비교입니다.

	내부 클래스	정적 중첩 클래스
내부 클래스의 static 유무	없음	있음
객체 생성	외부 클래스의 객체에서 생성	직접 생성 가능
멤버 변수 접근	가능	불가
메서드 호출	가능	불가
static 멤버 변수 접근	가능	가능
static 메서드 호출	가능	가능

[표 6-9] 내부 클래스와 정적 중첩 클래스 비교

파일 ch06_OOPCore/src/com/yudong80/java/ch06/nested/StaticNestedClassExample.java

```java
package com.yudong80.java.ch06.nested;

class OuterClass {
    private int outerAge = 22;
    private static int outerStaticAge = 40;

    public void printOuterAge() {
        System.out.println("외부 클래스의 나이? " + outerAge);

        //외부 클래스에서는 내부 클래스를 접근할 수 없음
```

```java
        //System.out.println("내부 클래스의 나이? " + innerAge); //컴파일 오류
    }

    private static void printOuterStaticAge() {
        System.out.println("외부 클래스의 정적 나이? " + outerStaticAge);
    }

    static class InnerClass {
        private int innerAge = 25;

        public void printInnerAge() {
            System.out.println("내부 클래스의 나이? " + innerAge);

            //외부 클래스의 static 멤버 변수에 접근 가능
            System.out.println("외부 클래스의 정적 나이? " + outerStaticAge);
        }

        public void printStaticOuterAge() {
            printOuterStaticAge();
        }
    }
}

public class StaticNestedClassExample {
    public static void main(String[] args) {
        OuterClass outer = new OuterClass();
        OuterClass.InnerClass inner = new OuterClass.InnerClass();

        outer.printOuterAge();
        inner.printInnerAge();
        inner.printStaticOuterAge();
    }
}
```

OuterClass 클래스는 outerAge 멤버 변수와 outerStaticAget 정적 멤버 변수를 가지며, 일반

printOuterAge( ) 메서드와 정적 메서드인 printOuterStaticAge( )를 갖고 있습니다. 내부 클래스와 마찬가지로 외부 클래스에서는 내부 클래스의 존재를 모르며 그 멤버 변수와 메서드에 접근할 수 없습니다.

InnerClass 클래스는 innerAge 멤버 변수와 printInnerAge( ), printStaticOuterAge( ) 메서드를 포함합니다. printStaticOuterAge( ) 메서드에서는 외부 클래스에 있는 printOuterStaticAge( ) 메서드를 호출합니다. 내부 메서드의 이름이 외부 클래스의 메서드 이름과 같으면 참조할 수 없습니다. 그렇기에 이름을 조금 다르게 하였습니다.

정적 중첩 클래스는 외부 클래스의 이름만 빌려쓸 뿐 내부 클래스와는 다른 클래스입니다. 따라서 객체를 생성할 때는 외부 객체는 필요 없으며 new OuterClass.InnerClass( ) 문으로 객체를 생성할 수 있습니다.

```
OuterClass.InnerClass inner = new OuterClass.InnerClass();
```

이처럼 정적 중첩 클래스는 외부 클래스의 static 자원(즉, 멤버 변수와 메서드)에 접근할 수 있습니다. 그것이 private라도 말이죠.

예제의 실행 결과는 다음과 같습니다.

```
외부 클래스의 나이? 22
내부 클래스의 나이? 25
외부 클래스의 정적 나이? 38
외부 클래스의 정적 나이? 38
```

다음 내용은 조금 더 특수한 경우입니다.

4.3 지역 클래스

지역 클래스는 이름에서도 알 수 있듯이 특정 메서드 안에서만 사용하는 클래스입니다. 메서드 안에 클래스가 포함되면 오히려 메서드의 코드가 더 어려워지는 단점이 있습니다. 개념적으로 이렇게 만들 수도 있구나 정도만 파악하시면 됩니다.

지역 클래스

```
class OuterClass {
    //내용

    method() {
        //내용

        class InnerClass {
```

예제를 통해 그 사용법을 알아봅니다.

파일 ch06_OOPCore/src/com/yudong80/java/ch06/local/MethodLocalInnerClassExample.java

```java
package com.yudong80.java.ch06.local;

class OuterClass {
    private int outerAge = 21;

    public void printOuterAge() {
        System.out.println("외부 클래스의 나이? " + outerAge);

        class InnerClass {
            private int innerAge = 25;

            public void printInnerAge() {
                System.out.println("외부 클래스의 나이? " + outerAge);
                System.out.println("내부 클래스의 나이? " + innerAge);
            }
        }

        InnerClass inner = new InnerClass();
        inner.printInnerAge();
    }
}
public class MethodLocalInnerClassExample {
    public static void main(String[] args) {
        OuterClass outer = new OuterClass();
```

```
        outer.printOuterAge();
    }

}
```

지역 클래스는 메서드 안에서만 클래스의 인스턴스를 만들 수 있습니다. 따라서 printOuterAge() 메서드만 주목하시면 됩니다.

지역 클래스는 메서드 내부에서 어디에나 위치할 수 있습니다. 단, 해당 클래스를 사용하는 코드는 class 선언부보다 아래에 있어야 합니다. 예를 들어 다음과 같이 배치되어 있으면 컴파일 오류가 발생합니다.

```
//컴파일 오류 발생
InnerClass inner = new InnerClass();
class InnerClass { … }
```

printOuterAge() 메서드의 내용을 보면 내용 코드와 class 선언부가 혼재되어 있기 때문에 코드를 읽기 어려운 단점이 있습니다. 예제의 실행 결과는 다음과 같습니다.

```
외부 클래스의 나이? 21
외부 클래스의 나이? 21
내부 클래스의 나이? 25
```

4.4 익명 클래스

익명 클래스는 흥미로우며 실무에서 유용하게 쓰입니다. 익명이란 이름이 없다는 뜻입니다. 익명 클래스는 특정 클래스의 인스턴스를 생성할 때 변경하고자 하는 메서드를 오버라이드하여 사용할 수 있도록 해줍니다. 사용법은 다음과 같습니다.

익명 클래스

```
class OuterClass {
    //내용
    //오버라이드할 메서드
}

method {
    OuterClass outer = new OuterClass {
        //메서드 오버라이드
    };
}
```

이 방식은 왜 익명이라 부를까요? 메서드를 오버라이드하고 있기 때문에 내부적으로는 새로운 클래스의 객체가 생성되기 때문입니다. 우리는 단순히 OuterClass 클래스의 일부 메서드를 내가 원하는 메서드로 교체하여 사용할 수 있다 정도로만 기억하시면 좋겠습니다.

예제를 통해 그 사용법을 알아봅시다.

파일 ch06_OOPCore/src/com/yudong80/java/ch06/anonymous/AnonymousInnerClassExample.java

```java
package com.yudong80.java.ch06.anonymous;

class OuterClass {
    private int age = 21;
    protected int newAge = 19;

    public void printAge() {
        System.out.println("외부 클래스의 나이? " + age);
    }
}

public class AnonymousInnerClassExample {
    public static void main(String[] args) {
        OuterClass outer = new OuterClass() {
            @Override
            public void printAge() {
                System.out.println("새로운 나이? " + newAge);
            }
        };

        outer.printAge();
    }
}
```

main( ) 메서드를 주목하세요. OuterClass 타입의 outer 변수는 OuterClass 클래스의 객체를 생성할 때, printAge( ) 메서드를 오버라이드하였습니다. 이 메서드는 부모 클래스(OuterClass)의 age 가 아니라 newAge 멤버 변수를 참조합니다.

익명 클래스 방식은 오버라이드할 메서드가 추상 메서드일 때 더 큰 힘을 발휘합니다. 예를 들어 부모 클래스가 abstract 메서드를 포함하고 있는 경우 이 클래스의 인스턴스를 만들기 위해 매번 새로운 클래스를 생성하려면 어렵습니다. 이러한 경우 abstract 메서드들만 오버라이드하여 인스턴스를 생성하면 코드가 깔끔해집니다.

예제의 실행 결과는 다음과 같습니다.

```
새로운 나이?  19
```

이번 장의 마무리

이번 장에서 배운 객체 지향 프로그램의 핵심적인 내용을 요약합니다. 읽어보시고 내용이 잘 파악되는지 확인해보세요.

객체 지향 핵심

01 자바 언어는 클래스의 추상적인 개념으로 인터페이스(interface)를 제공한다.

02 자바 인터페이스는 메서드 선언부와 public 상수를 가질 수 있다.

03 인터페이스로 객체를 생성할 때는 구체(concrete) 클래스가 있어야 한다.

04 인터페이스를 사용하는 이유는 다형성(polymorphism)에 있다.

05 인터페이스를 사용하면 일반화된 객체를 더 잘 사용할 수 있다.

06 잘 정의된 인터페이스는 수백 줄의 코드를 간결하게 설명한다.

07 자식 클래스는 부모 클래스의 public 멤버 변수와 메서드를 상속한다.

08 자식 클래스는 최대한 부모 클래스로 선언하여 생성한다. (단, 자식 클래스에 있는 메서드를 호출하는 경우에만 자식 클래스로 선언한다)

09 자식 클래스는 부모 클래스의 protected 메서드를 호출하여 부모 클래스의 private 멤버 변수에 접근할 수 있다. (반대로 부모 클래스는 protected 메서드를 통해 자식 클래스가 클래스의 멤버 변수를 접근할 수 있도록 유도한다)

10 자식 클래스의 서로 다른 인스턴스를 부모 클래스로 선언하여 다형성(Polymorphism)을 구현할 수 있다.

11 자식 클래스의 생성자는 부모 클래스의 생성자를 반드시 호출해야 한다.

12 메서드를 오버라이딩하면 자식 클래스의 메서드에서 부모 클래스의 메서드를 재정의할 수 있다.

13 메서드를 오버라이딩할 경우 부모 클래스의 메서드를 호출하는 것이 좋은지 먼저 검토해야 한다.

14 메서드를 오버라이딩할 때 부모 클래스의 접근 제어자는 그대로 쓴다. 필요 시에만 제한을 푼다.

연습문제

01 다음은 자바 인터페이스에 대한 내용입니다. 틀린 내용을 고르세요.

① 자바에서 인터페이스를 정의할 때는 interface를 사용한다.
② 인터페이스를 구현한 클래스를 구체 클래스(Concrete Class)라고 한다.
③ 인터페이스에는 상수를 정의할 수 있다.
④ 인터페이스는 private 메서드를 가질 수 있다.

02 다음은 자바 인터페이스에 대한 내용입니다. 맞는 내용을 모두 고르세요.

① 인터페이스를 구현할 때는 implements 키워드를 사용한다.
② 구체 클래스를 사용하지 않고 인터페이스만으로 인스턴스를 만들 수 있다.
③ Car 인터페이스가 있고 SuperCar 클래스가 Car 인터페이스를 상속하였다면
　 SuperCar superCar = new Car( );와 같이 객체를 생성할 수 있다.
④ 잘 정의된 인터페이스는 수백 줄의 코드를 간결하게 설명할 수 있다.

03 다음은 상속에 대한 내용입니다. 틀린 것을 고르세요.

① 상속은 부모 클래스의 멤버 변수와 메서드를 재사용할 수 있게 한다.
② 부모 클래스를 상속할 때는 extends 키워드를 사용한다.
③ 여러 개의 부모 클래스를 상속할 수 있다.
④ 인터페이스를 상속(구현)할 수 있다.

04 다음은 상속에 관한 코드의 일부입니다. 빈 칸을 채우세요.

```
abstract class Calc {

    public int add(int a, int b) { //더하기

        return a + b;

    }

    public abstract int substract(int a, int b); //빼기

}

class BasicCalc extends Calc {

    //1. 인자 세 개를 더하는 메서드를 정의하세요 (메서드 오버라이딩)

    [        ]


    //2. substract 메서드를 구현하세요 (추상 메서드 구현)

    [        ]

}
```

실습 문제

01 다음은 본문에서 배웠던 PrintService 인터페이스를 활용한 예제입니다. 빈 칸을 채우세요.

```java
package com.yudong80.java.ch06;

class PrintServiceImpl [      ] {
    private String searched;

    @Override
    public boolean search(String name) {
        //4. 무조건 검색된다고 가정함
        searched = name;
        System.out.println(searched + "이 검색되었습니다.");
        return true;
    }

    @Override
    public boolean print(String file) {
        //5. pdf 파일만 출력 가능함 (파일명: OOO.pdf)
        boolean success = [      ];
        if (!success) {
            System.out.println(file + " 파일은 출력할 수 없습니다. pdf 파일만 출력 가능
합니다.");
            return false;
        }

        System.out.println(file + " 파일이 출력되었습니다.");
        return true;
    }
}

public class PrintServiceMain {
    public static void main(String[] args) {
```

```java
//1. 출력할 문서 리스트
String[] documents = {
    "coding-java.pdf",
    "learning-python.pdf",
    "java-examples.txt",
};

//2. 검색할 프린터 이름
String location = "우리집";

//3. 검색과 문서 출력
PrintService service = [      ];
boolean searched = service.search(location);
if (searched) {
    for (String file : documents) {
        service.print(file);
    }
}
    }
}
```

실행 결과:

우리집이 검색되었습니다.

coding-java.pdf 파일이 출력되었습니다.

learning-python.pdf 파일이 출력되었습니다.

java-examples.txt 파일은 출력할 수 없습니다. pdf 파일만 출력 가능합니다.

memo

PART

7

표준 API
활용

이 장의 내용

7

표준 API 활용

이 장에서는 자바 표준 라이브러리에서 제공하는 다양한 API들을 배웁니다. 지금까지는 프로그램의 모든 로직을 개발자가 코딩해야 했다면 앞으로는 기본으로 제공되는 표준 API들을 활용해봅니다. 이번 장에서는 주로 java.lang 패키지와 java.util 패키지에 있는 유용한 클래스들의 사용법을 배웁니다.

1. 자바 API 문서 소개

자바 API 문서는 자바 개발자가 호출할 수 있는 전체 패키지와 클래스, 그리고 클래스의 메서드와 생성자에 대한 설명을 포함합니다. 자바 API 문서는 자바독(javadoc)이라는 표준 문서 양식에 따라 문서화되어 있습니다.

자바 API 문서는 인터넷에 공개되어 있습니다. 이 절에서는 초보자들이 보기 편한 자바 8 API 문서를 기준으로 설명합니다. 자바 9부터 모듈의 개념이 추가되어 API 문서의 경로가 조금 더 복잡해졌습니다.

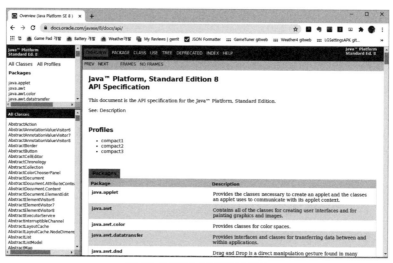

[그림 7-1] 자바 8 API 문서 첫 화면

링크: https://docs.oracle.com/javase/8/docs/api/

접속하면 [그림 7-1]과 같은 화면이 나옵니다.

자바 8 API 문서는 크게 세 부분으로 구성되어 있습니다.

❶ 패키지 목록: 좌측 상단의 영역으로 클래스의 패키지 목록을 나열합니다.
❷ 클래스 목록: 좌측 하단의 영역으로 선택한 패키지의 인터페이스와 클래스 목록을 표시합니다.
❸ API 문서: 선택한 패키지 혹은 클래스의 API 내용을 표시합니다.

앞으로 자바 개발을 하면서 가장 자주 봐야 할 패키지는 다음과 같습니다.

❶ java.util 패키지: 이 장에서 다루는 유틸리티 클래스들이 들어 있습니다.
❷ java.lang 패키지: String, Object, Math 클래스 등 자바 언어의 필수 패키지가 포함되어 있습니다.
❸ java.io 패키지: 파일 입출력에 관한 클래스가 있습니다.

자바 언어에는 수많은 패키지가 있으며 언어 학습을 마치고 실제 프로젝트에 들어가면 더 많은 API 문서들에 익숙해져야 합니다.

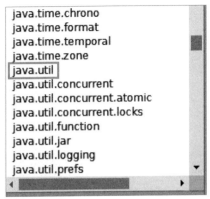

[그림 7-2] java.util 패키지로 이동

먼저 java.util 패키지로 이동합니다.

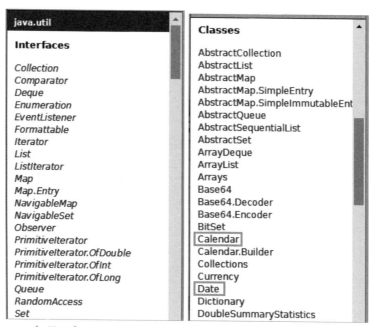

[그림 7-3] java.util 패키지의 인터페이스와 클래스 (Calendar, Date 클래스)

java.util 패키지를 선택하면 이 패키지의 인터페이스와 클래스의 목록이 표시됩니다.

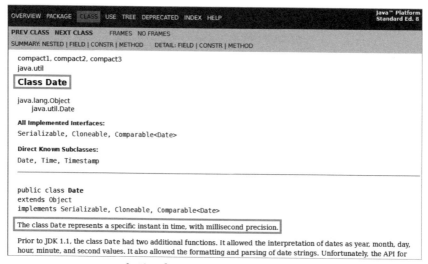

[그림 7-4] java.util.Date 클래스의 API 문서

여기에서는 다음 절에서 배울 Date 클래스를 선택합니다.

이 장에서 배우는 모든 클래스에 대한 API 문서를 검색하여 들어가 보시기 바랍니다. 대부분 API 문서의 첫 번째 문장이 가장 중요합니다. 클래스를 가장 압축적으로 정의하고 있기 때문입니다. 예를 들어 Date 클래스는 밀리세컨드의 정확도로 특정한 시간을 의미합니다.

[그림 7-5] 자바 8 Date 클래스 검색

API 문서를 열람할 때는 구글 검색을 통해 내가 원하는 클래스로 바로 이동할 수도 있습니다.
다음과 같이 구글 검색을 합니다.

[그림 7-6] 자바 8 Date 클래스의 검색 결과

검색 결과는 다음과 같습니다.

이 문서를 클릭하면 앞서 보았던 Date 클래스의 API 문서를 바로 열람할 수 있습니다.

패키지	클래스	비고
java.util	Date	날짜 정보를 담음
	Calendar	기본 달력에 기반한 날짜를 다룸
java.text	SimpleDateFormat	Date 객체에 날짜 양식을 넣음
java.lang	StringBuilder (구 StringBuffer)	문자열의 동적 생성
java.lang	Math	수학 관련 static 메서드들을 포함
java.util	Random	난수 생성
java.lang	Object	객체에 관한 일반적 메서드 포함
java.lang	Comparable	객체 비교를 위한 인터페이스
java.util	Comparator	객체 비교기
java.lang	System	시스템 클래스

[표 7-1] 주요 표준 API 클래스들

이 장에서 다루는 주요 클래스의 패키지와 클래스 목록입니다.

2. Date와 Calendar 클래스

자바에서는 날짜를 어떻게 다룰까요? 단순히 문자열로 만들어서 처리할 수도 있지만 많은 문제가 있습니다. 단순히 생각해보면 다음과 같은 문제가 있습니다.

❶ 현재 날짜는 어떻게 얻어오지?
❷ 날짜의 구분자는 어떻게 하지? 대시(-), 슬래시(/), 점(.) 등
❸ 어떤 날짜를 기준으로 며칠 전, 며칠 후는 어떻게 표현하지?

자바 표준 API는 날짜를 위한 Date와 Calendar 클래스를 제공합니다. 이 둘은 어떻게 다르게 사용할 수 있는지 예제를 통해 알아봅니다. 다음은 현재 시간을 구하는 예제입니다.

파일 ch07_StandardAPIs/src/com/yudong80/java/ch07/Now.java

```java
package com.yudong80.java.ch07;

import java.util.Calendar;
import java.util.Date;

public class Now {
    public static void main(String[] args) {
        //1. Date 클래스로 현재 시간 얻기
        Date date = new Date();
        System.out.println("현재 시간:" + date.toString());

        //2. Calendar 클래스로 현재 시간 얻기
        Calendar cal = Calendar.getInstance();
        System.out.println("현재 시간:" + cal.getTime());
    }
}
```

첫 번째 방법은 Date 클래스입니다. Date 객체를 생성하면 현재 시간이 저장됩니다. toString() 메서드를 호출하면 저장된 날짜와 시간이 표시됩니다.

다음은 Calendar 클래스입니다. Date 클래스가 단순히 날짜를 저장하는 객체인 반면 Calendar 클래스는 getInstance() 메서드를 호출하여 시간대(timezone)과 로케일(locale)에 맞는 달력을 생성합니다. 기본 달력은 널리 쓰이고 있는 그레고리력입니다.[22]

---

22   그레고리력 https://ko.wikipedia.org/wiki/그레고리력

Cal 변수에 getTime( )을 호출하면 현재 시간을 의미하는 Date 객체가 반환됩니다. 예제의 실행 결과는 다음과 같습니다.

```
현재 시간:Fri Sep 24 19:36:52 KST 2021
현재 시간:Fri Sep 24 19:36:52 KST 2021
```

Date와 Calendar 클래스가 같은 결과를 반환하였습니다. 날짜를 원하는 형식으로 표현하는 방법은 무엇일까요? 이때는 SimpleDateFormat 클래스가 필요합니다. SimpleDateFormat 클래스의 예제는 다음과 같습니다.

파일 ch07_StandardAPIs/src/com/yudong80/java/ch07/SimpleDateFormatExample.java

```java
package com.yudong80.java.ch07;

import java.text.SimpleDateFormat;
import java.util.Date;

public class SimpleDateFormatExample {
    public static void main(String[] args) {
        //1. Date 클래스로 현재 시간 얻기
        Date now = new Date();

        //2. SimpleDateFormat 클래스로 형식 적용
        SimpleDateFormat dateFormat1 = new SimpleDateFormat("yyyy.MM.dd");
        SimpleDateFormat dateFormat2 = new SimpleDateFormat("yyyy-MM-dd");
        SimpleDateFormat dateFormat3 = new SimpleDateFormat("yyyy/MM/dd");

        System.out.println("다양한 날짜 형식:");
        System.out.println("1: " + dateFormat1.format(now));
        System.out.println("2: " + dateFormat2.format(now));
        System.out.println("3: " + dateFormat3.format(now));
    }
}
```

SimpleDateFormat 객체를 생성할 때는 날짜 형식을 문자열로 입력해야 합니다. 단순하게 연도(yyyy), 월(MM), 일(dd)을 넣으면 됩니다. 이와 같이 날짜 형식으로 예약된 특수 기호를 제외하면 자유롭게 원하는 형식을 정의할 수 있습니다. 예를 들어 dateFormat1 변수는 구분자로 점(.)을 사용하였고 dateFormat2 변수는 대시(-)를, dateFormat3 변수는 슬래시(/)를 사용하였습니다. 날짜를 표시할 때는 SimpleDateFormat 클래스의 format( ) 메서드를 호출합니다. 예제의 실행 결과는 다음과 같습니다.

```
다양한 날짜 형식:
1: 2021.09.24
2: 2021-09-24
3: 2021/09/24
```

지금까지는 어떤 메서드의 사용법을 직접적으로 알려드렸지만 이렇게 모든 메서드의 사용법을 알려드릴 수는 없습니다. 여기까지 오셨다면 이런 질문을 할 수 있어야 합니다.

❶ 이 클래스의 API 문서는 어디에 있을까?
❷ 이 클래스의 생성자는 무엇일까?
❸ 이 클래스에는 어떤 메서드들이 있을까?

앞서 Date 클래스의 API 문서를 보았으므로 이와 유사하게 SimpleDateFormat 클래스의 API 문서도 살펴봅니다. 자바 API 문서 → java.text 패키지 → SimpleDateFormat 클래스로 이동합니다.

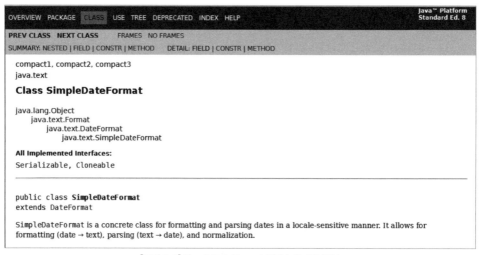

[그림 7-7] SimpleDateFormat 클래스의 API 문서

먼저 클래스의 정의를 읽어봅니다. 매우 중요하므로 다음과 같이 번역해 보았습니다.

"SimpleDateFormat 클래스는 로케일에 기반하여 날짜에 형식을 적용하거나 날짜 정보를 파싱합니다. 즉, 날짜를 텍스트로 포맷팅하거나 텍스트를 날짜로 파싱하고 정규화(normalization)합니다."

여기까지 읽어보았다면 그다음은 Class SimpleDateFormat 항목 아래에 있는 상속 정보를 확인합니다. 당장 중요한 정보는 아니지만 자바 표준 클래스들이 어떻게 구조화되어 있는지, 그리고 이 클래스는 다른 클래스와 어떤 연관성을 맺고 있는지 등의 정보를 알 수 있습니다.

```
java.lang.Object
  java.text.Format
    java.text.DateFormat
      java.text.SimpleDateFormat
```

SimpleDateFormat 클래스는 DateFormat 클래스와 Format 클래스를 상속합니다. 자바의 모든 클래스는 Object 클래스를 상속하고 있으므로 첫 줄은 크게 의미는 없습니다. 추가로 Format 클래스와 DateFormat 클래스의 API 문서도 참고해보시면 좋겠습니다.

아래로 스크롤하여 이 클래스의 생성자들을 확인합니다.

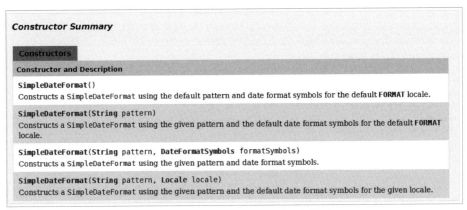

[그림 7-8] SimpleDateFormat 클래스의 생성자

이 클래스는 4개의 생성자를 제공합니다. 이 중에서 예제에서 본 SimpleDateFormat(String pattern)이 가장 유용하고 나머지는 많이 사용되지 않습니다.

예제에서 호출한 format( ) 메서드를 찾아봅니다. 그런데 이 문서를 아무리 스크롤해봐도 나오지 않습니다. 왜 일까요?

이유는 이 메서드가 부모 클래스에서 상속한 메서드이기 때문입니다. 다음과 같이 상속 정보로 이동합니다.

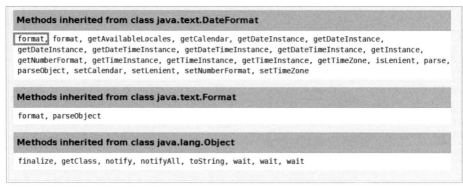

[그림 7-9] SimpleDateFormat 클래스가 상속한 메서드 목록

첫 번째 메서드를 클릭하면 내가 원하는 메서드의 API를 찾을 수 있습니다. 이 메서드는 부모 클래스인 DateFormat 클래스에서 상속한 것입니다. 이처럼 상속의 장점은 부모 클래스에 정의된 메서드를 내 것처럼 호출할 수 있다는 점입니다.

```
format

public final String format(Date date)

Formats a Date into a date/time string.

Parameters:
date - the time value to be formatted into a time string.

Returns:
the formatted time string.
```

[그림 7-10] DateFormat 클래스의 format( ) 메서드 (SimpleDateFormat 클래스에서 호출 가능)

format(Date date) 메서드는 Date 객체를 인자로 받아 형식을 적용하여 문자열로 반환합니다. 앞서 SimpleDateFormatExample.java 예제에서 출력한 "2020/08/06"과 같은 결과를 만듭니다.

SimpleDateFormat 클래스는 연도(yyyy), 월(MM), 일(dd) 뿐만 아니라 다음과 같이 다양한 날짜, 시간 형식을 만들 수 있습니다. [표 7-2]는 API 문서에서 발췌한 내용입니다.

날짜 형식	패턴	예시	비고
연도	yyyy	2021	
	yy	21	
월	MM	5	
일	dd	5	
요일	E	목	
	EEEE	목요일	

시	h	3	
	hh	03	자릿수를 0으로 맞춤
	HH	15	24시간 기준
분	mm	49	
초	ss	30	

[표 7-2] SimpleDateFormat 의 날짜 양식

다음은 다양한 날짜 형식을 적용한 예제입니다.

파일 ch07_StandardAPIs/src/com/yudong80/java/ch07/SimpleDateFormatV2.java

```java
package com.yudong80.java.ch07;

import java.text.SimpleDateFormat;
import java.util.Date;
import java.util.Locale;

public class SimpleDateFormatV2 {
    public static void main(String[] args) {
        //1. Date 클래스로 현재 시간 얻기
        Date now = new Date();

        //2. 다양한 날씨 형식 적용
        SimpleDateFormat timeFormat = new SimpleDateFormat("h:mm a");
        SimpleDateFormat dateAndDay = new SimpleDateFormat("yyyy년 MM월 dd일 EEEE");
        SimpleDateFormat time24based = new SimpleDateFormat("HH:mm:ss");
        SimpleDateFormat timeAMPM = new SimpleDateFormat("h:mm a", Locale.US);

        System.out.println("현재 시간: " + timeFormat.format(now));
        System.out.println("날짜와 시간: " + dateAndDay.format(now));
        System.out.println("현재 시간(24시간 기준): " + time24based.format(now));
```

```
        System.out.println("현재 시간(AM/PM 기준): " + timeAMPM.for-
    mat(now));
        }
    }
```

첫 번째 형식은 "h:mm a"입니다. h는 시(hour)를 표시합니다. hh로 하면 예를 들어 7시인 경우 07로 표시합니다. mm은 마찬가지로 분을 의미합니다. 한 자리인 경우에는 0을 채웁니다. a는 오전/오후를 표기합니다.

두 번째 형식은 "yyyy년 MM월 dd일 EEEE"입니다. 년, 월, 일은 약속된 기호가 아니며 출력할 때 편의를 위해 넣어봤습니다. 이렇게 원하는 형식이 있으면 약속된 기호만 피하면 원하는 형식을 만들 수 있습니다. yyyy는 연도, MM은 월, dd는 일입니다. EEEE는 요일입니다. 만약 E로 하시면 "~요일" 없이 "월"처럼 나옵니다.

다음은 "HH:mm:ss"입니다. 24시간 기준을 표시하는 경우 h가 아닌 HH를 사용합니다.

마지막으로 실무에서 오전/오후가 아닌 AM/PM으로 표기해야 할 때가 있습니다. 그때는 SimpleDateFormat 의 다른 생성자를 사용합니다.

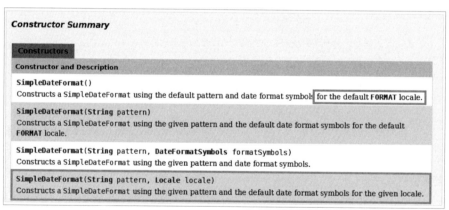

[그림 7-11] 로케일을 넣을 수 있는 SimpleDateFormat 생성자

여기서 인자가 없는 기본 생성자가 기본 로케일(한국)을 사용하고 있다는 것을 알 수 있습니다. 이처럼 자바 API 문서에서는 배울 점이 많습니다.

예제의 실행 결과는 다음과 같습니다.

```
현재 시간: 7:37 오후
날짜와 시간: 2021년 09월 24일 금요일
현재 시간(24시간 기준): 19:37:58
현재 시간(AM/PM 기준): 7:37 PM
```

이제 날짜를 다루는 Calendar 클래스로 넘어갑니다. 날짜를 다루기 위해서는 바탕이 되는 달력이 있어야 합니다. 다음은 Calendar 클래스의 사용 예제입니다.

파일 ch07_StandardAPIs/src/com/yudong80/java/ch07/CalendarExample.java

```java
package com.yudong80.java.ch07;

import java.text.SimpleDateFormat;
import java.util.Calendar;

public class CalendarExample {
    public static void main(String[] args) {
        //1. 날짜 형식 정하기
        SimpleDateFormat dateFormat = new SimpleDateFormat("yyyy년 MM월 dd일");

        //2. 오늘 날짜
        Calendar cal = Calendar.getInstance();
        String today = dateFormat.format(cal.getTime());
        System.out.println("오늘은 " + today);

        //3. 어제 날짜
        cal.add(Calendar.DATE, -1);
        String yesterday = dateFormat.format(cal.getTime());
        System.out.println("어제는 " + yesterday);

        //4. 5개월 후
        Calendar now = Calendar.getInstance();
        now.add(Calendar.MONTH, +5);
```

```
        String afterFiveMonths = dateFormat.format(now.getTime());
        System.out.println("5개월 후 날짜는 " + afterFiveMonths);
    }
}
```

이 예제에서는 날짜 형식이 동일합니다. 따라서 매번 생성하지 않고 dateFormat 변수를 먼저 만들어둡니다.

오늘 날짜를 출력할 때는 Calendar.getInstance( ) 메서드를 호출하여 Calendar 객체를 얻습니다. 이 객체에 getTime( )을 호출하면 현재 날짜를 얻습니다. 앞서 생성한 dateFormat 변수를 활용하여 현재 날짜를 형식에 맞게 출력합니다.

어제 날짜를 만들 때는 cal 변수를 조작합니다. Calendar 객체는 add( ) 메서드를 제공하며 내가 원하는 날짜(Calendar.DATE)를 더하거나 뺄 수 있습니다. 어제 날짜는 −1을 인자로 넣으면 됩니다.

마지막으로 5개월 후입니다. Calendar.DATE로 만들 수도 있으나 월별로 날짜가 다르기 때문에 부정확합니다. 따라서 월(Calendar.MONTH) 필드를 넣고 +5를 인자로 넣습니다. 5로 해도 되지만 더 명확한 의도를 전달하기 위해 +5 값을 넣었습니다.

예제의 실행 결과는 다음과 같습니다.

```
오늘은 2021년 09월 24일
어제는 2021년 09월 23일
5개월 후 날짜는 2022년 02월 24일
```

요약하면 Date 클래스는 날짜와 시간 정보를 제공합니다. 하지만 이것으로는 부족하며 Calendar 클래스의 getInstance( ) 메서드를 호출하여 현재 시간을 얻은 후에 내가 원하는 날짜와 시간으로 조작하고 getTime( ) 메서드를 호출합니다.

날짜와 시간을 표시할 때는 SimpleDateFormat 클래스를 사용합니다. API 문서를 참고하여 원하는 형식으로 출력할 수 있습니다.

3. StringBuilder 클래스

자바에서는 문자열을 다루는 다양한 방법을 제공합니다. 이 중에서 StringBuilder 클래스는 특히 자주 사용됩니다. 이름처럼 String을 만들어주는(build) 역할을 합니다. StringBuilder 클래스는 java.lang 패키지

에 있습니다.[23]

먼저 StringBuilder 클래스의 생성자입니다.

생성자	내용
StringBuilder( )	기본 생성자. 기본 용량은 16자(characters)
StringBuilder(CharSequence seq)	seq 값을 초기값으로 지정
StringBuilder(int capacity)	기본 용량을 지정
StringBuilder(String str)	str 값을 초기값으로 지정

[표 7-3] StringBuilder 클래스

주요 메서드는 다음과 같습니다.

주요 메서드	내용
append(boolean b) append(char c) append(char[] str) append(CharSequence s) append(double b) append(String str) append(int i)	StringBuilder에 내용 추가
toString( )	StringBuilder의 내용을 String으로 반환

[표 7-4] StringBuilder 주요메서드

다음은 StringBuilder클래스를 활용한 예제입니다.

파일 ch07_StandardAPIs/src/com/yudong80/java/ch07/StringBuilderExample.java

```
package com.yudong80.java.ch07;

public class StringBuilderExample {
    public static void main(String[] args) {
        //0. 기본 정보
        String title = "Java API doc";
        String pkg = "java.lang";
```

---

23   과거에는 StringBuffer 클래스를 사용하였지만 StringBuilder 클래스가 비동기식으로 동작하여 성능이 더 빠릅니다.

```java
        String cls = "StringBuilder";
        String desc = "StringBuilder는 문자열을 생성해줌";
        String seeAlso = "구) StringBuffer 클래스";

        //1. String을 사용한 문자열 구성
        String apiDoc = title + "\n" +
                "패키지: " + pkg + "\n" +
                "클래스: " + cls + "\n" +
                "내용: " + desc + "\n" +
                "비고: " + seeAlso;
        System.out.println(apiDoc);
        System.out.println("------------------------");

        //2. StringBuilder를 사용한 문자열 구성
        StringBuilder sb = new StringBuilder();
        sb.append(title).append('\n');
        sb.append("패키지: ").append(pkg).append('\n');
        sb.append("클래스: ").append(cls).append('\n');
        sb.append("내용: ").append(desc).append('\n');
        sb.append("비고: ").append(seeAlso).append('\n');

        System.out.println(sb.toString());
    }
}
```

먼저 String을 활용하여 apiDoc 변수를 구성합니다. 각 문자열을 더하고(+) 있기 때문에 의미 파악에 어렵지 않습니다.

다음은 StringBuilder 클래스를 활용하여 같은 문자열을 구성합니다. 코드상으로는 큰 차이가 없어 보입니다. StringBuilder 객체를 생성하고 append( ) 메서드를 호출하여 필요한 내용을 채웁니다. 마지막으로 toString( ) 메서드를 호출하여 만들어진 내용을 출력합니다.

StringBuilder 클래스는 String 클래스에 비해 어떤 장점이 있을까요? StringBuilder 클래스가 java.lang 패키지에 있는 이유는 문자열을 사용하는 필수적인 방법이기 때문입니다. 새로운 문자열을 만들 때 더하기(+)를 사용하면 다수의 문자열 객체가 내부적으로 생성됩니다.

예를 들어 첫 번째 문장인 title + "₩n"을 실행하면 title, "₩n"과 그 결과로 만들어진 "Java API doc₩n"까지 총 3개의 문자열이 생성됩니다. 그 이유는 문자열 객체는 한 번 만들면 그 값을 변경할 수 없는 불변(immutable) 객체이기 때문입니다.

apiDoc 변수를 만들기 위해서는 총 몇 개의 String 객체가 생성될까요? 최근에는 자바 컴파일러가 발달하여 이러한 문장이 나오면 자동으로 StringBuilder로 변환하므로 낭비가 없지만 원칙적으로 따지면 apiDoc 변수가 13개의 문자열로 되어 있기 때문에 총 25개의 문자열이 필요합니다.[24]

StringBuilder 클래스는 내부에 char[] 배열이 존재하기 때문에 toString( ) 메서드를 호출할 때만 String 객체가 생성되므로 효율적입니다.

과거에는 동일한 기능으로 StringBuffer 클래스가 제공되었습니다. 이것이 StringBuilder 클래스로 발전한 이유는 비동기식으로 성능을 향상시켰기 때문입니다. 예제의 실행 결과는 다음과 같습니다.

```
Java API doc
패키지: java.lang
클래스: StringBuilder
내용: StringBuilder는 문자열을 생성해줌
비고: 구) StringBuffer 클래스
-----------------------
Java API doc
패키지: java.lang
클래스: StringBuilder
내용: StringBuilder는 문자열을 생성해줌
비고: 구) StringBuffer 클래스
```

4. StringTokenizer 클래스

StringTokenizer 클래스는 주어진 문자열을 의미 단위(token)로 파싱하는 역할을 합니다. java.util 패키지에 있으며 StringBuilder와 함께 문자열을 처리할 때 자주 사용하는 클래스이니 사용법을 꼭 알아두셔야 합니다.

---

24 예를 들어 A + B + C + D 문자열을 더하려면 A, B, A+B, C, A+B+C, D, A+B+C+D 이렇게 7개의 문자열이 필요합니다.

다음은 StringTokenizer 클래스의 생성자입니다.

생성자	내용
StringTokenizer(String str)	문자열을 파싱함. 기본 구분자는 공백, 백스페이스(₩b), 탭(₩t)과 다음 라인(₩n, ₩r)
StringTokenizer(String str, String delim)	delim 인자를 구분자로 사용
StringTokenizer(String str, String delim, boolean returnDelims)	delim 인자를 구분자로 사용하며, returnDelims는 파싱된 토큰이 구분자를 포함하는 지 여부

[표 7-5] StringTokenizer 클래스

이 클래스의 주요 메서드는 다음과 같습니다.

주요 메서드	내용
nextToken( )	다음 문자열을 반환
nextToken(String delim)	delim 인자를 구분자로 하여 다음 문자열을 반환
hasMoreTokens( )	다음 토큰이 존재하는지 여부를 반환

[표 7-5] StringTokenizer 주요 메서드

다음은 StringTokenizer 클래스를 활용한 예제입니다.

파일 ch07_StandardAPIs/src/com/yudong80/java/ch07/StringTokenizerExample.java

```java
package com.yudong80.java.ch07;

import java.util.StringTokenizer;

public class StringTokenizerExample {
    public static void main(String[] args) {
        //1. 성적 데이터 (이름, 국어, 영어, 수학 순)
        String grades = "김강열 80 90 100";

        //2. 성적 데이터 출력
        StringTokenizer st = new StringTokenizer(grades);
        while(st.hasMoreTokens()) {
            String token = st.nextToken();
            System.out.println(token);
        }
    }
}
```

StringTokenizer 클래스의 활용법은 다음과 같습니다. 먼저 파싱을 원하는 문자열을 인자로 StringTokenzer 객체를 생성합니다. hasMoreTokens( ) 메서드를 호출하여 파싱할 수 있는 토큰이 남아 있는지 확인한 후 nextToken( ) 메서드를 호출하여 다음 토큰을 가져옵니다.

기본 구분자는 공백, 백스페이스(\b), 탭(\t), 다음 라인(\n, \r)으로 여기에 해당하면 토큰이 하나씩 분할되어 나옵니다.

예제의 실행 결과는 다음과 같습니다.

```
김강열
80
90
100
```

실습 문제: CSV 데이터 파싱하기

CSV(Comma Seperated Value) 파일은 콤마(,)를 구분자로 간단한 데이터를 저장할 수 있는 형식입니다. 과거 데이터베이스가 발달하기 전에 많이 사용하였으며 지금도 JSON과 함께 종종 사용됩니다.

다음은 StringTokenizner와 StringBuilder 클래스를 활용하여 CSV 형식으로 저장된 데이터를 파싱하는 예제입니다.

파일 ch07_StandardAPIs/src/com/yudong80/java/ch07/CSVParsing.java

```java
package com.yudong80.java.ch07;

import java.util.StringTokenizer;

public class CSVParsing {
    public static void main(String[] args) {
        //1. 성적 데이터 (이름, 국어, 영어, 수학 순)
        String[] grades = {
            "김강열, 80, 90, 100",
            "염지수, 70, 100, 88",
            "강민호, 88, 33, 77"
        };


        //2. 성적 데이터 출력
```

```java
        final String delim = ",";


        for (String line: grades) {
            StringTokenizer st = new StringTokenizer(line, delim);

            //데이터가 유효하지 않은 경우 예외 처리
            if (!st.hasMoreTokens()) continue;

            //데이터 출력
            String name = st.nextToken();
            String korean = st.nextToken();
            String english = st.nextToken();
            String math = st.nextToken();

            System.out.println(getGradeString(name, korean, english,
math));
        }
    }

    static String getGradeString(String name, String korean, String
english, String math) {
        StringBuilder sb = new StringBuilder();
        sb.append("이름: ").append(name).append('\n');
        sb.append("국영수 성적: {").append(korean).append(", ");
        sb.append(english).append(", ");
        sb.append(math).append("} \n");

        return sb.toString();
    }
}
```

grades 변수에는 3명의 국영수 성적이 들어 있습니다. 이 데이터는 CSV 형식으로 콤마(,)로 구분되어 있습니다. delim 변수는 CSV 형식의 구분자인 콤마(,)를 담고 있습니다.

각 인원의 성적 데이터에 대한 StringTokenzier 객체를 생성합니다. 앞의 예제와는 다르게 delim 인자를 추가하였습니다. hasMoreTokens( ) 메서드를 호출하여 빈 라인이나 유효하지 않은 데이터가 넘어오면 다음 줄로 넘어갑니다. 그다음 nextToken( ) 메서드를 호출하여 각각 이름, 국어, 영어, 수학 성적을 변수에 넣습니다.

getGradeString( ) 메서드는 내부적으로 StringBuilder 클래스를 활용하여 인자로 입력된 이름과 국영수 성적 데이터를 원하는 형식으로 파싱한 문자열을 반환합니다.

예제의 실행 결과는 다음과 같습니다.

```
이름: 김강열
국영수 성적: {  80,   90,   100}


이름: 염지수
국영수 성적: {  70,   100,   88}


이름: 강민호
국영수 성적: {  88,   33,   77}
```

5. Math 클래스

Math 클래스에는 다양한 수학 함수가 정의되어 있습니다. 이 클래스에는 생성자가 없으며 static 함수를 직접 호출합니다.

Math 클래스의 주요 메서드는 다음과 같습니다.

주요 메서드	내용
abs(double a) abs(float a) abs(int a) abs(long a)	인자의 절댓값(absolute value)을 반환
max(double a, double b) max(float a, float b) max(int a, int b) max(long a, long b)	두 수 중에 큰 값을 반환
min(double a, double b) min(float a, float b) min(int a, int b) min(long a, long b)	두 수 중에 작은 값을 반환

round(double a) round(float a)	반올림
ceil(double a)	올림
floor(double a)	내림
pow(double a, double b)	a^b 값을 반환(지수 함수)

[표 7-7] Math 클래스의 주요 메서드

다음은 Math 클래스를 활용한 예제입니다.

파일 **ch07_StandardAPIs/src/com/yudong80/java/ch07/MathExample.java**

```java
package com.yudong80.java.ch07;

public class MathExample {
    public static void main(String[] args) {
        //1. 절댓값
        double a = 108.3;
        float b = 99.337f;

        System.out.println(a + "의 절댓값: " + Math.abs(a));
        System.out.println(b + "의 절댓값: " + Math.abs(b));

        //2. 최댓값 & 최솟값
        int[] positiveNumbers = {100, 200, 90};
        int max = 0;
        for (int number : positiveNumbers) {
            max = Math.max(max, number);
        }
        System.out.println("최댓값은 " + max);

        double[] realNumbers = {8974.3, -20000, 100.9};
        double min = Double.MAX_VALUE;
        for (double number : realNumbers) {
            min = Math.min(min, number);
        }
        System.out.println("최솟값은 " + min);
```

```
//3. 반올림, 올림, 내림
System.out.print("반올림: {");
for (double number : realNumbers) {
    System.out.print(Math.round(number) + ",");
}
System.out.println("}");

System.out.print("올림: {");
for (double number : realNumbers) {
    System.out.print(Math.ceil(number) + ",");
}
System.out.println("}");

System.out.print("내림: {");
for (double number : realNumbers) {
    System.out.print(Math.floor(number) + ",");
}
System.out.println("}");

//4. 제곱함수
int base = 10;
int exp = 3;
double res = Math.pow(base, exp);
System.out.println (base + "^" + exp + " = " + res);
    }
}
```

먼저 abs( ) 메서드입니다. 단순히 주어진 인수의 절댓값을 구합니다.

다음은 최댓값과 최솟값입니다. 메서드는 단지 두 개의 인자만 받기 때문에 여러 수에서 최댓값을 구하는 경우 별도의 변수가 필요합니다. postiveNumber 변수가 양수만 담고 있으므로 max 변수의 초기값은 0으로 충분합니다.

realNumbers 변수에는 실수값이 들어 있으므로 최솟값을 구할 때는 min 변수의 초기값을 유의해야 합니다. 만약 min 변수의 초기값이 realNumber 배열에 포함된 수보다 작은 경우 결과를 정상적으로 구할 수 없기 때문입니다.

가장 안전한 방법은 Double 클래스에 정의된 Double.MAX_VALUE 상수를 활용하는 것입니다. double 타입이 가질 수 있는 최댓값을 갖기에 안전합니다.

최댓값을 구하는 경우 Math.max( ) 메서드를, 최솟값을 구하는 경우 Math.min( ) 메서드를 호출합니다.

같은 방법으로 반올림, 올림, 내림을 하는 경우에도 각각 Math 클래스의 round( ), ceil( ), floor( ) 메서드를 호출합니다. 제곱함수를 구할 때는 pow( ) 메소드를 호출합니다.

예제의 실행 결과는 다음과 같습니다.

```
108.3의 절댓값: 108.3
99.337의 절댓값: 99.337
최댓값은 200
최솟값은 -20000.0
반올림: {8974,-20000,101,}
올림: {8975.0,-20000.0,101.0,}
내림: {8974.0,-20000.0,100.0,}
10^3 = 1000.0
```

6. Random 클래스

프로그램을 작성하다 보면 가끔 난수(random number)를 생성할 필요가 있습니다. 예를 들어 유일한 ID 값을 만든다거나 복권의 당첨자를 구하는 등의 경우입니다.

난수를 생성할 때는 Math 클래스의 random( ) 메서드를 호출할 수도 있지만 java.util 패키지에 있는 Random 클래스가 더 유용합니다.

Random 클래스의 생성자는 다음과 같습니다.

생성자	내용
Random( )	기본 생성자
Random(long seed)	seed 인수를 시드로 하여 난수 생성기 생성

[표 7-8] Random 클래스

이 클래스의 주요 메서드입니다.

주요 메서드	내용
setSeed(long seed)	seed 인수로 난수 생성기의 시드를 변경
nextInt( )	균일한 분포의 int형 난수 생성 (int형 전 범위)
nextInt(int bound)	균일한 분포의 int형 난수 생성 (0부터 bound 미만)
nextLong( )	균일한 분포의 double형 난수 생성 (long형 전 범위)
nextDouble( )	0.0부터 1.0 미만의 double형 난수 생성
nextFloat( )	0.0부터 1.0 미만의 float형 난수 생성

[표 7-9] Random 클래스의 주요 메서드

기능은 동일하지만 발생 가능한 수의 범위를 주의하세요. 예를 들어 nextInt( )는 int형 전 범위의 수가 발생하나, nextInt(bound)는 0부터 bound 미만까지의 수만 발생합니다.

다음은 Random 클래스의 사용 예제입니다.

파일 **ch07_StandardAPIs/src/com/yudong80/java/ch07/RandomExample.java**

```
package com.yudong80.java.ch07;

import java.util.Random;

public class RandomExample {
    public static void main(String[] args) {
        Random r = new Random();
        final int NUMBERS = 10;

        //1. 정수형 난수
        System.out.println("난수들(int형): ");
        for (int i=0; i< NUMBERS; ++i) {
            System.out.print(r.nextInt() + " ");
        }

        //2. 정수형 난수(bounded)
        System.out.println("\n난수들(int형, bounded): ");
        for (int i=0; i< NUMBERS; ++i) {
            System.out.print(r.nextInt(1000) + " ");
        }
```

```
        //3. double형 난수
        System.out.println("\n난수들(double형): ");
        for (int i=0; i< NUMBERS; ++i) {
            System.out.print(r.nextDouble() + " ");
        }


        //4. float형 난수
        System.out.println("\n난수들(float형): ");
        for (int i=0; i< NUMBERS; ++i) {
            System.out.print(r.nextFloat() + " ");
        }
    }
}
```

난수를 생성하기 위해서는 먼저 Random 객체를 생성합니다. 타입별로 10개씩 생성하기 위해 NUMBERS 라는 상수를 정의하였습니다.

int형 난수를 생성하려면 nextInt( )를 호출합니다. 인자가 없으면 int형 전 범위의 난수가 발생합니다. 만약 발생하는 수의 범위(bound)를 지정하려면 nextInt(bound) 메서드를 호출합니다.

같은 방법으로 nextDouble( ), nextFloat ( ) 메서드를 호출하면 실수형 난수가 발생합니다. 주의해야 할 점은 실수형 난수는 각 데이터 타입의 전 범위가 아니라 0.0부터 1.0 미만의 수가 발생한다는 점입니다. 만약 0.0부터 1,000.0 미만의 난수를 발생시키려면 1,000을 곱하면 됩니다. 예제의 실행 결과는 다음과 같습니다.

```
난수들(int형):
-1441157803 482934944 -344769333 750518047 1055455246 -1236105407 -149913303
-983235695 1251520340 1851309551
난수들(int형, bounded):
205 596 265 326 903 293 227 113 476 785
난수들(double형):
0.24026556329869397  0.8642871101246465  0.3355729936795375  0.5727265150364794
0.09129809574451275  0.6628552774144986  0.3488549088900812  0.7009653467246169
0.6767105072372394  0.9165490325224253
난수들(float형):
```

0.02094531 0.8751895 0.91996354 0.5053296 0.6152981 0.61639273 0.04079193
0.70734626 0.89033914 0.6363417

과거에는 유일한 ID를 만들 때 난수를 사용하곤 하였습니다. 하지만 이제는 java.util 패키지에서 UUID(Universally unique identifier, 범용 고유 식별자)[25] 클래스를 제공하여 편리하게 고유 식별자를 만들 수 있습니다.

UUID를 생성하는 예제는 다음과 같습니다.

파일 ch07_StandardAPIs/src/com/yudong80/java/ch07/UUIDExample.java

```java
package com.yudong80.java.ch07;


import java.util.UUID;


public class UUIDExample {
    public static void main(String[] args) {
        //1. UUID 생성하기
        UUID[] uuids = {
            UUID.randomUUID(),
            UUID.randomUUID(),
            UUID.randomUUID()
        };

        for (UUID id : uuids) {
            System.out.println("고유식별자: " + id);
        }
    }
}
```

UUID를 생성할 때는 별도의 객체를 생성할 필요 없이 UUID.randomUUID( ) 정적 메서드를 호출합니다. 예제의 실행 결과는 다음과 같습니다. 매번 실행할 때마다 UUID는 새롭게 생성됩니다.

---

25 https://ko.wikipedia.org/wiki/범용_고유_식별자

```
고유식별자:  0818dc36-82e1-49c1-b2b2-36c13105e840
고유식별자:  cb6c7e00-849b-4e22-829a-1c3c64d465ff
고유식별자:  85320a95-a443-45ee-ae93-f4b79c257634
```

7. Object 클래스

앞서 SimpleDateFormat 클래스의 API 문서에 있는 상속 구조 항목이 기억나시나요? 주목할 점은 모든 자바 클래스는 java.lang.Object 클래스를 상속합니다.

```
java.text

Class SimpleDateFormat

java.lang.Object
    java.text.Format
        java.text.DateFormat
            java.text.SimpleDateFormat
```

[그림 7-12] 자바의 모든 클래스는 Object 클래스를 상속하고 있다.

Object 클래스의 자바 API 문서에는 다음과 같이 정의되어 있습니다.

링크: https://docs.oracle.com/javase/8/docs/api/java/lang/Object.html

```
java.lang

Class Object

java.lang.Object
─────────────────────────────────────────────────────────────
public class Object

Class Object is the root of the class hierarchy. Every class has Object as a superclass. All objects,
including arrays, implement the methods of this class.

Since:
JDK1.0
```

[그림 7-13] Object 클래스 자바 API 문서

"Object 클래스는 클래스 계층의 최상위입니다. 모든 클래스는 Object 클래스를 상속합니다. 배열(array)을 포함한 모든 객체들은 이 클래스의 메서드를 구현하고 있습니다."

Object 클래스는 기본 생성자만 제공합니다. 따라서 new Object( ) 문으로 생성합니다.

Object 클래스의 주요 메서드는 다음과 같습니다.

주요 메서드	내용
equals(Object ob)	두 객체가 같은지 비교함
hashCode( )	이 객체의 해시 코드(hash code) 값을 반환
toString( )	문자열 표현형을 반환함

[그림 7-10] Object 클래스의 주요 메서드

다음은 Object 클래스의 예제입니다.

파일 ch07_StandardAPIs/src/com/yudong80/java/ch07/ObjectExample.java

```java
package com.yudong80.java.ch07;


public class ObjectExample {
    public static void main(String[] args) {
        //1. Object 객체 생성
        Object a = new Object();
        Object b = new Object();


        //2. equals() 메서드
        boolean isSameEqual = a.equals(a);
        boolean isABEqual = a.equals(b);


        System.out.println("같은 객체의 equals? " + isSameEqual);
        System.out.println("다른 객체의 equals? " + isABEqual);


        //3. hashCode() 메서드
        int hashCodeA = a.hashCode();
        int hashCodeB = b.hashCode();
        String hexHashCodeA = Integer.toHexString(hashCodeA);
        String hexHashCodeB = Integer.toHexString(hashCodeB);
        System.out.println("a 객체의 hash code? " + hashCodeA + " >
hexString? " + hexHashCodeA);
        System.out.println("b 객체의 hash code? " + hashCodeB + " >
hexString? " + hexHashCodeB);


        //4. toString() 메서드
```

```
        System.out.println("a.toString()? " + a.toString());

        System.out.println("b.toString()? " + b.toString());

    }

}
```

equals( ) 메서드는 두 객체가 동일한 객체인지 여부를 알려줍니다. 먼저 a 객체는 자신과 동일한지 확인합니다. 당연히 true가 나와야 합니다. 다음은 b 객체와 동일한지 검사합니다. 당연히 false 입니다.

hashCode( ) 메서드는 int 형의 해시 코드를 반환합니다. 해시 코드는 HashMap 자료구조(Part8 참고)에서 객체의 키를 골고루 분산하기 위해 사용하는 숫자입니다. 해시 코드를 만드는 함수를 해시 함수(hash function)라 부르며 임의의 데이터를 고정된 길이의 데이터로 매핑해줍니다.[26]

해시 코드의 값을 Integer.toHexString( ) 메서드에 인수로 넣어 16진수 문자열로 변환해 보았습니다.

마지막으로 toString( ) 메서드입니다. Object 클래스의 toString( ) 메서드 구현은 다음과 같습니다.

```
public String toString() {
    return getClass().getName() + "@" + Integer.toHexString(hashCode());
    }
```

앞선 해시 코드의 값을 16진수 문자열로 변환하여 출력하고 있습니다. 즉, 어떤 객체의 toString( )을 호출하면 클래스의 이름(예, java.lang.Object)과 16진수 해시 코드의 값이 출력됩니다. toString( ) 메서드를 호출할 때 나타나는 의문의 숫자는 바로 해시 코드였습니다.

예제의 실행 결과는 다음과 같습니다.

```
같은 객체의 equals? true
다른 객체의 equals? false
a 객체의 hash code? 366712642 > hexString? 15db9742
b 객체의 hash code? 1829164700 > hexString? 6d06d69c
a.toString()? java.lang.Object@15db9742
b.toString()? java.lang.Object@6d06d69c
```

---

26 https://ko.wikipedia.org/wiki/해시_함수

8. Comparable 인터페이스

두 객체를 비교하는 방법은 무엇일까요? 앞서 Object 클래스의 equals( ) 메서드는 두 객체가 메모리 상에서 같은 객체인지 여부만 알 수 있습니다. 만약 어떤 객체를 정렬해야 한다면 어떻게 할까요?

예를 들어 간단한 주문 클래스를 생각해봅니다. Part5에 있는 Order 클래스에 orderDate 멤버 변수를 추가하였습니다. 멤버 변수는 상속할 수 있도록 protected 로 지정하였습니다.

파일 ch07_StandardAPIs/src/com/yudong80/java/ch07/compare/Order.java

```java
package com.yudong80.java.ch07.compare;


public class Order {
    protected String customerName;
    protected String shopName;
    protected String foodName;
    protected long orderDate;

    public Order(String cust, String shop, String food, long date) {
        customerName = cust;
        shopName = shop;
        foodName = food;
        orderDate = date;
    }

    public String getCustomerName() {
        return customerName;
    }

    public String getShopName() {
        return shopName;
    }

    public String getFoodName() {
        return foodName;
    }
```

```
        public long getOrderDate() {

            return orderDate;

        }

    }
```

예를 들어 주문 중에서 가장 최근의 주문을 알고 싶습니다. 혹은 가장 오래된 주문을 알고 싶습니다. 이를 위해서는 객체를 비교할 수 있어야 합니다.

자바 언어에서 객체를 비교하기 위해서는 java.lang 패키지의 Comparable 인터페이스를 구현해야 합니다. Comparable 인터페이스에는 compareTo( ) 메서드만 존재합니다.

```
public interface Comparable<T> {

    public int compareTo(T o);

}
```

compareTo ( ) 메서드는 인수로 넘어온 o 객체와 비교하여 자기 객체(this)가 o 객체보다 작으면 음수(예, −1)를, o 객체와 같으면 0을, o 객체보다 크면 양수(예, +1)를 반환해야 합니다. compareTo ( ) 메서드에서 구현하는 객체의 순서는 자연적인 순서(natural order)를 따라야 함을 권장합니다. T 는 제네릭(generic)이라 부르며 해당 객체의 타입을 넣으면 됩니다.

다음은 Comparable 인터페이스를 구현한 ComparableOrder 클래스입니다.

파일 **ch07_StandardAPIs/src/com/yudong80/java/ch07/compare/ComparableOrder.java**

```
package com.yudong80.java.ch07.compare;

public class ComparableOrder extends Order implements Comparable<ComparableOrder>{

    public ComparableOrder(String cust, String shop, String food, long date) {

        super(cust, shop, food, date);

    }


    @Override
    public int compareTo(ComparableOrder o) {
```

```
        long myDate = super.orderDate;
        long yourDate = o.orderDate;


        if (myDate < yourDate) {
            return -1;
        } else if (myDate == yourDate) {
            return 0;
        }


        return +1;
    }


    @Override
    public String toString() {
        StringBuilder sb = new StringBuilder("주문: {");
        sb.append(super.customerName).append(", ");
        sb.append(super.shopName).append(", ");
        sb.append(super.foodName).append("} >> ");
        sb.append(super.orderDate);


        return sb.toString();
    }
}
```

먼저 T를 ComparableOrder로 갖는 Comparable 인터페이스를 구현합니다. 객체를 상속하면 부모 클래스의 인스턴스를 만들 수 있도록 생성자 내부에서 super( )를 호출해야 합니다.

campareTo( ) 메서드에서는 super 클래스에 있는 값을 myDate 변수에 넣고 비교 대상의 orderDate 값을 yourDate 변수에 넣습니다. 두 값을 비교하여 myDate 값이 yourDate 값보다 작으면 음수(−), 같으면 0 그외에는 양수(+1)를 반환합니다.

비교 시 정보를 잘 표시할 수 있도록 toString( ) 메서드를 오버라이드하였습니다. 문자열을 구성할 때 StringBuilder 클래스를 사용하여 객체 낭비 없이 효율적으로 구현하였습니다.

다음은 ComparableOrder 객체를 비교하는 예제입니다.

```java
package com.yudong80.java.ch07.compare;

public class OrderCompareExample {
    public static void main(String[] args) {
        long orderDate = System.currentTimeMillis(); //기준 시간

        ComparableOrder[] orders = {
            new ComparableOrder("홍길동", "김밥천국", "참치지김밥", orderDate),
            new ComparableOrder("금나나", "중국집", "쟁반짜장", orderDate +
100),
            new ComparableOrder("박상욱", "일식집", "방어회", orderDate +
200)
        };

        //1. 주문 정보 출력
        for (Order order : orders) {
            System.out.println(order);
        }

        //2. 대소 비교
        boolean chk1 = orders[0].compareTo(orders[1]) < 0;
        System.out.println("order[0] < order[1] ? " + chk1);

        boolean chk2 = orders[0].compareTo(orders[2]) > 0;
        System.out.println("order[0] > order[2] ? " + chk2);

        //3. 동등 비교
        boolean cmp = orders[1].compareTo(orders[1]) == 0;
        boolean equals = orders[1].equals(orders[1]);
        System.out.println("order[1] == order[1] ? " + cmp);
        System.out.println("order[1].equals(order[1]) ? " + equals);
```

```
            //4. 가장 최근 주문 출력하기
            ComparableOrder lastOrder = orders[0]; //default
            for (ComparableOrder order : orders) {
                if (order.compareTo(lastOrder) > 0) {
                    lastOrder = order;
                }
            }

            System.out.println("마지막 주문: " + lastOrder);
    }
}
```

기준 시간을 잡기 위해 orderDate 변수에 현재 시간을 할당합니다. System 클래스의 currentTimeMillis( ) 메서드에 대해서는 다음 절에서 설명합니다. orders 배열에는 3개의 주문 객체가 있습니다.

ComparableOrder 객체에 compareTo( ) 메서드를 호출하면 주문 시간을 기준으로 객체의 순서를 비교할 수 있습니다. 먼저 첫 번째 주문(orders[0])과 두 번째 주문(orders[1])의 비교입니다. 당연히 두 번째 주문이 주문 시간이 늦으므로 두 번째 주문의 orderDate 값이 더 큽니다. 첫 번째 주문과 세 번째 주문(orders[2])도 비교해 보았습니다. 세 번째 주문이 더 늦기 때문에 첫 번째 주문의 orderDate 값이 세 번째 주문보다 크다는 것은 거짓입니다.

compareTo( ) 메서드는 동등 비교에도 사용할 수 있습니다. 지금은 동일하게 두 번째 주문을 기준으로 compareTo( ) 메서드와 equals( ) 메서드의 호출 결과를 비교하였고 둘 다 참입니다.

마지막으로 가장 최근 주문을 탐색합니다. orders 배열의 요소 중 orderDate가 가장 큰 객체를 lastOrder 변수에 저장합니다.

예제의 실행 결과는 다음과 같습니다.

```
주문: {홍길동, 김밥천국, 참치김밥} >> 1596775461480
주문: {금나나, 중국집, 쟁반짜장} >> 1596775461580
주문: {박상욱, 일식집, 방어회} >> 1596775461680
order[0] < order[1] ? true
order[0] > order[2] ? false
order[1] == order[1] ? true
order[1].equals(order[1]) ? true
마지막 주문: 주문: {박상욱, 일식집, 방어회} >> 1596775461680
```

주문 시간을 기준으로 가장 최근 주문을 찾았습니다.

9. System 클래스

System 클래스에는 다양한 메서드들이 포함되어 있습니다. 가장 잘 알려진 메서드는 화면 출력을 위한 System.out.println( )입니다. System 클래스에는 생성자가 없으며 모든 메서드가 정적 메서드입니다.

System 클래스는 out, in, err이라는 표준 입출력 필드가 존재합니다.

주요 필드	내용
out	표준 출력 스트림. 예를 들면 System.out.println( )이 있음
in	표준 입력 스트림. 예를 들어 Scanner 클래스에 System.in 을 인자로 넘김
err	표준 오류 스트림. 표준 입출력 스트림과는 달리 오류 항목을 별도로 출력할 수 있음

[표 7-11] System 클래스의 주요 필드

주요 메서드는 다음과 같습니다.

주요 메서드	내용
currentTimeMillis( )	1970년 1월 1일을 기준으로 현재 시간까지의 차이를 long 값으로 반환함. 자바에서 현재 시간을 구할 때 널리 사용됨. 단위는 밀리초
nanoTime( )	자바 가상 머신(JVM)의 실행 시간 값을 반환함. 단위는 나노초
getEnv( )	모든 환경 변수의 키, 값 쌍을 반환
getEnv(String name)	name에 해당하는 환경 변수 값 반환
arraycopy(Object src, int srcPos, Object dest, int destPos, int length)	src에서 dest로 배열 복사

[표 7-12] System 클래스의 주요 메서드

System 클래스의 사용 예제는 다음과 같습니다.

파일 ch07_StandardAPIs/src/com/yudong80/java/ch07/SystemExample.java

```
package com.yudong80.java.ch07;


import java.util.Random;


public class SystemExample {
    public static void main(String[] args) {
        //1. 시간 측정
```

```java
        long sTime = System.currentTimeMillis();
        long sNano = System.nanoTime();

        createDummyObjects(100 _ 000);

        long timeMills = System.currentTimeMillis() - sTime;
        long timeNano = System.nanoTime() - sNano;
        System.out.println("시간 측정: " + timeMills + "ms ");
        System.out.println("시간 측정: " + timeNano + "ns ");


        //2. 환경 변수 (environment variables)
        System.out.println(System.getenv());
        System.out.println("PATH: " + System.getenv("PATH"));
    }

    static void createDummyObjects(int number) {
        Random r = new Random();
        for (int i=0; i < number; ++i) {
            new String("Dummy" + r.nextInt());
        }
    }
}
```

시간 측정은 두 가지로 가능합니다. System.currentTimeMillis( )는 밀리초 단위로 가능하며, 조금 더 정밀하게 측정하기 위해서는 System.nanoTime( )을 호출합니다.

sTime과 sNano 변수에는 기준 점을 잡고 createDummyObjects( ) 메서드를 호출하여 측정하고자 하는 동작을 실행합니다. 마지막으로 currentTimeMillis( )와 nanoTime( ) 메서드를 호출하여 동작의 전체 실행 시간을 계산합니다.

System.getEnv( )를 호출하면 내 PC의 전체 환경 변수를 반환합니다. 이 중에서 원하는 환경 변수(예, PATH)를 조회하려면 getEnv(name) 메서드를 호출합니다.

예제의 실행 결과는 다음과 같습니다.

```
시간측정:  42ms
시간측정:  42327500ns
<자세한 내용은 생략>
```

다음은 System.arrayCopy( ) 메서드 예제입니다.

파일 **ch07_StandardAPIs/src/com/yudong80/java/ch07/SystemArrayCopyExample.java**

```java
package com.yudong80.java.ch07;

public class SystemArrayCopyExample {
    public static void main(String[] args) {
        //1. 배열 변수
        char[] src = {'A', 'B', 'C', 'D', 'E'};
        char[] dest = {'J', 'K', 'L', 'M', 'N'};

        printArray("src", src);
        printArray("dest", dest);


        //2. 배열 복사
        System.arraycopy(src, 0, dest, 0, 3);
        printArray("dest 복사 후 ", dest);
    }

    static void printArray(String title, char[] arr) {
        StringBuilder sb = new StringBuilder("배열 ");
        sb.append(title + " = { ");
        for (char ch : arr) {
            sb.append(ch).append(',');
        }
        sb.deleteCharAt(sb.lastIndexOf(","));

        sb.append(" }");
        System.out.println(sb.toString());
    }
}
```

arraycopy( ) 메서드는 다수의 인자를 갖고 있습니다. API 문서만 보면 어려운데요, 한마디로 위의 문장은 "src 배열의 0번부터 3개의 원소를 가져다가 dest 배열의 0번부터 넣어라"입니다. 우리말로 이해해보니 쉽습니다.

만약 dest 배열에 복사할 것을 담을 수 있는 충분한 공간이 없다면 ArrayOutOfBoundsException이 발생하니 주의하세요. 예를 들어 다음과 같이 코드를 변경하면 오류가 발생합니다.

```
(문제 없음)   System.arraycopy(src, 0, dest, 0, 3);
(예외 발생)   System.arraycopy(src, 0, dest, 3, 3);
```

dest 배열은 길이가 5이므로 복사 가능한 인덱스는 0부터 4입니다. 그런데, dest 배열의 3번 인덱스부터 복사를 하면 3, 4, 5 인덱스까지 복사를 해야 하기 때문에 예외가 발생합니다.

배열을 보기좋게 표시하고자 printArray( ) 메서드를 만들었습니다. StringBuilder 클래스를 사용하면 원하는 양식으로 손쉽게 만들 수 있습니다. 마지막에 있는 콤마(,)를 제거하기 위해 deleteCharAt( )과 lastIndexOf( ) 메서드를 호출하였습니다. 앞서 책에서 소개하지는 않았지만 API 문서에는 이외에도 다양한 메서드가 제공되니 API 문서를 참고하여 다양한 메서드를 호출해보시기 바랍니다.

예제의 실행 결과는 다음과 같습니다.

```
배열 src = { A,B,C,D,E }
배열 dest = { J,K,L,M,N }
배열 dest 복사 후  = { A,B,C,M,N }
```

이번 장의 마무리

이번 장에서는 다양한 자바 표준 API들을 살펴보았습니다. 각 클래스의 기능과 주요 메서드를 기억하여 필요할 때 호출합니다. 사용법이 생각나지 않으면 키워드 검색을 통해 자바 API 문서에서 예제와 용법을 검색할 수 있습니다.

연습문제

01 다음 코드의 빈 칸을 채우세요.

```java
public class PrintNow {
    public static void main(String[] args) {
        Calendar cal = [ <빈 칸> ]
        System.out.println("현재 시간:" + cal.getTime());
    }
}
```

① new Calendar( );
② Date.getCalendar( );
③ Calendar.getInstance( );
④ Calendar.getTime( );

02 다음 코드의 결과를 적어보세요. 현재 시간은 2021년 10월 8일 오전 11시 13분으로 가정합니다.

```
public class PrintTimeFormat {
    public static void main(String[] args) {
        Date now = new Date();
        SimpleDateFormat f1 = new SimpleDateFormat("yyyyMMdd");
        SimpleDateFormat f2 = new SimpleDateFormat("hh:mm");
        System.out.println("날짜: " + f1.format(now));
        System.out.println("시간: " + f2.format(now));
    }
}
```

03 다음 중 StringBuilder 클래스에서 제공하는 메서드가 아닌 것은?

① append( )   ② toString( )   ③ substring( )   ④ remove( )

04 다음 코드의 빈 칸을 채우세요.

```
public class MathApis {
    public static void main(String[] args) {
        // 1. 절댓값 출력하기
        double num1 = -273.6
        System.out.println("절댓값: " + [     ] );
        //2. 반올림하기
        double num2 = 49.58
        System.out.println("반올림: " + [     ] );
    }
}
```

실습 문제

01 다음은 어떤 메서드의 실행 시간을 구하는 코드입니다. 빈 칸을 채우세요.

```java
package com.yudong80.java.ch07;

public class TimeKeeper {
    private int iteration = 1;
    private long sTime;
    private long eTime;

    public TimeKeeper(int iteration) {
        this.iteration = iteration;
    }

    private int targetMethod() {
        int sum = 0;
        for (int i=1; i <= 6 _ 000 _ 000; ++i) {
            sum += i;
        }
        return sum;
    }

    private void startMeasure() {
        //4. 반복 시간 측정하기
        sTime = [       ];
        for (int i=0; i < iteration; ++i) {
            targetMethod();
        }
        eTime = [       ];
    }

    private double getAverage() {
        //5. 측정 시간의 평균을 반환
```

```
            return [    ];
    }


    public static void main(String[] args) {
        //1. TimeKeeper 객체 생성 (100번 반복)
        int iteration = 100;
        TimeKeeper keeper = new TimeKeeper(iteration);


        //2. 측정 시작
        keeper.startMeasure();


        //3. 결과 측정
        double average = keeper.getAverage();
         System.out.println(iteration + "번 반복 측정한 평균 시간은 " + average
+ "ms 입니다.");
    }
}
```

실행 결과:
100번 반복 측정한 평균 시간은 2.42ms 입니다.

PART 8

자료구조

이 장의 내용

- List 인터페이스와 ArrayList 클래스
- Map 인터페이스와 HashMap 클래스
- Set 인터페이스와 HashSet 클래스
- Collections와 Arrays 클래스

8

자료구조

이번 장에서는 자바 컬렉션 프레임워크(Java Collection Framework)를 기반으로 자바 언어에서 자료구조를 다루는 법을 배웁니다. 배열을 넘어서 JCF에서 제공하는 다양한 자료구조의 개념을 배우고 그 쓰임새를 알아봅니다. 자료구조는 취업 시 코딩 시험에서 자주 나오며 실무 프로젝트에도 쓰이므로 잘 알아두어야 합니다.

1. 자료구조가 중요한 이유

Part2에서는 동일한 데이터 타입혹은 객체를 담을 수 있는 배열에 대해 배웠습니다. 배열은 선언과 동시에 정의할 수 있고 사용법이 쉽지만 다음과 같은 단점이 존재합니다.

❶ 정의된 크기에서 늘어나지 않음
❷ 데이터를 중간에 넣고 빼기 어려움
❸ 다양한 기능을 가진 메서드가 제공되지 않음
❹ 구현 클래스를 교체할 수 없음

자바 언어에서는 자바 컬렉션 프레임워크(Java Collection Framework; 이하 JCF)라는 라이브러리를 제공하며, 이 클래스들은 java.util 패키지에 있습니다.

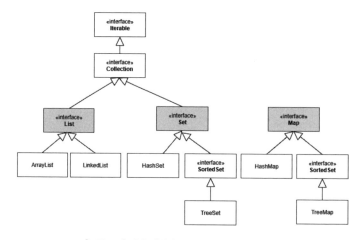

[그림 8-1] 자바 컬렉션 프레임워크의 주요 클래스

다양한 인터페이스와 클래스들이 존재하지만, 중요한 것은 List, Set, Map 인터페이스입니다. 각각은 다음과 같은 특징을 가집니다.

인터페이스	특징
List	배열의 확장판. 길이가 자동으로 늘어나며 데이터를 중간에 넣고 뺄 수 있음. 배열과 같이 인덱스 방식으로 데이터를 열람할 수 있음
Set	집합을 위한 자료구조. 동일한 데이터는 한 번만 들어가도록 제한할 수 있음
Map	키, 값 쌍으로 데이터를 저장하고 열람할 수 있음

[표 8-1] JCF 주요 인터페이스

자료구조는 왜 중요할까요? 실무에서 프로그램을 하다 보면 자료구조만 잘 구성해 놓아도 코딩할 것이 많이 줄어들고, 데이터가 늘어나도 성능이 준수하게 나오는 것을 알 수 있습니다. 알고리즘도 중요하지만 자료구조를 잘 선택하는 것이 우선입니다.

자료구조는 모든 분야의 프로그래밍에서 중요합니다. JCF에 나오는 각 인터페이스와 클래스의 특징을 잘 알고 그에 맞게 코딩해야 합니다.

필요에 따라 자바 표준 라이브러리 밖의 다른 자료구조를 찾아서 사용해보시길 추천드립니다. 예를 들면

❶ Google Guava[27]
❷ Apache Commons Collections[28]
❸ Eclipse Collections [29]

등이 있습니다. 자바를 계속 공부하다 보면 위의 라이브러리를 사용할 경우가 생기게 됩니다.

2. List 와 ArrayList 클래스

List 인터페이스는 배열의 단점을 극복합니다. 무엇보다 자료구조의 크기(size)에 대해서 걱정하지 않아도 되기에 편리합니다. List 인터페이스의 기본 구현은 ArrayList 클래스입니다. 이름에서도 알 수 있듯 배열의 기능을 제공합니다.

---

27 https://github.com/google/guava

28 https://commons.apache.org/proper/commons-collections/

29 https://www.eclipse.org/collections/

다음은 List 인터페이스의 주요 메서드를 목록입니다.

주요 메서드	내용
add(E e) add(int index, E element)	리스트의 마지막에 요소를 추가합니다. index 위치에 요소를 추가합니다.
addAll(Collection 〈? extends E〉 c) addAll(int index, Collection 〈? extends E〉 c)	리스트의 마지막에 컬렉션*을 추가합니다. index 위치에 컬렉션을 추가합니다.
clear( )	리스트에 있는 모든 항목을 제거합니다.
contains(Object o)	특정 객체가 있는지 확인
get(int index)	index 인덱스에 있는 요소를 반환
indexOf(Object o)	특정 객체가 리스트에 위치하는 index를 반환
isEmpty( )	리스트가 비어 있는지 확인
lastIndexOf(Object o)	특정 객체가 위치하는 마지막 index를 반환
remove(int index)	index 인덱스에 있는 요소를 제거하며 제거된 객체는 반환됩니다.
set(int index, E element)	index 인덱스에 요소를 넣음(해당 index에 요소가 이미 존재하면 새 것으로 교체함)
size( )	리스트의 요소의 개수를 반환함
toArray( )	Object[] 배열로 변환
toArray(T[] a)	T[] 배열로 변환 예) String[] 배열로 변환하기 위해서는 toArray(new String[0])과 같이 호출함

[표 8-2] List 인터페이스의 주요 메서드

* Collection 클래스는 JCF의 상위 클래스로 List와 Set 인터페스를 구현한 자료구조를 넣을 수 있습니다.

내용이 많지만 배열과 비교하면서 하나씩 알아보겠습니다. List 인터페이스에서 가장 널리 쓰이는 구현 클래스는 ArrayList입니다. 다음은 List와 ArrayList 클래스 예제입니다.

파일 **ch08_Collections/src/com/yudong80/java/ch08/ListBasic.java**

```java
package com.yudong80.java.ch08;


import java.util.ArrayList;
import java.util.List;


public class ListBasic {
```

```java
public static void main(String[] args) {
    //1. List 생성 (ArrayList 클래스)
    List<Integer> intList = new ArrayList<>();
    List<Double> doubleList = new ArrayList<>();
    List<String> stringList = new ArrayList<>();

    //2. 데이터 입력
    intList.add(1);
    intList.add(2);
    intList.add(3);

    //intList.add("문자열"); --> 컴파일 오류 발생

    doubleList.add(3.14);
    doubleList.add(100.57);
    doubleList.add(-3000.1);

    stringList.add("수성");
    stringList.add("목성");
    stringList.add("지구");

    //3. 개별 데이터 조회
    System.out.println("intList[0] = " + intList.get(0));
    System.out.println("intList[1] = " + intList.get(1));
    System.out.println("intList[2] = " + intList.get(2));

    //4. 반복문을 통한 데이터 조회
    for (int i=0; i< doubleList.size(); ++i) {
        System.out.println("doubleList[" + i + "] = " +
doubleList.get(i));
    }

    for (String planet : stringList) {
        System.out.println("행성: " + planet);
    }
```

```
    //5. List의 내용 출력
    System.out.println("intList = " + intList);
    System.out.println("doubleList = " + doubleList);
    System.out.println("stringList = " + stringList);
    }
}
```

List는 인터페이스이므로 객체를 생성하기 위해서는 구체 클래스가 필요합니다. List 인터페이스를 구현하는 대표 클래스는 ArrayList입니다. 따라서 다음과 같이 선언 및 객체를 생성합니다.

```
List<T> 변수명 = new ArrayList<>();
```

T는 제네릭(Generic)으로 내가 원하는 클래스명을 넣으면 됩니다. int, double, boolean과 같은 기본 데이터 타입은 사용할 수 없으므로 그에 맞는 래퍼 클래스를 넣어주면 됩니다.

래퍼 클래스	대응되는 기본 데이터 타입
Integer	int
Double	double
Boolean	boolean
Long	long
Float	float

[표 8-3] 기본 데이터 타입을 위한 래퍼 클래스

(그 외 Short, Byte, Character 클래스는 각각 short, byte, char형에 대응됨)

과거에는 new ArrayList〈Integer〉( )와 같이 객체를 생성할 때도 요소의 타입을 넣어주었으나 이제는 〈 〉만 써도 컴파일러가 자동으로 추론하기 때문에 소스 코드가 간결해졌습니다.

리스트에 데이터를 넣을 때는 add( ) 메서드를 호출하면 마지막에 추가됩니다. 만약 선언한 타입과 다른 값을 넣으려고 하면 컴파일 오류가 발생합니다.

리스트의 개별 데이터를 가져올 때는 get( ) 메서드를 호출합니다. 배열과 같이 인덱스는 0부터 시작합니다. 일반적으로는 for 문 혹은 for each 문을 사용하여 리스트의 내용을 조회합니다.

마지막으로 List의 항목을 화면에 출력할 때는 toString( ) 메서드를 호출합니다. System.out.println ( )에 인자로 넣으면 명시적으로 toString( ) 메서드를 호출하지 않아도 자동 호출됩니다.

예제의 실행 결과는 다음과 같습니다.

```
intList[0] = 1
intList[1] = 2
intList[2] = 3
doubleList[0] = 3.14
doubleList[1] = 100.57
doubleList[2] = -3000.1
행성: 수성
행성: 목성
행성: 지구
intList = [1, 2, 3]
doubleList = [3.14, 100.57, -3000.1]
stringList = [수성, 목성, 지구]
```

List에 정의된 다른 메서드의 사용법도 알아봅시다. 사실 위에서 언급한 add( ), get( )과 size( ) 메서드만 있어도 배열 정도의 조작은 가능하지만, 나머지 주요 메서드를 알게 되면 리스트의 활용도가 높아집니다.

파일 **ch08_Collections/src/com/yudong80/java/ch08/ListExampleV1.java**

```java
package com.yudong80.java.ch08;

import java.util.ArrayList;
import java.util.List;

public class ListExampleV1 {
    static List<String> preparePlanetList() {
        List<String> p = new ArrayList<>();
        p.add("수성");
        p.add("금성");
        p.add("지구");
        return p;
    }
    public static void main(String[] args) {
        //0. 데이터 준비
        List<String> planets = preparePlanetList();
```

```java
//1. add(index, E) 메서드
planets.add(3, "화성");
System.out.println("화성 추가 후:: " + planets);

//2. addAll() 메서드
List<String> otherPlanets = new ArrayList<>();
otherPlanets.add("목성");
otherPlanets.add("토성");
otherPlanets.add("천왕성");
planets.addAll(otherPlanets);
System.out.println("행성 추가 후: " + planets);

//3. clear() 메서드
planets.clear();
System.out.println("clear() 후: " + planets);

//4. isEmpty() 메서드
boolean isEmpty = planets.isEmpty();
int size = planets.size();
System.out.println("planets 리스트 비어있는가? " + isEmpty + " >
size? " + size);


    }


}
```

preparePlanetList( ) 메서드를 호출하여 데이터를 준비합니다. main( ) 메서드에서 기본값을 넣을 수도 있지만 명확한 이름을 가진 메서드로 분리해 놓으면 코드의 가독성이 높아집니다.

add(index, E) 메서드를 호출하면, 내가 원하는 위치에 데이터를 넣을 수 있습니다.

```java
planets.add(3, "화성");
```

인덱스 3에 "화성" 값을 넣습니다.

addAll( ) 메서드는 이미 만들어진 다른 리스트의 모든 요소들을 내 리스트에 넣는 것입니다. 만약 배열로 했다면 반복문을 사용해야 하기에 간결합니다.

```java
planets.addAll(otherPlanets);
```

otherPlanets 변수에 있는 값을 한 번에 planets 리스트로 넣어줍니다.

clear( ) 메서드는 리스트의 내용을 모두 지웁니다. 지운 후에는 isEmpty( ) 메서드를 호출하면 true가 반환됩니다. 리스트 객체를 처음 생성한 후에도 isEmpty( ) 메서드를 호출하면 true가 반환됩니다. 리스트가 비어 있으므로 size( ) 메서드를 호출하면 0이 나옵니다.

예제의 실행 결과는 다음과 같습니다.

```
화성 추가 후:: [수성, 금성, 지구, 화성]
행성 추가 후: [수성, 금성, 지구, 화성, 목성, 토성, 천왕성]
clear() 후: []
planets 리스트 비어있는가? true >> size? 0
```

다음은 두 번째 List 메서드 활용 예제입니다. contains( )와 indexOf( ) 메서드는 자주 활용되니 꼭 익혀두세요.

파일 ch08_Collections/src/com/yudong80/java/ch08/ListExampleV2.java

```java
package com.yudong80.java.ch08;


import java.util.List;


public class ListExampleV2 {
    private static final String EARTH = "지구";
    private static final String SATURN = "토성";


    public static void main(String[] args) {
        //0. 데이터 준비
        List<String> planets = ListExampleV1.preparePlanetList();


        //1. contains() 메서드
        boolean hasEarth = planets.contains(EARTH);
        boolean hasSaturn = planets.contains(SATURN);
        System.out.println("지구가 존재하는가? " + hasEarth);
```

```java
        System.out.println("토성이 존재하는가? " + hasSaturn);

        //2. indexOf() 메서드
        int earthIndex = planets.indexOf(EARTH);
        int saturnIndex = planets.indexOf(SATURN);
        System.out.println("지구의 index? " + earthIndex);
        System.out.println("토성의 index? " + saturnIndex);

        //3. lastIndexOf() 메서드
        planets.add("지구");

        int lastEarthIndex = planets.lastIndexOf(EARTH);
        System.out.println("지구의 마지막 index? " + lastEarthIndex);

        //4. remove() 메서드
        planets.remove(lastEarthIndex);

        //5. set() 메서드
        planets.set(earthIndex, "지구(Earth)");
        System.out.println("행성들: " + planets);

        //6. toArray() 메서드
        String[] planetArr = planets.toArray(new String[0]);
        for (String planet : planetArr) {
            System.out.println("행성: " + planet);
        }
    }
}
```

데이터의 준비는 ListExampleV1 클래스의 preparePlanetList( ) 메서드를 재활용합니다. contains( ) 메서드는 어떤 객체가 리스트에 존재하는지 여부를 boolean 값으로 반환합니다.

```java
boolean hasEarth = planets.contains(EARTH);
```

리스트에 지구(EARTH)가 존재하면 true가, 그렇지 않으면 false가 hasEarth 변수에 반환됩니다.

indexOf( ) 메서드는 어떤 객체가 리스트에 존재한다면 해당 위치 값(index)을 반환하고, 만약 존재하지 않으면 −1을 반환합니다.

```
int earthIndex = planets.indexOf(EARTH);
int saturnIndex = planets.indexOf(SATURN);
```

각각 지구(EARTH)와 토성(SATURN) 값이 존재하면 해당 index를, 존재하지 않으면 −1 값이 각각 earthIndex와 saturnIndex 변수에 할당됩니다.

lastIndexOf( ) 메서드는 어떤 객체가 리스트에 다수 존재하는 경우 마지막 index를 반환합니다. 존재하지 않으면 −1을 반환합니다. remove( ) 메서드는 인자로 받은 인덱스에 항목을 제거합니다.

```
planets.remove(lastEarthIndex);
```

예제에서는 지구의 마지막 index를 인자로 넣어 마지막에 있는 지구 항목을 제거합니다. remove( ) 메서드를 호출하여 어떤 index를 값을 제거하면 그 뒤에 있는 값들이 당겨집니다. 이것이 배열과는 다른 점입니다.

toArray( ) 메서드는 리스트를 배열로 변환합니다.

```
String[] planetArr = planets.toArray(new String[0]);
```

인수로 new String[0]을 넘기는 이유는 String 배열로 반환하기 위함입니다. 만약 인자를 넣지 않으면 반환형이 Object[]가 되어 사용 시 불편합니다. 실제로 Object의 리스트일 때만 인자를 생략합니다.

예제의 실행 결과는 다음과 같습니다.

```
지구가 존재하는가? true
토성이 존재하는가? false
지구의 index? 2
토성의 index? -1
지구의 마지막 index? 3
행성들: [수성, 금성, 지구(Earth)]
행성: 수성
행성: 금성
행성: 지구(Earth)
```

배열은 리스트와 여러 면에서 비교할 수 있습니다. 다음은 배열과 리스트의 장점과 단점입니다. 앞으로 배열보다는 리스트를 사용하시길 권장합니다. 다양한 기능을 제공하며, 개발자가 오류 걱정을 하지 않아도 됩니다. ArrayList 클래스의 성능은 검증되었습니다.

	배열	리스트
장점	생성 및 사용이 쉬움	크기가 동적으로 늘어남 기능이 풍부함 List 인터페이스로 다형성 제공
단점	배열의 크기가 고정됨	거의 없음*

[표 8-4] 배열과 리스트의 장단점 비교

* 배열에 비해 필요한 메모리량이 많지만 큰 차이 없음

다음은 배열과 리스트의 기능별 비교입니다.

	배열	리스트	리스트의 메서드
추가	중간에 넣기만 가능	마지막에 넣기 중간에 넣기	add( ) set( )
다수의 추가	불가	가능	addAll( )
삭제	가능	가능	remove( )*
모두 삭제	불가	가능	clear( )
비어 있는지 확인	불가	가능	isEmpty( )
내용 표시	불가	가능	toString( )
내용 검색	불가	가능	contains( ) indexOf( ) lastIndexOf( ) 등

[표 8-5] 배열과 리스트의 세부 기능별 비교

* remove( ) 시 뒤에 있는 데이터가 모두 당겨짐

3. Map과 HashMap 클래스

리스트와 더불어 가장 빈번하게 사용하는 자료구조입니다. 반드시 내용을 익히고 다양한 방법으로 사용하시기 바랍니다. Map의 대표적인 구현 클래스는 HashMap입니다.

배열과 리스트가 값들의 모음이라면 Map은 쌍(키, 값)입니다. 예를 들어 각 나라의 수도를 저장하는 데이터베이스가 있다고 합시다. [표 8-6]과 같이 표로 표현할 수 있습니다. 리스트와는 다르게 데이터의 저장 순서는 생각하지 않아도 됩니다. 키만 넣으면 그에 대응되는 값을 조회할 수 있습니다. 리스트의 인

덱스가 숫자로 한정된다면 맵의 인덱스는 Integer, String부터 어떤 객체든 넣을 수 있습니다.

국가(키)	수도(값)
대한민국	서울
미국	워싱턴DC
스웨덴	스톡홀름
영국	런던

[표 8-6] 나라와 수도

이때 국가는 키이고 그에 대응하는 수도는 값입니다. 또한 식별자(Identifier; 이하 ID)가 붙는 모든 자료들은 쌍(키, 값)으로 표현할 수 있습니다. Map에서는 같은 키가 중복될 수 없으며, 키에 대응하는 값은 1개만 등록할 수 있습니다.

다음은 Map 인터페이스의 주요 메서드입니다.

주요 메서드	내용
put(K key, V value)	key에 value 값을 넣습니다. 만약 key가 기존에 있다면 value 값을 교체합니다.
get(Object key)	key에 매핑된 값을 반환합니다.
getOrDefault(Object key, V defaultValue)	key에 매핑된 값을 반환하되 그 값이 존재하지 않으면 defaultValue를 반환합니다.
remove(Object key)	key와 매핑된 값을 제거합니다.
containsKey(Object key)	key가 존재하는지 확인합니다.
isEmpty( )	맵이 비어 있는지 확인합니다.
keySet( )	key 집합을 반환합니다.
putAll(Map⟨? extends K, ? extends V⟩ m)	m 맵에 있는 내용을 나의 맵에 추가합니다.
putIfAbsent(K key, V value)	key에 매핑된 값이 존재하지 않는 경우에만 value 값을 넣습니다.
clear( )	맵의 내용을 모두 제거합니다

[표 8-7] Map 인터페이스의 주요 메서드

이외에도 활용 할 수 있는 다수의 메서드가 있으나 위에서 소개한 메서드 정도만 알고 있어도 맵을 활용하는데 어려움은 없습니다. 나머지는 API 문서를 참고하세요. Map과 HashMap 클래스를 활용한 예제는 다음과 같습니다. [30]

---

30 https://docs.oracle.com/javase/8/docs/api/java/util/Map.html

```java
package com.yudong80.java.ch08;

import java.util.HashMap;
import java.util.Map;

public class MapBasic {
    static Map<String, String> prepareCapitalMap() {
        Map<String, String> map = new HashMap<>();
        map.put("대한민국", "서울");
        map.put("미국", "워싱턴DC");
        map.put("스웨덴", "스톡홀름");
        map.put("영국", "런던");
        return map;
    }
    public static void main(String[] args) {
        //0. 자료 준비
        Map<String, String> capitalMap = prepareCapitalMap();

        //1. put() 메서드
        capitalMap.put("호주", "캔버라");
        System.out.println("수도 맵 = " + capitalMap + "\n");

        //2. get() 메서드
        String capitalKR = capitalMap.get("대한민국");
        String capitalUS = capitalMap.get("미국");
        String capitalCN = capitalMap.get("캐나다");
        System.out.println("대한민국의 수도? " + capitalKR);
        System.out.println("미국의 수도? " + capitalUS);
        System.out.println("캐나다의 수도? " + capitalCN);

        //3. getOrDefault() 메서드
        capitalCN = capitalMap.getOrDefault("캐나다", "N/A");
        System.out.println("캐나다의 수도? " + capitalCN);
```

```
        //4. 맵 내용 조회
        System.out.println("\ncapitalMap 조회: ");
        for (String country : capitalMap.keySet()) {
            String capital = capitalMap.get(country);
            System.out.println(country + "의 수도는? " + capital);
        }
    }
}
```

맵을 생성하는 방법은 다음과 같습니다.

```
Map<K, V> 변수이름 = new HashMap<>();
```

K는 키의 데이터 타입으로 어떤 객체 타입도 사용할 수 있습니다. 주로 사용되는 키의 데이터 타입은 Integer와 String입니다. 리스트와 마찬가지로 int, double과 같은 원시 데이터 타입은 넣을 수 없으므로 Integer, Double 같은 래퍼 클래스를 사용하면 됩니다.

V는 값의 데이터 타입으로 원하는 클래스를 넣습니다.

맵의 기본 구현은 HashMap 클래스입니다. 그 외의 클래스는 필요 시 적용하면 됩니다. 예를 들어 TreeMap 클래스는 키가 레드 블랙 트리(Red-Black Tree)로 정렬되어 있습니다.[31]

맵에 데이터를 추가하는 방법은 put( ) 메서드를 호출합니다. 앞서 선언한 K, V 타입에 맞는 데이터를 넣어야 하며 타입이 다르면 컴파일 오류가 발생합니다.

맵의 데이터를 조회하려면 get( ) 메서드를 호출합니다. 예를 들어 capitalMap에는 존재하지 않는 "캐나다"로 조회하면 null이 반환됩니다. 만약 null 대신 다른 값(예, "N/A")을 반환하려면 getOrDefault( ) 메서드를 호출합니다. getOrDefault( )는 꼭 필요할 때만 사용하며 가능하면 맵에 존재하는 데이터만 다루는 것이 좋습니다.

리스트와 마찬가지로 HashMap 클래스도 toString( ) 메서드를 편리하게 구성해 놓았기 때문에 그 자체로 System.out.println( )에 넣으면 속해 있는 키와 값을 표시합니다.

```
{미국=워싱턴DC, 스웨덴=스톡홀름, 영국=런던, 대한민국=서울, 호주=캔버라}
```

맵 내용을 조회할 때는 항상 키를 통해서 값을 얻어야 합니다. 따라서 keySet( ) 메서드를 호출하여 키의

---

31   https://ko.wikipedia.org/wiki/레드-블랙_트리

집합을 얻고 그것으로 get( ) 메서드를 호출합니다. keySet( ) 메서드에 대해서는 MapExampleV1.java 예제에서 설명합니다.

예제의 실행 결과는 다음과 같습니다.

```
수도 맵 = {미국=워싱턴DC, 스웨덴=스톡홀름, 영국=런던, 대한민국=서울, 호주=캔버라}

대한민국의 수도? 서울
미국의 수도? 워싱턴DC
캐나다의 수도? null
캐나다의 수도? N/A


capitalMap 조회:
미국의 수도는? 워싱턴DC
스웨덴의 수도는? 스톡홀름
영국의 수도는? 런던
대한민국의 수도는? 서울
호주의 수도는? 캔버라
```

다음은 맵의 몇 가지 API 활용 예제입니다. 대부분 메서드 이름에서 그 쓰임을 그대로 유추할 수 있기에 어렵지 않습니다.

파일 ch08_Collections/src/com/yudong80/java/ch08/MapExampleV1.java

```java
package com.yudong80.java.ch08;

import java.util.Map;
import java.util.Set;

public class MapExampleV1 {
    private static final String KEY_FR = "프랑스";
    private static final String KEY_EN = "영국";

    public static void main(String[] args) {
        //0. 자료 준비
        Map<String, String> capitalMap = MapBasic.prepareCapitalMap();
```

```
//1. remove() 메서드
System.out.println("원본 맵: " + capitalMap);
capitalMap.remove(KEY_FR); //존재하지 않는 키를 제거해도 오류가 발생하지 않습니다.
capitalMap.remove(KEY _ EN);
System.out.println("영국 제거 후: " + capitalMap);


//2. keySet() 메서드
Set<String> keySet = capitalMap.keySet();
for (String key : keySet) {
    System.out.println("키: " + key);
}


//3. containsKey() 메서드
boolean hasFranceKey = capitalMap.containsKey(KEY _ FR);
boolean hasEnglandKey = capitalMap.containsKey(KEY _ EN);
System.out.println(KEY _ FR + " 키 존재? " + hasFranceKey);
System.out.println(KEY _ EN + " 키 존재? " + hasEnglandKey);


//4. clear(), isEmpty() 메서드
capitalMap.clear();
System.out.println("clear() 후 맵 = " + capitalMap);
System.out.println("isEmpty()? " + capitalMap.isEmpty());
    }
}
```

remove( ) 메서드는 키를 기준으로 데이터를 삭제합니다. 만약 존재하지 않는 키를 제거해도 오류가 발생하지는 않습니다. 존재하는 키를 제거하면 데이터도 함께 제거됩니다.

keySet( ) 메서드는 맵의 키 집합을 반환합니다. 키가 집합에 저장되어 있는 이유는 중복을 허용하지 않기 때문입니다. 리스트와 같으나 내용의 중복을 허용하지 않고 순서를 매기지 않는 차이가 있습니다. 집합에 대해서는 다음 절에서 다시 설명합니다. 키 집합도 for each 문에 넣어 조회할 수 있습니다.

containsKey( ) 메서드는 어떤 키가 맵에 존재하는지 확인합니다. 정확히는 키 집합에서 존재하는지 여부를 반환합니다.

clear( ) 메서드는 맵의 키와 데이터를 모두 제거하며 isEmpty( ) 메서드는 맵이 비어 있는지 여부를 반환합니다. 예제의 실행 결과는 다음과 같습니다.

```
원본 맵: {미국=워싱턴DC, 스웨덴=스톡홀름, 영국=런던, 대한민국=서울}
영국 제거 후: {미국=워싱턴DC, 스웨덴=스톡홀름, 대한민국=서울}
키: 미국
키: 스웨덴
키: 대한민국
프랑스 키 존재? false
영국 키 존재? false
clear() 후 맵 = {}
isEmpty()? true
```

이제 두 개의 메서드가 남았습니다. 다음은 putAll( ) 메서드와 putIfAbsent( ) 메서드의 활용 예제입니다.

파일 ch08_Collections/src/com/yudong80/java/ch08/MapExampleV2.java

```java
package com.yudong80.java.ch08;

import java.util.HashMap;
import java.util.Map;

public class MapExampleV2 {
    public static void main(String[] args) {
        //0. 자료 준비
        Map<String, String> capitalMap = MapBasic.prepareCapitalMap();

        //1. putAll() 메서드
        Map<String, String> others = new HashMap<>();
        others.put("프랑스", "파리");
        others.put("스페인", "마드리드");
        others.put("대한민국", "서울(Seoul)");
        capitalMap.putAll(others);

        System.out.println("putAll() 후 맵: " + capitalMap);

        //2. putIfAbsent() 메서드
```

```
        capitalMap.putIfAbsent("이탈리아", "로마");

        System.out.println("putIfAbsent() 후 맵: " + capitalMap);

    }
}
```

putAll( ) 메서드는 리스트의 addAll( ) 메서드와 동일합니다. 만약 키가 중복된다면 새로운 데이터로 교체됩니다. 예를 들어 "대한민국" 키는 이미 존재하므로 기존의 "서울" 값은 "서울(Seoul)"로 대체됩니다.

putIfAbsent( ) 메서드는 흥미롭습니다. 데이터를 무조건 추가하는 것이 아니라 키가 없을 때만 새롭게 데이터를 추가합니다. 만약 키가 존재하는 경우에는 아무 작업도 하지 않습니다.

예제의 실행 결과는 다음과 같습니다.

> putAll() 후 맵: {**프랑스=파리, 스페인=마드리드,** 미국=워싱턴DC, 스웨덴=스톡홀름, 영국=런던, **대한민국=서울(Seoul)**}
> putIfAbsent() 후 맵: {프랑스=파리, 스페인=마드리드, 미국=워싱턴DC, 스웨덴=스톡홀름, 영국=런던, 대한민국=서울(Seoul), **이탈리아=로마**}

맵은 데이터의 순서가 중요하지 않기 때문에 put( )으로 결과 출력 시 순서가 고정되지 않습니다.

다음은 리스트와 맵의 기능 비교입니다. 내용을 보면 맵과 리스트는 키의 존재 유무만 다를 뿐 근본적으로 거의 유사한 기능들을 지원합니다.

	리스트	맵	리스트의 메서드	맵의 메서드
크기 변경	자동으로 늘어남	좌동	NA	NA
추가	마지막에 추가 중간에 추가	마지막에 추가 부재 시에 추가	add( ) set( )	put( ) putIfAbsent( )
다수 추가	지원	지원	addAll( )	putAll( )
삭제	지원	지원	remove( )	좌동
모두 삭제	지원	지원	clear( )	좌동
비어 있는지 확인	지원	지원	isEmpty( )	좌동
내용 검색	지원	지원	contains( ) indexOf( ) lastIndexOf( )	containsKey( )

[표 8-8] 리스트와 맵의 기능과 메서드 비교

4. Set과 HashSet 클래스

자바 컬렉션 프레임워크에서 중요한 인터페이스 중 마지막인 집합(Set)입니다. 집합은 리스트와 유사하며 값의 중복을 허용하지 않는 점만 다릅니다. 집합은 맵의 키를 저장(keySet( ) 메서드)할 때도 사용됩니다.

집합 인터페이스의 주요 메서드는 다음과 같습니다.

주요 메서드	내용
add( )	집합에 요소 추가
addAll(Collection⟨? extends E⟩ c)	다른 집합을 추가
contains(Object o)	객체가 존재하는지 여부 반환
iterator( )	집합 내부를 순회할 수 있는 반복자(Iterator) 반환
remove(Object o)	집합에서 요소를 제거
clear( )	포함된 요소를 모두 제거
isEmpty( )	비어 있는지 여부를 반환
size( )	집합의 크기를 반환
toArray( ) toArray(T[] a)	배열로 변환

[표 8–9] Set 인터페이스의 주요 메서드

다음은 집합의 기본 메서드 예제입니다.

파일 ch08_Collections/src/com/yudong80/java/ch08/SetBasic.java

```java
package com.yudong80.java.ch08;

import java.util.HashSet;
import java.util.Set;

public class SetBasic {
    static Set<String> prepareAlphabets() {
        Set<String> set = new HashSet<>();
        set.add("A");
        set.add("B");
```

```java
        set.add("C");

        set.add("D");

        return set;

    }

    public static void main(String[] args) {

        //0. 자료 준비

        Set<String> alphabets = prepareAlphabets();


        //1. add() 메서드

        alphabets.add("B"); //중복 요소는 추가되지 않음

        System.out.println("집합: " + alphabets);


        //2. remove() 메서드

        alphabets.remove("B");

        System.out.println("B 제거 후 집합: " + alphabets);


        //3. size() 메서드

        System.out.println("집합 크기: " + alphabets.size());


        //4. 내용 조회

        for (String a : alphabets) {

            System.out.println("알파벳: " + a);

        }

    }

}
```

집합의 기본 클래스는 HashSet입니다. 생성 방법은 리스트와 동일합니다.

집합은 중복을 허용하지 않기 때문에 중복 요소는 추가되지 않습니다. remove( ) 메서드는 요소를 제거합니다. size( ) 메서드는 집합의 크기를 반환합니다. 내용을 조회할 때는 for each 문을 사용합니다. 인덱스가 없기 때문에 일반 for 문은 사용할 수 없습니다. 이때는 다음 예제에서 설명할 iterator( ) 메서드를 활용해야 합니다.

예제의 실행 결과는 다음과 같습니다.

```
집합: [A, B, C, D]
B 제거 후 집합: [A, C, D]
집합 크기: 3
알파벳: A
알파벳: C
알파벳: D
```

다음은 나머지 메서드의 활용 예제입니다. 데이터는 SetBasic 클래스의 것을 그대로 사용합니다.

파일 ch08_Collections/src/com/yudong80/java/ch08/SetExample.java

```java
package com.yudong80.java.ch08;

import java.util.HashSet;
import java.util.Iterator;
import java.util.Set;

public class SetExample {
    public static void main(String[] args) {
        //0. 자료 준비
        Set<String> alphabets = SetBasic.prepareAlphabets();

        //1. addAll() 메서드
        Set<String> others = new HashSet<>();
        others.add("D");
        others.add("E");
        alphabets.addAll(others);

        //2. contains() 메서드
        System.out.println("집합에 A 포함? " + alphabets.contains("A"));
        System.out.println("집합에 K 포함? " + alphabets.contains("K"));

        //3. iterator() 메서드
        Iterator<String> iterator = alphabets.iterator();
        while (iterator.hasNext()) {
            System.out.println("알파벳: " + iterator.next());
```

```
        }

        //4. toArray() 메서드
        String[] alphas = alphabets.toArray(new String[0]);
        System.out.println("알파벳[0]: " + alphas[0]);


        //5. clear() , isEmpty() 메서드
        alphabets.clear();
        System.out.println("clear() 후 빈 집합? " + alphabets.isEmpty());
    }
}
```

addAll( ) 과 contains( ) 메서드는 리스트와 동일합니다.

iterator( ) 메서드는 인덱스가 없는 집합의 데이터를 조회할 때 사용합니다. 반환형은 Iterator 인터페이스
이고 hasNext( )와 next( ) 메서드를 포함합니다.

```
public interface Iterator<E> {
    boolean hasNext();
    E next();
}
```

for each 문으로 집합의 데이터를 조회한 것처럼 hasNext( ) 메서드가 true를 반환하는 동안 next( ) 메서
드를 호출하여 데이터를 가져옵니다. for each 문으로 충분히 가능하기 때문에 권하는 방법은 아닙니다.

toArray( ), clear( ), isEmpty( ) 메서드도 리스트와 동일합니다. 예제의 실행 결과는 다음과 같습니다.

```
집합에 A 포함? true
집합에 K 포함? false
알파벳: A
알파벳: B
알파벳: C
알파벳: D
알파벳: E
알파벳[0]: A
clear() 후 빈 집합? true
```

5. Collections 와 Arrays 클래스

앞서 배운 리스트, 맵, 집합 외에도 java.util 패키지에는 자료구조를 지원하는 클래스들이 존재합니다. Collections 클래스는 리스트, 맵, 집합에 사용하며 Arrays 클래스는 배열 관련 메서드들을 제공합니다. 모두 유틸리티 클래스로 생성자는 제공하지 않고 static 메서드로 구성되어 있습니다.

유용한 Collections 클래스의 메서드들을 알아봅시다. 이름이 Collections인 이유는 이 클래스가 List와 Set 의 부모 클래스인 Collection 클래스의 수준에서 유용한 메서드를 제공하기 때문입니다. 물론 Map 도 포함합니다. 자바 언어에선 XXXXs 라는 이름의 클래스는 대체로 XXXX의 유틸리티 역할을 하는 공통점 이 존재합니다.[32]

주요 메서드	내용
unmodifiableList(List⟨? extends T⟩ list)	변경할 수 없는 리스트를 반환합니다
unmodifiableMap(Map⟨? extends K,? extends V⟩ m)	변경할 수 없는 맵을 반환합니다
unmodifiableSet(Set⟨? extends T⟩ s)	변경할 수 없는 집합을 반환합니다
swap(List⟨?⟩ list, int i, int j)	리스트에 있는 i번째와 j번째 요소를 교환합니다.
shuffle(List⟨?⟩ list)	리스트의 요소를 무작위로 섞습니다.

[표 8-9] Collections 클래스의 주요 메서드

다음은 Collections 클래스의 주요 메서드 사용 예제입니다.

파일 **ch08_Collections/src/com/yudong80/java/ch08/CollectionsExample.java**

```
package com.yudong80.java.ch08;



import java.util.Collections;

import java.util.List;

import java.util.Map;

import java.util.Set;


public class CollectionsExample {

    public static void main(String[] args) {
```

---

32 예를 들면 Objects가 있습니다. 모든 XXXXs 클래스가 그런 것은 아닙니다.

```java
        //0. 데이터 준비
        List<String> aList = ListExampleV1.preparePlanetList();
        Map<String, String> aMap = MapBasic.prepareCapitalMap();
        Set<String> aSet = SetBasic.prepareAlphabets();

        //1. unmodifiableList/Map/Set() 메서드
        aList = Collections.unmodifiableList(aList);
        aMap = Collections.unmodifiableMap(aMap);
        aSet = Collections.unmodifiableSet(aSet);

        //aList.add("무언가"); //런타임 오류 발생
        //aMap.put("키", "무언가"); //런타임 오류 발생
        //aSet.add("무언가"); //런타임 오류 발생

        //2. swap() 메서드
        List<String> modifiableList = prepareSolarSystem();
        System.out.println("swap 전: " + modifiableList);

        Collections.swap(modifiableList, 0, 1);
        System.out.println("swap 전: " + modifiableList);

        //3. shuffle() 메서드
        System.out.println("shuffle 전: " + modifiableList);

        Collections.shuffle(modifiableList);
        System.out.println("shuffle 후: " + modifiableList);
    }

    static List<String> prepareSolarSystem() {
        List<String> base = ListExampleV1.preparePlanetList();
        base.add("목성");
        base.add("토성");
        base.add("천왕성");
        return base;
    }
}
```

먼저 데이터 준비는 앞서 리스트, 맵, 집합 예제에서 사용한 것을 그대로 활용합니다. 여기에서는 변경 가능 여부가 중요하기 때문에 데이터의 내용은 중요하지 않습니다. 그래서 변수 이름도 aList, aMap, aSet 과 같이 정의하였습니다. 변수 이름을 잘 정해 놓으면 코드의 의도를 분명히 할 수 있습니다.

unmodifiableList/Map/Set( )은 이름처럼 해당 자료구조를 변경 불가능으로 만듭니다.[33] 따라서 추가, 삭제, 변경이 모두 불가합니다. 만약 주석을 해제하고 실행하면 다음과 같이 UnsupportedOperation Exception 예외가 발생합니다. 예외에 대해서는 Part9에서 배웁니다.

```
Exception in thread "main" java.lang.UnsupportedOperationException
    at java.util.Collections$UnmodifiableCollection.add(Unknown Source)
    at com.yudong80.java.ch08.CollectionsExample.main(CollectionsExam-
ple.java:21)
```

어떤 자료구조를 더 이상 변경하지 않아도 된다면 반드시 Collections.unmodifiableList/Map/Set( ) 메서드를 호출하시기 바랍니다. 변경이 불가능하면 앞으로 데이터가 동일하기 때문에 코딩할 때 고려할 사항이 많이 줄어듭니다. 데이터도 그대로이고 사이즈도 동일하며, 비어 있거나 null일 확률이 없어지기 때문입니다. 코드의 의도를 분명히 할 수 있어 좋습니다.

앞서 aList, aMap, aSet이 모두 변경이 불가하기 때문에 modifiableList 변수의 이름은 변경이 가능하다는 modifiable가 붙었습니다. prepareSolarSystem( ) 메서드를 보시면 ListExampleV1.preparePlanetList( ) 메서드를 재활용합니다. swap( ) 메서드는 i와 j 인덱스의 요소를 교체합니다.

마지막으로 shuffle( ) 메서드는 자주 사용하진 않지만 흥미를 위해 넣어봤습니다. 어떤 리스트의 순서를 무작위로 섞어야 하는 경우에 사용합니다. 복권이나 추첨 관련 로직에서 활용할 수 있습니다. 예제의 실행 결과는 다음과 같습니다.

```
swap 전: [수성, 금성, 지구, 목성, 토성, 천왕성]
swap 전: [금성, 수성, 지구, 목성, 토성, 천왕성]
shuffle 전: [금성, 수성, 지구, 목성, 토성, 천왕성]
shuffle 후: [수성, 금성, 토성, 목성, 천왕성, 지구]
```

다음은 Arrays 클래스입니다. 이 클래스는 Collections 클래스와 같이 배열 관련 정적 유틸리티 메서드를 제공합니다.

---

33 불변(immutable)과는 다릅니다. 변경 불가능이 맞습니다.

주요 메서드	내용
asList(T··· a)	입력받은 값으로 리스트를 만듭니다.
copyOf(int[] original, int newLength) copyOf(double[] original, int newLength) copyOf(T[] original, int newLength)	original 배열을 기반으로 newLength 길이를 갖는 새로운 배열을 반환합니다. 만약 original 배열보다 새로운 배열의 길이가 길다면 기본값(false, 0, 0.0 혹은 null)으로 채우고, 길이가 짧다면 내용을 자릅니다.
equals(int[] a, int[] b) equals(double[] a, double[] b)	두 배열의 순서와 값이 같은지 비교합니다.
fill(int[] a, int val) fill(double[] a, double val)	배열을 val 값으로 채웁니다.
toString(int[] a) toString(double[] a)	List, Map 등의 toString( )처럼 배열의 값들을 나열한 문자열을 반환합니다.

[표 8-10] Arrays 클래스의 주요 메서드

파일 **ch08_Collections/src/com/yudong80/java/ch08/ArraysExample.java**

```java
package com.yudong80.java.ch08;

import java.util.Arrays;
import java.util.List;

public class ArraysExample {
    public static void main(String[] args) {
        //1. asList() 메서드
        List<String> planets = Arrays.asList(
                "수성", "목성", "토성");

        List<String> capitals = Arrays.asList(new String[] {
                "서울", "워싱턴DC", "스톡홀름"
        });

        String[] alphas = {"A", "B", "C", "D", "E"} ;
        List<String> alphabets = Arrays.asList(alphas);

        System.out.println("행성 리스트: " + planets);
```

```java
        System.out.println("수도 리스트: " + capitals);

        System.out.println("알파벳: " + alphabets);


        //2. copyOf() 메서드
        String[] abc = Arrays.copyOf(alphas, 3);

        String[] abcde = Arrays.copyOf(alphas, 5);

        String[] abcde10 = Arrays.copyOf(alphas, 10);


        //3. toString() 메서드
        System.out.println("abc 배열: " + Arrays.toString(abc));

        System.out.println("abcde 배열: " + Arrays.toString(abcde));

        System.out.println("abcde10 배열: " + Arrays.toString(abcde10));


        //4. equals() 메서드
        boolean chk1 = Arrays.equals(alphas, abc);

        boolean chk2 = Arrays.equals(alphas, abcde);

        boolean chk3 = Arrays.equals(alphas, abcde10);


        System.out.println("alphas 배열 == abc 배열? " + chk1);

        System.out.println("alphas 배열 == abcde 배열? " + chk2);

        System.out.println("alphas 배열 == abcde10 배열? " + chk3);


        //5. fill() 메서드
        int[] zeros = new int[5]; //초기값은 0

        System.out.println("zeros 배열: " + Arrays.toString(zeros));


        Arrays.fill(zeros, 1);

        System.out.println("fill(1) 배열: " + Arrays.toString(zeros));

    }

}
```

asList( ) 메서드는 유용합니다. 리스트는 사용하기는 쉽지만 데이터를 처음 넣을 때 일일이 add( ) 메서드를 호출해야 하는 번거로움이 있습니다. 따라서 고정된 배열에서 리스트를 만드는 경우 asList( ) 메서드를 활용하면 유용합니다. [34]

---

[34] 자바 9에서는 불변(immutable) 리스트를 바로 생성할 수 있는 List.of( ) 메서드를 제공합니다.

asList( )를 호출하는 방법은 크게 3가지입니다.

❶ 인자로 다수의 값을 넣기 (가변 인수)
❷ 배열을 새로 생성해서 넣기
❸ 배열 변수를 인자로 넣기

왜 3가지가 모두 가능할까요? 자바 언어에서는 asList(T… a)를 가변 인수(Varargs)라 부릅니다. 메서드를 호출하면 인자를 원하는 만큼 넣을 수 있지만 내부적으로 배열로 처리합니다. 그렇기 때문에 가변 인수와 배열은 결과가 같습니다.

copyOf( ) 메서드는 주어진 배열을 newLength 만큼 복사하는 기능을 합니다. 만약 주어진 배열의 길이보다 newLength 인수가 작거나 같으면 그만큼 배열을 복사하고, newLength 인수가 더 크면 남은 공간은 초기값이나 null로 채웁니다.   예를 들어 int와 long 배열은 0으로, float와 double 배열은 0.0으로, boolean 배열은 false로 String 배열과 같은 객체 배열은 null로 채웁니다.

toString( ) 메서드는 배열의 원소를 읽기 쉽게 표현해줍니다. 앞서 예제에서는 printArray( ) 등의 메서드를 만들어 썼지만 Arrays.toString( ) 메서드를 호출하면 됩니다.

마지막으로 fill( ) 메서드는 배열의 전체를 val 인자 값으로 채웁니다. 0이 아닌 다른 값(예, −1)으로 배열을 초기화할 때 사용합니다. 예제의 실행 결과는 다음과 같습니다.

```
행성 리스트: [수성, 목성, 토성]
수도 리스트: [서울, 워싱턴DC, 스톡홀름]
알파벳: [A, B, C, D, E]
abc 배열: [A, B, C]
abcde 배열: [A, B, C, D, E]
abcde10 배열: [A, B, C, D, E, null, null, null, null, null]
alphas 배열 == abc 배열? false
alphas 배열 == abcde 배열? true
alphas 배열 == abcde10 배열? false
zeros 배열: [0, 0, 0, 0, 0]
fill(1) 배열: [1, 1, 1, 1, 1]
```

이번 장의 마무리

자료구조는 언어별로 별도의 책이 있을 정도로 중요한 주제입니다. JCF에서 제공하는 리스트, 맵, 집합 클래스들과 보조 클래스인 Collections, Arrays 클래스의 기능을 잘 배워두세요. 클래스별로 다양한 메서드를 제공하고 있으니 이 장에서 배운 필수적인 메서드뿐만 아니라 자바 API에 있는 다른 메서드도 사용해보시기 바랍니다. 기회가 된다면 구글에서 만든 Guava 라이브러리도 사용해보시면 좋겠습니다.

연습문제

01 다음은 자바 컬렉션 프레임워크(이하 JCF)에 관한 설명이다. 틀린 것은?

① JCF는 자료구조 클래스를 제공하는 표준 라이브러리이다.
② JCF의 주요 인터페이스로는 List, Map, Set 등이 있다.
③ List 인터페이스를 구현한 클래스로는 LinkedList가 있다.
④ HashMap 클래스는 값의 중복을 허용하지 않는다.

02 다음은 List 예제입니다. 빈 칸을 채우세요.

```java
public class PrintList {
    public static void main(String[] args) {
        // List 생성 (ArrayList 클래스)
        List<[      ]> intList = new ArrayList<>();


        // 데이터 입력 및 List 출력
        intList.add(1);
        intList.add(100);
        System.out.println(intList.toString());
    }
}
```

03 List 계열 자료구조에 관한 설명으로 틀린 것은?

① ArrayList 클래스는 List 인터페이스를 구현한 주요 클래스이다.

② List 객체에 다른 List를 추가하는 메서드가 제공된다.

③ 다수의 데이터가 포함된 List에 있는 첫 번째 요소를 제거한 후 다시 그 인덱스에 있는 값을 가져오면 null이 반환된다.

④ ArraryList 클래스로 구현된 코드를 LinkedList 클래스로 변경해도 같은 결과가 나온다.

04 다음은 Map 계열 자료구조에 대한 설명이다. 틀린 설명은?

① Map 인터페이스를 구현한 주요 클래스로는 HashMap이 있다.

② Map 인터페이스의 키들을 가져올 때 getKeyList( ) 메서드를 호출한다.

③ Map에 값을 넣을 때 int 값을 키로 사용할 수 있다.

④ HashMap 클래스는 내부적으로 해시 함수를 사용하기 때문에 검색 속도가 빠르다.

05 다음 코드의 결과를 예상하시오.

```java
public class CollectionsTest {

    public static void main(String[] args) {

        List<Integer> numbers = Lists.asList(100, 200, 300);

        List<Integer> list = Collections.unmodifiableList(numbers);

        list = Collections.unmodifiableList(numbers);


        numbers.add(400);

        System.out.println(list);

    }

}
```

06 java.util.Map 인터페이스에는 다른 맵에 있는 모든 키, 값 쌍을 가져오는 putAll( ) 메서드가 존재합니다. 만약 이것을 직접 구현한다면 어떻게 할 수 있을까요? 빈 칸을 채우세요.

파일 ch08 _ Collections/src/com/yudong80/java/ch08/MapPutAll.java

```java
public class MapPutAll<K,V> extends HashMap<K, V> {
    @Override
    public void putAll(Map<? extends K, ? extends V> m) {
        for (K key : [        ] ) {
            V value = [        ];
            this.put(key, value);
        }
    }

    public static void main(String[] args) {
        // 넣을 데이터
        Map<String, String> data = new HashMap<>();
        data.put("대한민국", "서울");

        // MapPutAll 클래스 생성
        Map<String, String> myMap = new MapPutAll<>();
        myMap.putAll(data);

        // 결과 확인
        System.out.println(myMap);
    }
}
```

01 다음은 사이트 계정 정보를 처리하는 AccountMap 클래스 예제입니다. 빈 칸을 채우세요.

```java
package com.yudong80.java.ch08;

import java.util.HashMap;
import java.util.Map;

class AccountInfo {
    String id;
    String password;

    public AccountInfo(String id, String ps) {
        this.id = id;
        this.password = ps;
    }

    public String getId() {
        return id;
    }

    public String getPassword() {
        return password;
    }

    public String setPassword(String newPassword) {
        String oldOne = password;
        this.password = newPassword;
        return oldOne;
    }
}

public class AccountMap {
```

```java
//1. 사이트 리스트
private static String NAVER = "www.naver.com";
private static String GOOGLE = "www.google.com";
private static String AMAZON = "www.amazon.com";

public static void main(String[] args) {
    //2. ID/비번 리스트 입력
    [      ] map = new HashMap<>();
    map.put(NAVER, new AccountInfo("java" , "1234"));
    map.put(GOOGLE, new AccountInfo("java" , "7788"));
    map.put(AMAZON, new AccountInfo("java2" , "0088"));

    //3. 구글의 계정 정보 출력
    AccountInfo googleAccount = [      ];
    System.out.println("구글 계정의 ID: " + googleAccount.getId());
      System.out.println("구글 계정의 Password: " + googleAccount.get-
Password());

    //4. 아마존 계정의 비밀번호 변경
    AccountInfo amazonAccount = [      ];
    [      ];

    //5. ID와 변경된 비밀번호 출력
    System.out.println("아마존 계정의 ID: " + amazonAccount.getId());
      System.out.println("아마존 계정의 Password: " + amazonAccount.get-
Password());
    }
}
```

실행 결과:
구글 계정의 ID: java
구글 계정의 Password: 7788
아마존 계정의 ID: java2
아마존 계정의 Password: 113333

memo

PART 9

입출력과
예외 처리

이 장의 내용

- 입출력 스트림
- 예외 처리
- 입출력(IO) 예외 처리
- AutoClosable 인터페이스
- NullPointerException

9 입출력과 예외 처리

자바 프로젝트를 하다 보면 파일 등의 입출력을 다룰 일이 많습니다. 예를 들어 프로그램이 시작할 때 이미 저장된 환경 설정 파일을 로딩하고 이후에 사용자가 변경한 설정을 저장합니다. 프로그램이 종료된 후에도 유지되어야 하기 때문에 영속성(persistance)이라 부르기도 합니다.

파일의 형식(format)은 다양하며 Part7에서 다룬 CSV(Comma-Separated Values)과 XML(eXtensible Markup Language) 형식 등이 널리 쓰입니다. 최근에는 JSON(JavaScript Object Notation) 형식을 많이 사용합니다.

자바에서 파일 등의 어떤 매체를 읽고 쓰는 것을 입출력(IO, Input/Ouput)이라 합니다. 자바 IO 클래스들은 java.io 패키지에 제공되며 자바 컬렉션 프레임워크처럼 객체 지향적으로 구성되어 있습니다.

1. 입출력 스트림

자바의 입출력은 java.io 패키지에 있으며 스트림(stream)이라는 개념으로 시작됩니다. 스트림이란 무엇일까요? 스트림을 번역하면 물이 흐르는 하천, 시내 정도의 개념이 되고 데이터가 출발지(source)에서 목적지(destination)로 흐른다는 개념으로 이해하시면 됩니다.

자바 입출력 이해하기 #1 자바 입출력의 기반은 스트림(Stream)이다. 데이터가 물처럼 흐른다고 가정한다.

1.1 InputStream과 OutputStream 클래스

입력에 관한 최상위 클래스는 InputStream입니다. 이 클래스는 추상 클래스로 직접 인스턴스를 만들 수 없으며 하위의 구체 클래스를 목적에 맞게 선택합니다.

InputStream을 구현한 주요 클래스는 다음과 같습니다.

InputStream 하위 클래스	내용
ByteArrayInputStream	byte[] 배열을 읽을 수 있음
FileInputStream	파일을 읽음. 파일 입출력은 다음 절에서 다룸 (비교: FileReader 클래스)
FilterInputStream	FilterInputStream을 직접 사용하지는 않으며 하위에 BufferedInputStream, DataInputStream 클래스가 주로 사용됨

[표 9-1] InputStream 하위 클래스

InputStream의 주요 메서드는 다음과 같습니다.

메서드	내용
read( )	한 바이트를 읽음
read(byte[] b)	바이트 배열을 읽음
read(byte[] b, int off, int len)	바이트 배열을 off 부터 len 개수만큼 읽음
close( )	입력 스트림을 닫음

[표 9-2] InputStream 주요 메서드

*이외에도 available( ), mark( ), reset( ), skip( ) 등이 있으나 많이 사용되지는 않습니다.

요약하면 스트림을 생성하고 읽고 다 사용하고 나면 닫는 순서입니다. read( ) 메서드가 바이트를 단위로 하는 이유는 byte가 1 바이트로 자바 기본형 중 최소 단위이기 때문입니다.

자바 입출력 이해하기 #2 자바 입력은 입력 스트림을 생성하고 읽고(read) 닫는(close) 순으로 진행한다.

다음은 OutputStream 클래스입니다. InputStream과 크게 다르지 않습니다. OutputStream을 구현한 클래스들은 다음과 같습니다.

OutputStream 하위 클래스	내용
ByteArrayOutputStream	바이트 배열에 씀
FileOutputStream	파일에 씀
FilterOuputStream	단독으로는 사용하지 않으며 주로 BufferedOutputStream, DataOutputStream 클래스를 사용함

[표 9-3] OutputStream 하위 클래스

OutputStream 클래스의 주요 메서드는 다음과 같습니다.

메서드	내용
write(int b)	바이트 b를 출력 스트림에 씀
write(byte[] b)	바이트 배열 b를 출력 스트림에 씀
write(byte[] b, int off, int len)	바이트 배열 b의 내용 중 off부터 len 개수만큼 출력 스트림에 씀
close( )	출력 스트림을 닫음

[표 9-4] OutputStream 주요 클래스

자바 입출력 이해하기 #3 자바 출력은 출력 스트림을 생성하고 쓰고(write) 닫는(close) 순으로 진행한다.

입력과 출력은 대칭되며 크게 다르지 않습니다. 다음은 바이트 단위로 읽고 쓰는 ByteArrayInputStream과 ByteArrayOutputStream 클래스의 예제입니다.

```java
package com.yudong80.java.ch09;

import java.io.ByteArrayInputStream;
import java.io.ByteArrayOutputStream;
import java.io.IOException;
import java.io.InputStream;
import java.util.Arrays;

public class IOBasic {
    public static void main(String[] args) throws IOException {
        //0. 데이터 준비
        byte[] data = {0, 1, 2};

        //1. 데이터 읽기
        InputStream is = new ByteArrayInputStream(data);
        System.out.println("읽은 데이터: " + is.read());
        System.out.println("읽은 데이터: " + is.read());
        System.out.println("읽은 데이터: " + is.read());

        is.close(); //반드시 사용 후 닫아주어야 함

        //2. 데이터 쓰기
        ByteArrayOutputStream os = new ByteArrayOutputStream();
        os.write(1);
        os.write(2);
        os.write(3);

        byte[] outputs = os.toByteArray();
        System.out.println("쓴 데이터:" + Arrays.toString(outputs));

        os.close(); //반드시 사용 후 닫아주어야 함
    }
}
```

먼저 필요한 클래스를 임포트합니다. 입력을 위한 InputStream와 ByteArrayInputStream 클래스, 그리고 출력을 위한 ByteArrayOutputStream 클래스와 IOException 클래스를 임포트합니다. IOException 클래스에 대해서는 다음 절 예외 처리에서 배웁니다. 여기에서는 main( ) 메서드에 throws IOException 를 넣어서 이번 예제에서 예외 처리를 하지 않습니다.

입력 스트림은 바이트 배열인 data를 인자로 받는 ByteArrayInputSream 클래스로 생성합니다. is.read( ) 메서드를 호출하면 한 바이트씩 읽을 수 있습니다. 입력 스트림을 다 사용한 후에는 반드시 닫아주어야 합니다. 매우 중요합니다.

출력 스트림은 ByteArrayOutputStream 클래스를 사용합니다. 입력 스트림의 경우 is 변수의 선언형이 InputStream 클래스 이지만 출력 스트림은 선언형과 정의형이 같습니다. 왜 그럴까요? 예제에서 OutputStream 클래스에는 정의되어 있지 않은 ByteArrayOutputStream 클래스의 toByteArray( ) 메서드를 호출하기 때문입니다.

write( ) 메서드를 호출하면 ByteArrayOutputStream 객체의 내부 버퍼에 저장됩니다. toByteArray( ) 메서드를 호출하면 저장된 버퍼의 내용을 가져올 수 있습니다. 출력 스트림의 경우에도 모두 사용한 후에는 반드시 닫아주어야 합니다.

입력 스트림과 출력 스트림은 왜 반드시 닫아주어야 할까요? close( ) 메서드를 정상적으로 호출하지 않으면 자원이 해제되지 않아 메모리 누수(memory leak)가 발생하기 때문입니다. 간단한 예제에는 문제가 없으나 서버처럼 24시간 중단 없이 실행되어야 하는 프로젝트에는 중대한 문제가 발생할 수 있습니다.

예제의 실행 결과는 다음과 같습니다.

```
입력 데이터: 0
입력 데이터: 1
입력 데이터: 2
출력 데이터:[1, 2, 3]
```

1.2 Reader와 FileReader 클래스

InputStream과 OutputStream 클래스는 이미지 혹은 동영상 파일 같은 이진 파일(binary file)을 읽고 쓰는데 활용합니다. 하지만 만약 대상 데이터가 텍스트라면 Reader와 Writer 클래스를 대신 사용합니다. 어떤 차이가 있을까요?

	Reader와 Writer 클래스	InputStream과 OutputStream 클래스
단위	char	byte
용도	CSV, XML, JSON과 일반 텍스트 파일	이미지와 동영상 같은 이진 파일
지원 인코딩	유니코드(UTF-8 등)	지원 안 함

[표 9-4] Reader, Writer와 InputStream, OutputStream 차이점

실제로 파일과 네트워크의 데이터를 읽을 때는 Reader와 Writer 계열의 클래스의 사용을 권장합니다. 다음은 Reader 계열의 주요 하위 클래스입니다.

클래스	내용
FileReader	파일을 읽는 Reader
BufferedReader	단독으로 사용하기보다는 다른 Reader 클래스와 함께 사용. 중간에 버퍼를 두어 성능 향상을 목적으로 함
StringReader	String을 읽는 Reader

[표 9-6] Reader의 하위 클래스

Reader 클래스의 주요 메서드는 다음과 같습니다.

메서드	내용
read( )	한 글자(char)를 읽음
read(char[] cbuf)	글자들을 읽어 cbuf 배열에 넣어줌
read(byte[] cbuf, int off, int len)	글자들을 읽어 cbuf 배열의 off부터 len 글자만큼 넣어줌
close( )	입력 스트림을 닫음

[표 9-7] Reader의 클래스의 주요메서드

다음은 FileReader 예제입니다. 먼저 간단한 txt 파일을 생성합니다. VS Code는 자바 파일뿐만 아니라 일반 텍스트 파일도 생성하고 편집할 수 있습니다. CH09_IOEXCEPTIONS 항목을 누르고 New File 아이콘을 클릭합니다.

[그림 9-1] New File 아이콘

다음과 같이 파일명(hello.txt)을 입력합니다.

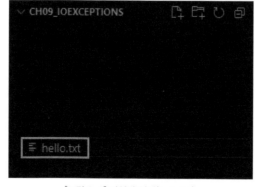

[그림 9-2] 파일명 입력(hello.txt)

생성된 텍스트 파일에 다음과 같이 내용을 입력합니다.

```
Hello Java
```

저장 버튼을 누릅니다. 다음과 같이 hello.txt 파일이 생성되었습니다.

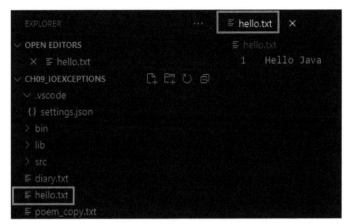

[그림 9-3] hello.txt 파일 생성됨

이 파일은 같은 프로젝트에서 "hello.txt"로 참조할 수 있습니다. 다음은 FileReader를 활용하여 이 파일의
내용을 출력하는 예제입니다.

파일 ch09_IOExceptions/src/com/yudong80/java/ch09/FileReaderExampleV1.java

```java
package com.yudong80.java.ch09;

import java.io.FileReader;
import java.io.IOException;
import java.nio.charset.StandardCharsets;

public class FileReaderExampleV1 {
    private static final int EOF = -1;

    public static void main(String[] args) throws IOException {
        //1. FileReader 생성
        FileReader fr = new FileReader("hello.txt", StandardCharsets.
UTF_8);

        //2. 한 글자씩 읽기
```

```
        int readInt;
        while (EOF != (readInt = fr.read())) {
            char ch = (char) readInt;
            System.out.println("입력 데이터: " + ch);
        }


        fr.close(); //사용 후 반드시 닫아 줍니다
    }
}
```

EOF 상수는 End of File의 약자로 파일의 끝을 의미합니다.

"hello.txt" 파일을 읽는 FileReader를 생성합니다. 파일의 내용을 읽을 때는 read( ) 메서드를 호출하며 반환형은 int입니다. 읽은 내용이 EOF이면 파일의 끝을 의미합니다. 따라서 EOF가 아닌 동안에는 파일의 내용을 얻을 수 있습니다.

입력 데이터를 출력할 때는 readInt 변수를 char로 명시적 형변환으로 하여 int형 숫자가 아닌 char 문자로 변경하였습니다. 변환된 char를 한 글자씩 출력하고, 입력 스트림을 사용한 후에는 close( ) 메서드를 호출합니다. 예제의 실행 결과는 다음과 같습니다.

```
입력 데이터: H
입력 데이터: e
입력 데이터: l
입력 데이터: l
입력 데이터: o
입력 데이터:
입력 데이터: J
입력 데이터: a
입력 데이터: v
입력 데이터: a
```

hello.txt 파일의 내용이 한 글자씩 출력되었습니다.

1.3 BufferedReader 클래스

FileReader 클래스는 파일을 글자(char 타입) 단위로 읽기 때문에 파일 크기가 커지면 성능이 떨어집니다. 따라서 입력 성능을 개선할 수 있는 BufferedReader 클래스가 필요합니다.

BufferedReader 클래스는 무엇일까요? 이름에서도 알 수 있듯이 파일을 읽을 때 중간에 버퍼를 두어 한 꺼번에 읽습니다. BufferedReader 클래스의 생성자는 다음과 같습니다.

생성자	내용
BufferedReader(Reader in)	Reader 타입의 in 스트림을 기반으로 기본 버퍼 크기의 Reader를 생성합니다.
BufferedReader(Reader in, in sz)	Reader 타입의 in 스트림을 기반으로 sz 버퍼 크기의 Reader를 생성합니다.

[표 9-8] BufferedReader 클래스의 생성자

BufferedReader는 다른 Reader를 끼워서 사용할 수 있는 플러그인 같은 존재로 성능을 비교해보면 효과가 분명합니다. 적당히 큰 샘플 텍스트 파일을 검색합니다.

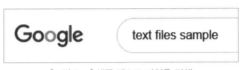

[그림 9-4] 샘플 텍스트 파일을 검색

다음의 사이트에서 2메가바이트의 텍스트 파일을 다운로드하여 프로젝트 폴더에 복사합니다.

• 파일명: sample-2mb-text-file.txt

• https://www.learningcontainer.com/sample-text-file/

[그림 9-5] sample-2mb-text-file.txt 파일을 자바 프로젝트에 복사

다음은 FileReader를 활용해 대량(2MB)의 텍스트 파일을 읽는 예제입니다.

```java
package com.yudong80.java.ch09;

import java.io.FileReader;
import java.io.IOException;
import java.nio.charset.StandardCharsets;

public class BeforeBufferedReader {
    private static final int EOF = -1;
    private static final String TARGET_TEXT_FILE = "sample-2mb-text-file.txt";

    public static void main(String[] args) throws IOException {
        //1. FileReader 생성
        FileReader fr = new FileReader(TARGET_TEXT_FILE, StandardCharsets.UTF_8);

        //2. 한 글자씩 읽기
        long sTime = System.currentTimeMillis();
        while (EOF != fr.read()) {
            //do nothing
        }

        long readTime = System.currentTimeMillis() - sTime;
        System.out.println(TARGET_TEXT_FILE + "을 읽는 시간: " + readTime + "ms");

        fr.close(); //사용 후 반드시 닫아 줍니다
    }
}
```

대상 파일의 이름으로 TARGET_TEXT_FILE 상수를 만들었습니다. 파일 이름이 고정되어 있는 경우 FileReader의 인자로 넘기기보다는 별도의 상수로 만들어두면 코드의 가독성이 높아집니다.

파일 입력 스트림을 열고 read( ) 메서드를 호출하여 한 글자씩 읽습니다. while 문에서는 그 외에는 아무 것도 안하기 때문에 //do nothing 이라는 주석을 붙였습니다. 이 주석을 통해 while 문에서 아무것도 안하는 것이 의도한 것임을 분명하게 합니다.

System.currentTimeMillis( ) 메서드를 통해 파일을 읽는 시간을 측정합니다. 예제 실행 결과는 다음과 같습니다. 읽는 시간은 PC의 사양에 따라 다를 수 있습니다.

```
sample-2mb-text-file.txt을 읽는 시간: 261ms
```

측정은 필자의 PC에서 하였고 여러 번 해보면 시간이 조금씩 달라지지만 크게 다르지는 않습니다. 이제 BufferedReader 클래스를 활용하여 성능을 개선합니다.

파일 **ch09_IOExceptions/src/com/yudong80/java/ch09/BufferedFileReaderExampleV1.java**

```java
package com.yudong80.java.ch09;

import java.io.BufferedReader;
import java.io.FileReader;
import java.io.IOException;
import java.nio.charset.StandardCharsets;

public class BufferedFileReaderExampleV1 {
    private static final int EOF = -1;
    private static final String TARGET_TEXT_FILE = "sample-2mb-text-file.txt";

    public static void main(String[] args) throws IOException {
        //1. FileReader 생성
        BufferedReader br = new BufferedReader(
            new FileReader(TARGET_TEXT_FILE, StandardCharsets.UTF_8));

        //2. 버퍼로 읽기
        long sTime = System.currentTimeMillis();
        while (EOF != br.read()) {
            //do nothing
        }
```

```
        long readTime = System.currentTimeMillis() - sTime;
        System.out.println(TARGET_TEXT_FILE + "을 읽는 시간:  " + read-
 Time + "ms");

        br.close();  //사용 후 반드시 닫아 줍니다
    }
}
```

앞의 예제와 다른 점은 한 줄입니다. FileReader 객체를 인수로 넣어 BufferedReader 객체를 생성합니다. 이렇게 끼워서 사용할 수 있는 구조를 데코레이터(장식자, decorator) 패턴이라 합니다.[35] read( ) 메서드를 호출하는 것은 같지만 내부 동작이 달라졌습니다.

예제를 실행해봅시다. 어떻게 달라졌을까요?

```
sample-2mb-text-file.txt을 읽는 시간:  74ms
```

단지 BufferedReader 객체를 추가하였는데 261ms ➡ 74ms 로 성능이 72% 향상되었습니다.[36] 파일을 읽을 때는 반드시 BufferedReader 클래스를 사용하세요.

BufferedReader 클래스에는 이외에도 유용한 메서드가 있습니다. 바로 한 줄씩 읽을 수 있는 readLine( ) 메서드입니다. 반환 타입은 String입니다.

다음은 BufferedReader 클래스의 readLine( ) 메서드를 활용한 시(Poem) 파일을 읽는 예제입니다.

파일 **ch09_IOExceptions/src/com/yudong80/java/ch09/PoemReaderV1.java**

```
package com.yudong80.java.ch09;

import java.io.BufferedReader;
import java.io.FileReader;
import java.io.IOException;
import java.nio.charset.StandardCharsets;

public class PoemReaderV1 {
```

35　https://ko.wikipedia.org/wiki/데코레이터_패턴

36　계산식: (261 − 74) / 261 = 0.716

366 코딩은 처음이라 with 자바

```java
private static final String POEM_FILE = "poem.txt";

public static void main(String[] args) throws IOException {
    //1. FileReader 생성
    BufferedReader br = new BufferedReader(
    new FileReader(POEM_FILE, StandardCharsets.UTF_8));

    //2. 제목과 작가 출력
    String title = br.readLine();
    String author = br.readLine();
    System.out.println("제목: " + title);
    System.out.println("작가: " + author);

    //3. 내용 출력
    String line;
    while ((line = br.readLine()) != null) {
        System.out.println(line);
    }

    br.close(); //사용 후 반드시 닫아 줍니다

}
```

이 프로그램은 읽어들이는 시 파일의 첫 번째 줄은 시의 제목이, 두 번째 줄은 작가 이름이 적혀 있다고 가정합니다. 그 아래에 시의 본문이 나옵니다.

readLine( ) 메서드를 호출하면 첫 번째 줄부터 한 줄씩 얻을 수 있습니다. 이를 통해 title과 author 변수를 할당합니다.

내용을 출력할 때도 while 문에서 readLine( ) 메서드를 호출합니다. 앞서 한 글자씩 읽을 때와 다른 점은 EOF(−1) 값과 비교하지 않아도 됩니다. readLine( ) 메서드를 호출했을 때 null이 반환되면 파일의 끝 (EOF)이라 생각하면 됩니다.

예제의 실행 결과는 다음과 같습니다. 우측은 poem.txt 파일의 내용입니다.

출력 내용	poem.txt 파일
제목: 서시 작가: 윤동주 죽는 날까지 하늘을 우러러 한점 부끄럼이 없기를, 잎새에 이는 바람에도 나는 괴로워했다. 별을 노래하는 마음으로 모든 죽어가는 것을 사랑해야지 그리고 나한테 주어진 길을 걸어가야겠다. 오늘밤에도 별이 바람에 스치운다.	서시 윤동주 죽는 날까지 하늘을 우러러 한점 부끄럼이 없기를, 잎새에 이는 바람에도 나는 괴로워했다. 별을 노래하는 마음으로 모든 죽어가는 것을 사랑해야지 그리고 나한테 주어진 길을 걸어가야겠다. 오늘밤에도 별이 바람에 스치운다.

[표 9-9] 실행결과 및 텍스트 파일

제목과 작가 표시 부분이 달라졌습니다.

1.4 Writer와 FileWriter 클래스

다음은 출력을 담당하는 Write 클래스입니다. Writer 클래스의 주요 메서드는 다음과 같습니다.

메서드	내용
write(String str)	문자열 str을 출력 스트림에 씁니다.
write(char[] cbuf)	cbuf 배열의 내용을 출력 스트림에 씁니다.
write(char[] cbuf, int off, int len)	cbuf 배열의 off 부터 len 개수만큼 출력 스트림에 씁니다.
flush( )	버퍼에 남아 있는 내용을 즉시 비우고 출력 스트림에 씁니다.
close( )	출력 스트림을 닫습니다.

[표 9-10] Writer 클래스의 주요 메서드

파일에 쓰기 위해서는 Writer 클래스를 상속한 FileWriter 클래스를 사용합니다. FileWriter의 상속 구조는 다음과 같습니다.

```
java.lang.Object
    java.io.Writer
        java.io.OutputStreamWriter
            java.io.FileWriter
```

FileWriter 클래스는 Writer 클래스뿐만 아니라 OutputStreamWriter라는 클래스를 상속하고 있습니다. OuputStreamWriter 클래스는 왜 필요할까요? 이는 FileWriter 클래스의 사용자는 문자열을 인자로 넘기지만 실제 파일에 기록을 할 때는 OutputStream을 사용하기 때문입니다. OutputStreamWriter는 Writer와 OutputStream을 이어주는 다리(bridge)입니다.

FileWriter의 생성자는 다음과 같습니다. 파일을 읽는 것과는 다르게 파일을 다루는 방법은 운영체제에 따라 읽기 모드, 쓰기 모드와 추가(append) 모드 등 다양합니다.

생성자	내용
FileWriter(String fileName)	fileName의 파일 이름(경로)을 갖는 파일의 출력 스트림을 엽니다. 내부적으로 File 객체를 보유합니다.
FileWriter(File file)	FileWriter(fileName)과 동일하지만 File 객체를 인자로 받습니다.
FileWriter(String fileName, booelan append)	fileName에 해당하는 파일의 출력 스트림을 엽니다. append가 true이면 추가 모드입니다.
FileWriter(File file, boolean append)	FileWriter(fileName, append)와 동일하지만 File 객체를 인자로 받습니다.

[표 9-11] FileWriter의 생성자

다음은 FileWriter 클래스를 활용한 예제입니다.

파일 ch09_IOExceptions/src/com/yudong80/java/ch09/FileWriterExampleV1.java

```java
package com.yudong80.java.ch09;

import java.io.FileWriter;
import java.io.IOException;
import java.nio.charset.StandardCharsets;

public class FileWriterExampleV1 {
    private static final String TARGET_TEXT_FILE = "diary.txt";

    public static void main(String[] args) throws IOException {
        //1. FileWriter 생성
```

```
        FileWriter fw = new FileWriter(TARGET _ TEXT _ FILE,
StandardCharsets.UTF _ 8);

        //2. write() 메서드
        String title = "오늘의 할일\n";
        char[] walk = {'1', '.', ' ', '산', '책', '하', '기', '\n' };
        char[] reading = {'2', '.', ' ', '독', '서', '하', '기', '\n' };

        fw.write(title);
        fw.write(walk);
        fw.write(reading, 0, 5);

        //3. flush() 메서드
        fw.flush(); //대부분의 경우는 불필요함

        //4. close() 메서드
        fw.close(); //사용 후 반드시 닫아 줍니다
    }
}
```

FileWriter 클래스에 TARGET_TEXT_FILE 상수를 넘겨 파일의 출력 스트림을 엽니다. append 인자를 넣지 않았기 때문에 쓰기 모드입니다. 쓰기 모드는 파일을 열고 그 파일을 처음부터 쓰기 시작합니다. 만약 해당 파일이 없는 경우 신규로 생성합니다.

write( ) 메서드에 넘길 수 있는 인자는 크게 String과 char[] 배열입니다. char[] 배열보다는 String 문자열이 편리합니다.

flush( ) 메서드는 버퍼에 남아 있는 내용이 있을 때 모두 비워줍니다. 대부분의 경우 호출하지 않아도 됩니다.

close( ) 메서드는 모든 입출력 스트림을 사용한 후에 반드시 닫아주어야 합니다. 예제를 실행하면 diary.txt파일이 생성되며 다음과 같은 내용을 확인할 수 있습니다.

```
오늘의 할일
1. 산책하기
2. 독서
```

파일을 쓰기 모드로 열었기 때문에 파일 내용을 지우고 다시 실행해도 동일한 결과를 얻을 수 있습니다. 만약 추가 모드로 열었다면 파일 내용이 계속 추가됩니다.

파일 쓰기를 하는 경우 내용 확인을 위해 파일을 다시 읽어서 System.out 으로 출력해보는 경우가 많습니다. 다음은 특정 텍스트 파일의 내용을 읽어 표준 입출력에 출력하는 예제입니다.

파일 **ch09_IOExceptions/src/com/yudong80/java/ch09/TextFileReaderV1.java**

```java
package com.yudong80.java.ch09;

import java.io.BufferedReader;
import java.io.FileReader;
import java.io.IOException;
import java.nio.charset.StandardCharsets;

public class TextFileReaderV1 {
    private String fileName;

    public TextFileReaderV1(String fileName) {
        this.fileName = fileName;
    }

    public void printFileContents() throws IOException {
        BufferedReader br = new BufferedReader(new FileReader(fileName,
StandardCharsets.UTF_8));

        String line;
        while((line = br.readLine()) != null) {
            System.out.println(line);
        }

        br.close();
    }
}
```

지금까지 배운 내용과 다르지 않습니다. 객체를 생성하고 printFileContents( ) 메서드를 호출하면 fileName 파일 이름에 해당하는 파일의 내용을 System.out 에 출력합니다. 내용을 출력한 후에는 close( ) 메서드를 호출합니다.

다음은 TextFileReaderV1 클래스를 활용한 예제입니다.

파일 ch09_IOExceptions/src/com/yudong80/java/ch09/FileWriterExampleV2.java

```java
package com.yudong80.java.ch09;

import java.io.FileWriter;
import java.io.IOException;
import java.nio.charset.StandardCharsets;

public class FileWriterExampleV2 {
    private static final String TARGET_TEXT_FILE = "diary.txt";

    public static void main(String[] args) throws IOException {
        //1. FileWriter 생성
        FileWriter fw = new FileWriter(TARGET_TEXT_FILE,
StandardCharsets.UTF_8);

        //2. write() 메서드
        String title = "오늘의 할일\n";
        char[] walk = {'1', '.', ' ', '산', '책', '하', '기', '\n' };
        char[] reading = {'2', '.', ' ', '독', '서', '하', '기', '\n' };

        fw.write(title);
        fw.write(walk);
        fw.write(reading, 0, 5);

        //3. flush() 메서드
        fw.flush(); //대부분의 경우는 불필요함

        //4. close() 메서드
        fw.close(); //사용 후 반드시 닫아 줍니다

        //5. 파일 내용 확인
        new TextFileReaderV1(TARGET_TEXT_FILE).printFileContents();
    }
}
```

TextFileReaderV1 클래스의 printFileContents( ) 메서드를 호출하여 파일에 쓴 내용을 확인합니다. 이렇게 하면 매번 파일을 열어서 내용을 확인할 필요가 없기에 편리합니다. 파일의 입력과 출력은 이렇게 함께 사용하는 경우가 많습니다.

예제의 실행 결과는 다음과 같습니다.

> 오늘의 할일
> 1. 산책하기
> 2. 독서

1.5 BufferedWriter 클래스

Reader 클래스 계열에 BufferedReader가 있다면 Writer 클래스 계열에는 BufferedWriter 클래스가 있습니다. 사용법은 FileWriter 객체를 인자로 넣습니다. 쓰기 성능이 향상되므로 반드시 사용하시기 바랍니다.

`파일` ch09_IOExceptions/src/com/yudong80/java/ch09/PoemWriterV1.java

```java
package com.yudong80.java.ch09;

import java.io.BufferedReader;
import java.io.BufferedWriter;
import java.io.FileReader;
import java.io.FileWriter;
import java.io.IOException;
import java.nio.charset.StandardCharsets;

public class PoemWriterV1 {
    private static final String DEFAULT_INPUT_FILE = "poem.txt";
    private static final String DEFAULT _ OUTPUT _ FILE = "poem_copy.txt";

    private String outputFile;

    public PoemWriterV1(String outFile) {
        this.outputFile= outFile;
    }


    public String readInputPoem(String inputFile) throws IOException {
```

```java
        BufferedReader br = new BufferedReader(new FileReader(inputFile,
StandardCharsets.UTF_8));
        StringBuilder sb = new StringBuilder();
        String line;

        while((line = br.readLine()) != null) {
            sb.append(line).append('\n');
        }

        //사용 후에는 반드시 닫아줍니다.
        br.close();

        return sb.toString();
    }


    public void writeOutput(String content) throws IOException {
        BufferedWriter bw = new BufferedWriter(new FileWriter(output-
File, StandardCharsets.UTF_8));

        bw.write(content);
        bw.flush(); //버퍼의 내용을 비웁니다.
        bw.close(); //사용 후에는 반드시 닫아줍니다.
    }

public static void main(String[] args) throws IOException {
        //1. PoemWriter 객체 생성
        PoemWriterV1 poemWriter = new PoemWriterV1(DEFAULT_OUTPUTFILE);

        //2. poem.txt 파일 읽기
        String original = poemWriter.readInputPoem(DEFAULT_INPUT_FILE);
        System.out.println("== 원본 내용 ==");
        System.out.println(original);

        //3. poem_copy.txt 파일 쓰기
        poemWriter.writeOutput(original);
        //4. 내용 확인
```

```
        String copied = poemWriter.readInputPoem(DEFAULT_OUTPUT _ FILE);
        System.out.println("== 사본 내용 ==");
        System.out.println(copied);
    }
}
```

PoemWriterV1 클래스의 생성자는 outFile 인자로 출력할 파일명을 지정합니다. readInputPoem( ) 메서드는 inputFile 을 인자로 받아 파일에 있는 내용을 읽어 문자열로 반환합니다.

반환할 문자열을 만들기 위해 StringBuilder 클래스를 활용합니다.

writeOutput ( ) 메서드는 BufferedWriter 클래스와 FileWriter 클래스를 활용하여 인자로 입력받은 content 문자열을 파일에 씁니다. FileWriter만 사용하는 것보다는 BufferedWriter 클래스를 함께 사용하면 성능이 우수합니다. BufferedWriter는 내부에 쓰기 버퍼를 사용하기에 close( ) 하기 전에 flush( ) 하는 것이 좋습니다.

main( ) 메서드에서는 먼저 PoemWriter 객체를 생성하고 poem.txt 파일의 내용을 읽습니다. 이 내용을 화면으로 출력한 뒤 writeOuput( ) 메서드를 호출하여 그 내용을 그대로 씁니다. 반환된 내용을 그대로 쓰기 때문에 복사(copy) 기능으로 생각하셔도 됩니다.

마지막으로 파일에 쓴 내용을 확인합니다. FileWriterExampleV2 예제에서 알아보았듯이 읽기와 쓰기는 함께 쓰이는 경우가 많습니다. 예제의 실행 결과는 다음과 같습니다.

```
== 원본 내용 ==
서시
윤동주

죽는 날까지 하늘을 우러러
한점 부끄럼이 없기를,
<중략>
== 사본 내용 ==
서시
윤동주

죽는 날까지 하늘을 우러러
한점 부끄럼이 없기를,
<하략>
```

원본 내용과 사본 내용은 동일합니다.

2. 예외 처리

자바로 프로그래밍을 하다 보면 다양한 예외 상황이 발생합니다. 몇 가지 예를 들어보겠습니다.

❶ null 객체에 메서드를 호출할 때
❷ 숫자를 0으로 나눌 때
❸ 배열의 길이를 넘는 곳을 접근하려고 할 때
❹ 파일을 여는데 대상 파일이 없을 때

이러한 경우 자바 프로그램은 어떻게 될까요? 대부분의 경우 프로그램이 중단(Crashed)됩니다. 모든 예외가 다 프로그램을 죽게 만드는 것은 아니지만 위에서 언급한 예외가 발생하면 프로그램은 더 이상 실행하지 못하고 중단하게 됩니다.

소스 코드 품질 측면에서도 정상적인 실행 경로와 예외적인 실행 경로를 구분할 수 있다면 코드를 이해하기 쉬워질 것입니다.

프로그램이 예외로 중단되는 것을 방지하고 예외적인 코드와 정상 코드를 구별하기 위해 자바 언어에는 try, catch, finally라는 키워드를 도입하였습니다. 이번 절에서는 try, catch와 finally 키워드의 사용법과 다양한 예외 처리 사례에 대해 배웁니다.

2.1 예외란 무엇인가

자바에서 예외는 클래스입니다. 앞서 제시한 예외들이 우리가 프로그램을 하면서 자주 만나게 되는 예외들입니다.

패키지	예외 클래스	내용
java.lang	Exception	모든 예외의 부모 클래스 일반적인 예외를 의미함
java.lang	NullPointerException	null 객체의 메서드를 호출하거나 멤버 변수에 접근할 때
java.lang	ArithmeticException	산술적 예외 예를 들어 0으로 나누었을 때 발생
java.lang	ArrayOutOfBoundException	배열의 범위를 넘는 인덱스에 접근하는 경우에 발생함 인덱스가 배열의 길이 이상이거나 인덱스가 음수인 경우
java.io	IOException	일반적인 입출력 예외 모든 입출력 예외의 부모 클래스
java.io	FileNotFoundException	파일을 찾을 수 없을 때

[표 9-12] 예외 클래스

이외에도 수많은 예외 클래스가 있지만 입문 수준에서는 앞의 예외만 알아도 됩니다. 나머지는 상황에 따라 배워도 늦지 않습니다.

코딩할 때 자주 만나게 만나게 되는 예외는 NullPointerException입니다. 언제 어디서든 발생할 수 있으며 항상 주의해야 합니다. 강제로 null 상태의 변수에 임의의 메서드를 호출하여 NullPointerException 예외가 발생하는 상황을 만들어봅니다.

파일 **ch09_IOExceptions/src/com/yudong80/java/ch09/exceptions/MakeNullPointerExceptionV1.java**

```java
package com.yudong80.java.ch09.exceptions;

public class MakeNullPointerExceptionV1 {
    public static void main(String[] args) {
        //1. null 객체 만들기
        Object nullObj = null;

        //2. NullPointerException 발생
        // 어떤 메서드를 호출해도 죽습니다.
        nullObj.toString();

        //3. 볼 수 없는 문장
        System.out.println("이 문장은 실행되지 않습니다");
    }
}
```

null 객체를 만드는 것은 간단합니다. 바로 null을 대입하면 됩니다. 아무 객체도 만들어지지 않았기 때문에 nullObj 변수의 값은 null입니다.

이 변수의 메서드를 호출하거나 멤버 변수를 접근하면 NullPointerException이 발생하고 죽습니다.

예제의 실행 결과는 다음과 같습니다.

```
Exception in thread "main" java.lang.NullPointerException
    at com.yudong80.java.ch09.exceptions.MakeNullPointerExceptionV1.
main(MakeNullPointerExceptionV1.java:10)
```

먼저 예외가 발생하면 Exception이라 알려주며, 그중에서 java.lang.NullPointerException이라 알려줍니다. 또한 실제로 MakeNullPointerExceptionV1 클래스의 main( ) 메서드에서 발생했으며

MakeNullPointerExceptionV1.java 파일의 10번째 줄이라는 것도 알려줍니다.

사실 위와 같은 명백한 null 객체에 의한 예외는 하단 Problems 창에서도 볼 수 있습니다.

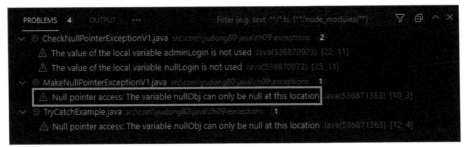

[그림 9-6] NullPointerException에 대한 VS Code의 경고

2.2 try, catch 문법

try 문은 단독으로 존재할 수 없으며 catch 문과 항상 함께 쓰입니다.

[문법 #1]

```
try {
    //예외가 발생할 수 있는 코드
} catch(예외 클래스 〈변수 이름〉) {
    //예외 처리
}
```

---

try 문 안에는 예외가 발생할 수 있는 코드를 넣습니다. 이 범위는 가능한 작은 것이 좋습니다. 왜 그럴까요? 코드를 많이 넣을수록 어떤 코드가 정상 코드이고 어떤 코드가 예외가 발생할 수 있는 코드인지 구분하기 어렵기 때문입니다.

catch 문의 인자로는 예외 클래스와 변수 이름을 명시하고, catch 문 안에는 인자로 명시한 예외가 발생하였을 때 실행되는 코드를 넣습니다.

다음은 간단한 try catch 문 예제입니다.

```java
package com.yudong80.java.ch09.exceptions;

public class TryCatchExample {
    public static void main(String[] args) {
        //1. null 생성
        Object nullObj = null;

        //2. try catch 문
        try {
            System.out.println("실행되는 문장");

            nullObj.toString();

            System.out.println("여기는 도달하지 않습니다");

        } catch (NullPointerException e) {
            System.out.println("NullPointerException 발생: " +
e.getMessage());
        }

        //3. 확인
        System.out.println("이 문장은 실행됩니다!!");
    }
}
```

먼저 nullObj 변수에 null을 대입합니다. 그다음 nullObj.toString( ) 메서드를 호출하여 강제로 NullPointerException을 발생시킵니다.

"실행되는 문장"은 NullPointerException이 발생하기 전이므로 화면에 출력됩니다. try 문에는 NullPointerException이 발생할 수 있는 nullObj.toString( ) 문장을 넣습니다.

nullObj.toString( ) 메서드가 실행되면 예외가 발생하기 때문에 다음 문장은 실행하지 않고 catch 문으로 이동합니다. catch 문 안에서는 NullPointerException 객체가 e 변수로 넘어옵니다. "NullPointerException 발생:" 이라는 문구와 e.getMessage( ) 를 호출하여 예외 객체의 메시지를 출력합니다.

마지막으로 catch 문으로 NullPointerException을 처리했기 때문에 "이 문장은 실행됩니다!!"를 화면에 출력합니다. 이렇게 적절한 try, catch 문을 배치하면 예외로 프로그램이 중단되지 않고 예외가 나왔을 때 미리 준비한 코드로 대응할 수 있습니다. 이것을 예외 처리라고 합니다.

예제의 실행 결과는 다음과 같습니다.

```
실행되는 문장
NullPointerException 발생: null
이 문장은 실행됩니다!!
```

일반적으로 NullPointerException 에 대해서는 catch 문으로 대응하지 않습니다. 앞의 예제는 try catch 문법의 학습 목적으로만 활용해주세요.

NullPointerException은 실제로 다음과 같은 방법으로 대응해야 합니다.

❶ null이 발생하지 않도록 하기
❷ null인지 확인하여 null이 아닐 때만 멤버 변수와 메서드를 호출하기

try, catch 문의 문법을 좀 더 알아봅니다.

[문법 #2]

```
try {
    //예외가 발생할 수 있는 코드
} catch(예외 클래스 A 〈변수 이름 a〉) {
    //A에 대한 예외 처리
} catch(예외 클래스 B 〈변수 이름 b〉) {
    //B에 대한 예외 처리
}
```

어떤 코드에는 예외가 1개 이상 발생할 수도 있습니다. 그때에는 catch 문을 여러 개 넣을 수 있습니다. 만약 예외 클래스 사이에 상속 관계가 있다면 자식 클래스를 먼저 배치해야 부모 클래스인 다른 예외 클래스에도 예외가 전달됩니다.

다음은 catch 문이 여럿인 예외 처리 예제입니다.

```
package com.yudong80.java.ch09.exceptions;

public class TryCatchMultiExample {
    public static void main(String[] args) {
        //1. 다중 try catch 문
        try {
            throw new Exception();

        } catch (NullPointerException e) {
            System.out.println("NullPointerException 발생: " +
e.getMessage());
        } catch (Exception e) {
            System.out.println("Exception 발생: " + e.getMessage());
        }
    }
}
```

throw 문은 특정 예외를 강제로 발생시킵니다. 여기에서는 Exception 예외를 던졌으므로 Exception에 대한 catch 문으로 이동합니다. 예제의 실행 결과는 다음과 같습니다.

```
Exception 발생: null
```

다중 catch 문은 다음과 같이 축약된 형태로 사용할 수도 있습니다. 예를 들어 서로 다른 예외 클래스인 A와 B를 한곳에서 처리하고 싶은 경우입니다.

[문법#3]

```
try {
    //예외가 발생할 수 있는 코드
} catch(예외 클래스 A | 예외 클래스 B⟨변수 이름 a⟩) {
    //A 혹은 B에 대한 예외 처리
}
```

```java
package com.yudong80.java.ch09.exceptions;

public class TryCatchMultiExample {
    public static void main(String[] args) {
        //1. try catch 문 (catch 문 축약)
        try {
            throw new ArithmeticException("예외 발생");

        } catch (NullPointerException | ArithmeticException e) {
            System.out.println("NullPointerException 혹은 ArithmeticException 발생: " + e.getMessage());
        }
    }
}
```

throw 문을 사용하여 강제로 ArithmeticException예외를 발생시킵니다. catch 문에서는 Null PointerException 혹은 ArithmeticException 을 잡을 수 있습니다. 예제의 실행 결과는 다음과 같습니다.

```
NullPointerException 혹은 ArithmeticException 발생: 예외 발생
```

2.3 finally 문

try, catch 문에는 선택적으로 finally 문을 추가할 수 있습니다. finally 문은 예외의 발생 여부와 관계없이 항상 실행되는 코드를 배치합니다. catch 문은 예외가 발생할 때만 실행되지만 finally 문의 내용은 항상 실행됩니다. finally 문은 자바 입출력 스트림을 사용한 후 호출하는 close() 메서드와 밀접한 관계가 있습니다. close() 문 호출을 누락하면 메모리 누수 등 많은 문제가 발생할 수 있기 때문에 close() 문을 finally 문에 넣어두면 반드시 실행됨을 보장할 수 있습니다.

다음은 finally 문의 사용 예제입니다. finally 문은 try catch 문에서만 사용할 수 있습니다.

```java
package com.yudong80.java.ch09.exceptions;

public class TryCatchFinallyExample {
    public static void main(String[] args) {
        //1. 정상적인 코드
        try {
            System.out.println("정상적인 코드");
        } catch (Exception e) {
            System.out.println("Exception 발생: " + e.getMessage());
        } finally {
            System.out.println("예외가 발생하지 않아도 실행됩니다!");
        }

        //2. 산술 예외 발생
        try {
            throw new ArithmeticException("산술 예외 발생");
        } catch (NullPointerException e1) {
            System.out.println("NullPointerException 발생: " +
e1.getMessage());
        } catch (ArithmeticException e2) {
            System.out.println("ArithmeticException 발생: " +
e2.getMessage());
        } finally {
            System.out.println("이 문장은 finally 실행됩니다!!");
        }
    }
}
```

먼저 정상적인 코드입니다. catch 문은 실행되지 않지만 finally 문의 내용은 실행됩니다.

다음은 ArithmeticException이 발생하는 경우입니다. catch 문이 실행되고 finally 문의 내용이 차례로 실행됩니다. 예제의 실행 결과는 다음과 같습니다.

```
정상적인 코드
예외가 발생하지 않아도 실행됩니다!
ArithmeticException 발생: 산술 예외 발생
이 문장은 finally 실행됩니다!!
```

3. 입출력 예외 처리

자바 입출력은 예외 처리와 밀접하게 연관되어 있습니다. 지금까지 입출력을 배우면서 예외를 다루지 않은 이유는 순수하게 입출력의 기능 학습에 집중하기 위해서입니다.

자바 프로그램 입장에서 파일은 운영체제에서 관리하는 자원이기 때문에 외부 자원입니다. 따라서 파일을 찾지 못할 수도 있고 파일을 읽거나 쓰다가 오류가 날 수도 있고 파일에 대한 권한이 없어서 접근 권한 문제가 발생할 수도 있습니다. 그 외 많은 오류들을 예상해야 합니다.

IOException클래스는 입출력에서 발생할 수 있는 모든 예외의 최상위(부모) 클래스입니다. 나머지 입출력 예외 클래스들은 모두 IOException 클래스를 상속합니다.

패키지	클래스	내용
java.io	IOException	일반적인 입출력 예외 모든 입출력 예외의 부모 클래스
java.io	FileNotFoundException	파일을 찾을 수 없을 때

[표 9-13] 입출력 예외 클래스

자바에는 확인된 예외(Checked exception)라는 개념이 있습니다. 특정 클래스는 사용할 때 반드시 특정 예외를 try, catch 하도록 강제하는 개념입니다. 그 외에는 catch 문을 강제할 수 없습니다. 예를 들어 FileReader 클래스의 API 문서를 봅니다.

링크: https://docs.oracle.com/javase/8/docs/api/java/io/FileReader.html

FileReader

```
public FileReader(String fileName)
        throws FileNotFoundException
Creates a new FileReader, given the name of the file to read from.
Parameters:
fileName - the name of the file to read from
Throws:
FileNotFoundException - if the named file does not exist, is a directory rather than a
regular file, or for some other reason cannot be opened for reading.
```

[그림 9-7] FileReader 클래스의 생성자 (Throws 항목)

FileReader의 생성자를 보면 throws FileNotFoundException 문이 들어 있습니다. 따라서 FileReader 객체를 생성하면 반드시 try catch 문으로 FileNotFoundException 예외를 잡아야 합니다.

catch 문에서는 상위 클래스로 catch할 수도 있기 때문에 FileNotFoundException의 부모 클래스인 IOException예외를 잡을 수도 있지만 권장하지 않습니다.

지금까지 main( ) 메서드에서 throws IOException을 계속 포함하였는데요, 그러면 그렇게 던진(throw) 예외는 누가 catch할까요? main( ) 메서드는 자바 프로그램의 시작점이기 때문에 만약 IOException이 발생하면 이 자바 프로그램을 실행시킨 운영체제로 넘어갑니다. 운영체제는 자바의 IOException에 관여하지 않기 때문에 예외 발생 시 프로그램을 중단합니다.

다음은 BufferedFileReaderExample V1을 개선한 예제입니다. throws IOException문을 제거한 대신 일반적인 입출력 예외 처리 코드가 포함되어 있습니다.

파일 ch09_IOExceptions/src/com/yudong80/java/ch09/BufferedFileReaderExam-pleV2.java

```java
package com.yudong80.java.ch09;

import java.io.BufferedReader;
import java.io.FileReader;
import java.io.IOException;
import java.nio.charset.StandardCharsets;

public class BufferedFileReaderExampleV2 {
    private static final String TARGET_TEXT_FILE = "sample-text-file.
txt";
```

```java
    public static void main(String[] args) {
    //1. FileReader 생성
    BufferedReader br = null;

    try {

        br = new BufferedReader(
                new FileReader(TARGET _ TEXT _ FILE, StandardChars
ets.UTF _ 8));
    } catch (IOException e) {
        System.out.println("IOException 발생: " + e.getMessage());
        return;
    }


    //2. 버퍼로 읽기
    String line;
    try {

        while((line = br.readLine()) != null) {
            System.out.println("라인: " + line);

        }
    } catch (IOException ioe) {
        System.out.println("IOException 발생: " + ioe.getMessage());
    } finally {
        try {

            if (br != null) br.close();
        } catch (IOException e) {
            e.printStackTrace();

        }
    }

    }
}
```

먼저 main( ) 메서드에서 throws IOException 를 제거하였습니다. 따라서 확인된 예외는 모두 코드 안에서 잡아주어야 합니다. 첫 번째, try, catch 문은 FileReader 객체 생성 부분입니다. FileReader 클래스의 생성자는 FileNotFoundException을 잡아야 합니다. 두 번째, BufferedReader 객체인 br 변수의 readLine ( ) 메서드를 호출할 때는 IOException을 잡습니다. API 문서를 열어서 어떤 예외를 잡아야 하는지 확인하시기 바랍니다.

링크: https://docs.oracle.com/javase/8/docs/api/java/io/BufferedReader.html#readLine--

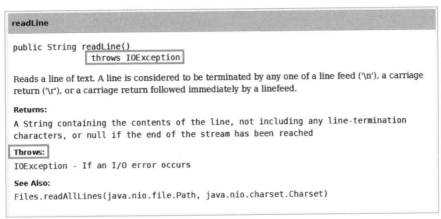

[그림 9-8] BufferedReader 클래스의 readLine( ) 메서드

그렇다면 매번 입출력 API를 사용할 때마다 API 문서를 참고해야 할까요? 그렇지는 않습니다. VS Code 는 확인된 예외가 있으면 바로 알려줍니다. 개념을 배울 때만 몇 번 정도 API 문서를 보시면 충분합니다.

[그림 9-9] FileReader에서 확인된 예외를 누락할 때 VS Code의 경고

[그림 9-9]에서 보면 FileNotFoundException을 처리하라는 경고가 발생합니다.

다음은 br 변수의 readLine( ) 메서드 호출부에 있는 finally 문입니다. 파일을 읽은 후에는 반드시 닫아줘 야 하기 때문에 finally 문에서 close( ) 메서드를 호출해야 합니다. 그런데 실제 코드를 보면 조금 복잡합니다.

```
        } finally {
            try {
                if (br != null) {
                    br.close();
                }
            } catch (IOException e) {
                e.printStackTrace();
            }
        }
    }
```

finally 문은 왜 이렇게 복잡할까요? 해답은 BufferedReader 클래스에 있는 close( ) 메서드의 API 문서에서 찾을 수 있습니다.[37]

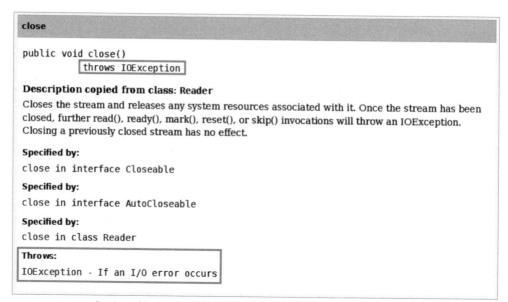

[그림 9-10] BufferedReader 클래스의 close( ) 메서드 (Reader 클래스와 동일)

스트림을 닫으면 대상 자원(예, 파일)을 해제하는데 이때도 예외가 발생할 수 있습니다. 따라서 이 때에도 IOException을 잡아야 합니다. 또한 어떤 이유에서 br 변수가 null일 수도 있기 때문에 null이 아닐 때만 close( ) 메서드를 호출해야 합니다.

예제의 실행 결과는 다음과 같습니다.

---

37 https://docs.oracle.com/javase/8/docs/api/java/io/BufferedReader.html#close—

라인: Lorem ipsum dolor sit amet, consectetur adipiscing elit, sed do eiusmod tempor incididunt ut labore et dolore magna aliqua. Ut enim ad minim veniam,

라인: quis nostrud exercitation ullamco laboris nisi ut aliquip ex ea commodo consequat.

라인: Duis aute irure dolor in reprehenderit in voluptate velit esse cillum dolore eu fugiat nulla pariatur.

라인: Excepteur sint occaecat cupidatat non proident, sunt in culpa qui officia deserunt mollit anim id est laborum.

만약 대상 파일인 "sample-text-file.txt"이 없으면 어떻게 될까요? TARGET_TEXT_FILE 변수의 값을 임의로(예, "nothing.txt"로) 변경합니다.

```
private static final String TARGET _ TEXT _ FILE = "nothing.txt";
```

예제의 실행 결과는 다음과 같습니다.

```
FileNotFoundException 발생: nothing.txt (지정된 파일을 찾을 수 없습니다)
```

지정된 파일을 찾을 수 없기 때문에 FileNotFoundException이 발생하였으며, catch 문 안에서 위의 문구를 출력하고 return; 문이 호출되며 프로그램이 종료되었습니다.

다음은 PoemWriterV1에서 예외 처리가 적용된 예제입니다.

파일 ch09_IOExceptions/src/com/yudong80/java/ch09/PoemWriterV2.java

```java
package com.yudong80.java.ch09;

import java.io.BufferedReader;
import java.io.BufferedWriter;
import java.io.FileReader;
import java.io.FileWriter;
import java.io.IOException;
import java.nio.charset.StandardCharsets;

public class PoemWriterV2 {
    private static final String DEFAULT _ INPUT _ FILE = "poem.txt";
```

```java
    private static final String DEFAULT_OUTPUT_FILE =
"poem_copy.txt";
    private static final String EMPTY_STRING = "";

    private String outputFile;

    public PoemWriterV2(String outFile) {
        this.outputFile= outFile;
    }

    public String readInputPoem(String inputFile) {
        BufferedReader br;

        try {
            br = new BufferedReader(new FileReader(inputFile, Standard
Charsets.UTF_8));
        } catch (IOException e) {
            System.out.println("IOException 발생: " + e.getMessage());
            return EMPTY_STRING;
        }


        StringBuilder sb = new StringBuilder();
        String line;

        try {
            while((line = br.readLine()) != null) {
                sb.append(line).append('\n');
            }
        } catch (IOException ioe) {
            System.out.println("IOException 발생: " + ioe.getMessage());

            //IOException 발생 시에는 빈 문자열을 반환하기로 함
            return EMPTY_STRING;
```

```java
        } finally {
            try {
                if (br != null) {
                    br.close();
                }
            } catch (IOException e) {
                e.printStackTrace();
            }
        }

        return sb.toString();
    }

    public void writeOutput(String content) {
        BufferedWriter bw = null;
        try {
            bw = new BufferedWriter(new FileWriter(outputFile, Standard
Charsets.UTF _ 8));
            bw.write(content);
            bw.flush();
        } catch (IOException ioe) {
            System.out.println("IOException 발생: " + ioe.getMessage());
        } finally {
            try {
                if (bw != null) {
                    bw.close();
                }
            } catch (IOException e) {
                e.printStackTrace();
            }
        }
    }

    public static void main(String[] args) {
        //1. PoemWriter 객체 생성
```

```
        PoemWriterV2 poemWriter = new PoemWriterV2(DEFAULT_OUTPUTFILE);

        //2. poem.txt 파일 읽기
        String original = poemWriter.readInputPoem(DEFAULT_INPUTFILE);
        System.out.println("== 원본 내용 ==");
        System.out.println(original);

        //3. poem _ copy.txt 파일 쓰기
        poemWriter.writeOutput(original);

        //4. 내용 확인
        String copied = poemWriter.readInputPoem(DEFAULT_OUTPUT_FILE);
        System.out.println("== 사본 내용 ==");
        System.out.println(copied);
    }
}
```

먼저 EMPTY_STRING 상수를 추가하였습니다. 단순히 빈 문자열인데 만약 파일을 읽을 때 IOException이 발생하면 이를 반환하도록 합니다.

readInputPoem( ) 메서드에서 throws IOException문이 사라졌습니다. 대신 FileReader 객체를 생성할 때 FileNotFoundException을 잡았습니다. FileNotFoundException클래스가 IOException 클래스를 상속하였으므로 예외 발생 시 이 메서드는 EMPTY_STRING을 반환합니다.

BufferedReader 객체로 readLine( ) 메서드를 호출할 때도 IOException예외가 발생할 수 있습니다. 이때에도 적절한 정보를 출력하고 EMPTY_STRING을 반환합니다.

이처럼 입출력 시에는 예외가 발생할 때 어떻게 대응할지 정책을 세워두어야 합니다. 일관성이 중요하며 이를 어기면 문제가 생겼을 때 디버그[38] 하기 어렵습니다.

writeOutput( ) 메서드에서 IOException예외를 던지는(throw) 메서드는 FileWriter 클래스의 생성자와 BufferedWriter 클래스의 write( )와 flush( ) 메서드입니다. 엄밀하게는 예외가 발생하는 문장마다 try, catch문을 붙여주는 것이 맞으나 논리적으로는 내용을 파일에 출력하는 한 가지 동작이므로 한 군데로 모았습니다.

---

38 디버그는 버그의 원인을 찾고 문제를 해결하는 개발자의 행위를 말합니다. 실무에 따라 다르지만 개발 업무 시간의 30% 정도는 디버그에 쓰입니다.

try, catch 문을 몇 개로 할지는 프로그래머의 재량이기 때문에 상황에 맞게 적용합니다. 예를 들어 파일을 열 때는 별도의 try, catch 문을 분리하는 것이 좋습니다. 이유는 파일을 못 찾아서 예외가 발생했는지 (FileNotFoundException) 아니면 파일을 읽는 중에 문제가 발생(IOException)했는지 문제 원인을 쉽게 구별하기 위해서입니다.

readInputPoem( ), writeOutput( ) 메서드는 모두 try, catch 문에서, close( ) 메서드는 finally 문에서 실행하였습니다.

main( ) 메서드에는 더이상 throws IOException 문이 보이지 않습니다. 여기에서 호출하는 readInputPoem( ), writeOutput( ) 메서드 모두 내부에서 입출력 예외를 처리하기 때문입니다. 예제의 실행 결과는 PoemWriterV1 코드 실행 결과와 같습니다.

4. AutoClosable 인터페이스

자바에서 입출력을 하면 close( ) 메서드 호출 방법이 복잡합니다. 논리적으로는 이해되지만 매번 코딩하려면 귀찮고 대부분의 개발자는 메모장에 복사해두고 붙여 넣기에 바쁩니다. 더 깔끔하게 처리할 수는 없을까요?

자바 7에서 AutoClosable 인터페이스가 도입되어 이제 개발자가 명시적으로 close( ) 메서드를 호출하지 않아도 됩니다. java.lang 패키지에 있는 AutoClosable 인터페이스에 대해 알아봅시다.[39]

Modifier and Type	Method and Description
void	close() Closes this resource, relinquishing any underlying resources.

[그림 9-11] AutoClosable 인터페이스의 유일한 close( ) 메서드

close( ) 문을 포함하는 자바 입출력 클래스들은 모두 AutoClosable 인터페이스를 구현합니다.

```
All Known Implementing Classes:
AbstractInterruptibleChannel, AbstractSelectableChannel,
AbstractSelector, AsynchronousFileChannel,
AsynchronousServerSocketChannel, AsynchronousSocketChannel,
AudioInputStream, BufferedInputStream, BufferedOutputStream,
BufferedReader, BufferedWriter, ByteArrayInputStream,
ByteArrayOutputStream, CharArrayReader, CharArrayWriter,
```

[그림 9-12] BufferedReader와 BufferedWriter 클래스는 모두 AutoClosable 인터페이스를 구현하고 있음

---

39 https://docs.oracle.com/javase/8/docs/api/java/lang/AutoCloseable.html

이 인터페이스를 사용하여 자바에서는 try with resources 문법을 제공합니다.

* 여러 문장이 들어갈 수 있으며 한 문장의 끝에는 세미콜론(;)을 반드시 붙여줘야 합니다.

바로 try 문의 괄호 사이에 close( )를 반드시 해줘야 하는 입출력 객체를 생성합니다. 자바 표준 API에 있는 모든 입출력 클래스는 이 문법을 적용할 수 있습니다.

다음은 try with resources 문법을 적용한 예제입니다.

파일 ch09_IOExceptions/src/com/yudong80/java/ch09/TryWithResourcesExample.java

```java
package com.yudong80.java.ch09;

import java.io.BufferedReader;
import java.io.FileNotFoundException;
import java.io.FileReader;
import java.io.IOException;
import java.nio.charset.StandardCharsets;

public class TryWithResourcesExample {
    private static final String TARGET_TEXT_FILE = "sample-text-file.txt";

    public static void main(String[] args) {
        try (BufferedReader br = new BufferedReader(
new FileReader(TARGET_TEXT_FILE))) {
            String line;
            while ((line = br.readLine()) != null) {
                System.out.println("라인: " + line);
            }
```

```
        } catch (FileNotFoundException e) {
            System.out.println("FileNotFoundException 발생: " +
e.getMessage());
        } catch (IOException ioe) {
            System.out.println("IOException 발생: " + ioe.getMessage());
        }
    }
}
```

try with resources 문법은 내부적으로 close( ) 메서드가 호출되기 때문에 finally 문이 사라져 코드의 가독성이 높아졌습니다.

try 문은 FileReader 클래스의 생성자에서 던지는 FileNotFoundException 예외와 BufferedReader 객체인 br 변수의 readLine( ) 메서드에서 발생할 수 있는 IOException 예외를 모두 잡았습니다. 이렇게 부모/자식 관계에 있는 예외를 구별하여 처리하려면 자식 클래스인 FileNotFoundException 예외를 먼저 배치합니다. 그렇지 않으면 컴파일 오류가 발생합니다.

try with resource 문은 코드를 간결하게 해주므로 반드시 사용하시기 바랍니다. 예제의 실행 결과는 다음과 같습니다.

```
라인: Lorem ipsum dolor sit amet, consectetur adipiscing elit, sed do
eiusmod tempor incididunt ut labore et dolore magna aliqua. Ut enim ad
minim veniam,
라인: quis nostrud exercitation ullamco laboris nisi ut aliquip ex ea
commodo consequat.
라인: Duis aute irure dolor in reprehenderit in voluptate velit esse
cillum dolore eu fugiat nulla pariatur.
라인: Excepteur sint occaecat cupidatat non proident, sunt in culpa qui
officia deserunt mollit anim id est laborum.
```

다음은 try with resource 문법으로 개선된 PoemWriterV3 예제입니다.

```java
package com.yudong80.java.ch09;

import java.io.BufferedReader;
import java.io.BufferedWriter;
import java.io.FileNotFoundException;
import java.io.FileReader;
import java.io.FileWriter;
import java.io.IOException;
import java.nio.charset.StandardCharsets;

public class PoemWriterV3 {
    private static final String DEFAULT_INPUT_FILE = "poem.txt";
    private static final String DEFAULT_OUTPUT_FILE =
"poem_copy.txt";
    private static final String EMPTY_STRING = "";

    private String outputFile;

    public PoemWriterV3(String outFile) {
        this.outputFile= outFile;
    }

    public String readInputPoem(String inputFile) {
        StringBuilder sb = new StringBuilder();
        String line;

        try (BufferedReader br = new BufferedReader(
new FileReader(inputFile, StandardCharsets.UTF_8))){
            while((line = br.readLine()) != null) {
                sb.append(line).append('\n');
            }
        } catch (FileNotFoundException e) {
            System.out.println("FileNotFoundException 발생: " +
e.getMessage());
```

```
                    return EMPTY _ STRING;
            } catch (IOException ioe) {
                System.out.println("IOException 발생: " +
ioe.getMessage());
                    return EMPTY _ STRING;
            }

            return sb.toString();
        }


    public void writeOutput(String content) {
            try (BufferedWriter bw = new BufferedWriter(
new FileWriter(outputFile, StandardCharsets.UTF _ 8))){
                bw.write(content);
                bw.flush();
            } catch (IOException ioe) {
                System.out.println("IOException 발생: " + ioe.getMessage());
            }
        }


    public static void main(String[] args) {
            //1. PoemWriter 객체 생성
            PoemWriterV3 poemWriter = new PoemWriterV3
(DEFAULT _ OUTPUT _ FILE);

            //2. poem.txt 파일 읽기
            String original = poemWriter.readInputPoem
(DEFAULT _ INPUT _ FILE);
            System.out.println("== 원본 내용 ==");
            System.out.println(original);

            //3. poem _ copy.txt 파일 쓰기
            poemWriter.writeOutput(original);

            //4. 내용 확인
            String copied = poemWriter.readInputPoem
```

```
(DEFAULT _ OUTPUT _ FILE);
        System.out.println("== 사본 내용 ==");
        System.out.println(copied);
    }
}
```

readInputPoem( ) 메서드는 정상 경로의 코드와 예외 처리 코드가 명확하게 분리되었습니다. try with resources 문으로 close( ) 메서드 호출 부분이 제거되었고 FileNotFoundException 혹은 IOException 예외가 발생했을 때 EMPTY_STRING을 반환함을 명시적으로 파악할 수 있습니다.

writeOuput( ) 메서드도 같은 방법으로 try with resources 문을 적용하였습니다. 예제의 실행 결과는 PoemWriterV2 코드와 동일합니다.

5. NullPointerException의 처리

NullPointerException은 자바 프로그래밍을 하면서 자주 접하게 되는 예외입니다. 초보자의 경우 어떻게 해결해야 할지, 왜 오류가 발생하는지 모르고 헤매는 경우가 많습니다. 따라서 예외의 정의는 무엇이고 어떻게 대응해야 하는지, 그리고 어떻게 대응하면 안 되는지도 함께 알아봅니다.

패키지	예외 클래스	내용
java.lang	NullPointerException	null 객체의 메서드를 호출하거나 멤버 변수에 접근할 때

[표 9–14] NullPointerException

NullPointerException은 확인된 예외가 아닙니다. NullPointerException은 발생 즉시 프로그램이 중단되기 때문에 절대 발생해서는 안 됩니다.

NullPointerException(이하 NPE)의 일반적인 대응 방법은 다음과 같습니다.

❶ 어떤 변수가 null이 될 수 있는지 확인할 것
        → null이 발생할 수 있으면 null이 아닐 때만 그 객체의 메서드를 호출합니다.
❷ 메서드의 호출 결과로 null이 반환될 수 있는지 확인할 것
        → null이 나올 수 있다면 null이 아닐 때만 반환된 객체를 호출합니다.
❸ 호출하는 메서드의 인자로 null을 넘겼을 때 문제가 되는지 확인할 것
        → 호출하는 메서드의 API 문서를 읽거나 소스 코드를 확인합니다.
다음은 각 사례에 대한 예제들 입니다.

```java
package com.yudong80.java.ch09.exceptions;

public class CheckNullPointerExceptionV1 {
    static boolean isLogin(String id) {
        //NPE 발생 가능성 있음
        if (id.equals("admin")) {
            return true;
        }
        return false;
    }

    static boolean isLoginSuccessful(String id) {
        //NPE 발생 예방됨
        if ("admin".equals(id)) {
            return true;
        }
        return false;
    }

    public static void main(String[] args) {
        //1. 정상적인 경우
        boolean adminLogin = isLogin("admin");

        //2. NPE 발생
        boolean nullLogin = isLogin(null);
    }
}
```

isLogin( ) 메서드는 NPE 발생 가능성이 있습니다. 만약 id 인자로 null이 들어온다면 어떻게 될까요? null 객체에 equals( ) 메서드를 호출할 수 없으므로 NPE가 발생합니다.

isLoginSuccessful( ) 메서드는 NPE가 발생하지 않습니다. 문자열을 비교할 때는 한쪽이 상수가 있다면 반드시 상수를 기준으로 equals( ) 메서드를 호출하세요.

main( ) 메서드에서는 정상적인 경우와 NPE가 발생하는 경우를 보여주고 있습니다. 예제의 실행 결과는 다음과 같습니다. 그러면 NPE가 발생되지 않습니다.

```
Exception in thread "main" java.lang.NullPointerException
    at com.yudong80.java.ch09.exceptions.CheckNullPointerExceptionV1.is-
Login(CheckNullPointerExceptionV1.java:6)
    at com.yudong80.java.ch09.exceptions.CheckNullPointerExceptionV1.
main(CheckNullPointerExceptionV1.java:25)
```

다음 예제는 메서드 호출시 null이 반환되는 예제입니다.

파일 ch09_IOExceptions/src/com/yudong80/java/ch09/exceptions/CheckNull-
PointerExceptionV2.java

```java
package com.yudong80.java.ch09.exceptions;

public class CheckNullPointerExceptionV2 {
    static String[] getLoginUsers(int page) {
        if (page == 100) {
            return new String[] {"A", "B", "C"};
        }

        //이 메서드는 null을 반환할 수 있습니다.
        return null;
    }

    public static void main(String[] args) {
        //1. 정상적인 경우
        String[] users = getLoginUsers(100);
        System.out.println("로그인한 사용자의 수는 " + users.length + "입니다.");

        //2. NullPoinerException 발생
        String[] anotherUsers = getLoginUsers(200);
        //System.out.println("로그인한 또다른 사용자의 수는 " +
anotherUsers.length + "입니다.");

        //3. NPE 대처하기
```

```
        int userCount = 0;
        if (anotherUsers != null) {
            userCount = anotherUsers.length;
        }
        System.out.println("로그인한 또다른 사용자의 수는 " + userCount +
"입니다.");
    }
}
```

경우에 따라 어떤 메서드가 null을 반환하는 것은 정상입니다. 적절한 반환 객체가 없다면 null을 반환해야 합니다. 하지만 null을 반환할 수 있는 메서드를 호출할 때는 항상 주의해야 합니다.

getLoginUsers( ) 메서드는 null을 반환할 수 있습니다. 먼저 getLoginUsers(100) 호출은 정상 동작합니다. 반환된 users 변수의 length 속성을 통해 로그인한 사용자의 수를 출력합니다.

한편 getLoginUser(200) 호출은 null이 반환됩니다. 그래서 이 변수에 length 속성을 접근하면 NPE가 발생하기 때문에 안됩니다.

따라서 null이 아닐 때만 배열의 length 속성을 가져와야 합니다. 예제의 실행 결과는 다음과 같습니다.

```
로그인한 사용자의 수는 3입니다.
로그인한 또다른 사용자의 수는 0입니다.
```

다음은 메서드 호출 시에 null을 인수로 넘기는 예제입니다.

파일 **ch09_IOExceptions/src/com/yudong80/java/ch09/exceptions/CheckNull-PointerExceptionV3.java**

```
package com.yudong80.java.ch09.exceptions;

public class CheckNullPointerExceptionV3 {
    public static void main(String[] args) {
        String text = "Hello Java";

        //1. 정상적인 경우
        boolean endsWithJava = text.endsWith("Java");
        System.out.println(text + "는 Java로 끝나요? " + endsWithJava);
```

```
    //2. NPE 발생
    boolean endsWithNull = text.endsWith(null);
    System.out.println(text + "는 null로 끝나요? " + endsWithNull);
    }
}
```

String 클래스의 endsWith(suffix) 메서드는 어떤 문자열이 suffix 인자로 끝나는지 알려줍니다. 그런데 이 메서드의 인수로 null을 넘기면 NPE가 발생합니다. 왜 그럴까요?

이 메서드의 소스 코드로 들어가봅니다.

```
    public boolean endsWith(String suffix) {
        return startsWith(suffix, value.length - suffix.value.length);
    }
```

이 메서드는 내부적으로 같은 클래스(String)의 startsWith( ) 메서드를 호출하고 있으며 suffix 인자의 value 멤버 변수에 직접 접근하기 때문에 suffix 인자에 null을 넘기면 NPE가 발생합니다. 자바 표준 API 를 호출할 때도 NPE의 발생 가능성을 주의해야 합니다. 가장 좋은 방법은 틈틈이 호출되는 메서드의 소스 코드를 보는 것입니다.

예제의 실행 결과는 다음과 같습니다.

```
Hello Java는 Java로 끝나요? true
Exception in thread "main" java.lang.NullPointerException
    at java.lang.String.endsWith(Unknown Source)
    at com.yudong80.java.ch09.exceptions.CheckNullPointerExceptionV3.
main(CheckNullPointerExceptionV3.java:12)
```

첫 번째 endsWith( )메서드 호출은 성공하였지만 두 번째 호출에는 NPE가 발생하였습니다.

이번 장의 마무리

이번 장에서는 쉽지 않은 내용이 많았습니다. 파일 처리를 포함한 입출력(IO; Input/Ouput) 스트림을 배웠고 그에 필요한 BufferedReader, FileWriter 등의 클래스 사용법을 알아보았습니다. 또한 자바에서 예외는 무엇이며 예외 처리에 필요한 try, catch 와 finally 문법을 배웠고, 입출력 스트림을 자동으로 닫아주는 AutoClosable 인터페이스와 NullPointerException을 다루는 방법에 대해 배웠습니다.

연습문제

01 다음은 입출력에 관한 내용입니다. 틀린 내용을 고르세요.

① JSON(JavaScript Object Notation) 포맷은 자바 입출력에서 많이 쓰인다.

② 자바 입출력은 스트림의 개념으로 구성되어 있으며 InputStream, OutputStream 등의 클래스가 제공된다.

③ 자바 입출력 시 close( ) 메서드는 호출하지 않아도 된다.

④ BufferedReader 클래스를 사용하면 파일을 읽을 때 성능이 크게 개선된다.

02 다음은 텍스트 파일을 출력하는 예제입니다. 빈 칸을 채우세요.

```
public class TextFileReader {
    private static final String TEXT _ FILE = "content.txt";
    public static void main(String[] args) throws IOException {
        BufferedReader br = new BufferedReader(new [    ] (TEXT _ FILE));
        String line;
        while((line = br.[    ] != null) {
            System.out.println(line);
        }
        br.close();
    }
}
```

03 다음은 FileWriter 클래스에 대한 설명입니다. 맞는 것을 모두 고르세요.

① java.io 패키지에 존재하며 파일에 쓰기 및 추가(append) 기능을 제공한다.

② BufferedWriter 클래스와 함께 사용할 수 있다.

③ 파일이 존재하지 않는 경우 새로운 파일을 생성한다.

④ write( ) 메서드를 호출한 후 매번 flush( ) 메서드를 호출해야 한다.

04 다음 중 자바 예외(Exceptions)가 발생하지 않는 경우는?

① null 객체의 메서드를 호출했을 때

② 어떤 수를 0으로 나눴을 때

③ 파일 쓰기를 할 때 파일이 존재하지 않는 경우

④ 배열의 크기보다 더 큰 인덱스에 접근할 때

05 다음은 AutoClosable을 활용한 파일 쓰기 예제입니다. 빈 칸을 채우시오.

```java
public class TextFileWriter {
    private static final String TEXT_FILE = "content.txt";
    public void writeContent(String file, String content) {
        try ( [    ] ) {
            bw.write(content);
            bw.flush();
        } catch ( [    ] ) {
            System.out.println("IOException 발생: " + ioe.getMessage());
        }
    }
}
```

memo

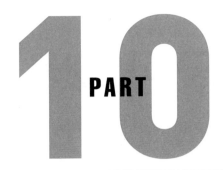

PART 10

공공 API 활용 프로젝트

이 장의 내용

- 공공 API 활용 방법
- 자바 네트워크 API
- 메이븐 의존성 추가(OkHttp, GSON 라이브러리)
- 공공 API 호출 결과 분석

10 공공 API 활용 프로젝트

드디어 마지막 장입니다. 지금까지 배운 내용들을 총동원하여 공공 API를 활용하는 프로젝트를 만듭니다. 공공 API는 원격 서버에 있는 데이터를 가져와야 하기 때문에 서버에서 데이터를 가져오는 HTTP 프로토콜에 대해 알아봅니다. OkHttp라는 널리 쓰이는 HTTP 프로토콜 라이브러리를 활용합니다. 마지막으로 기상청의 단기 예보 조회 서비스 API를 활용하여 공공 API 호출 결과를 분석합니다.

1. 공공 API 기본

공공 API는 정확한 의미로 "공공 데이터 포털 OPEN API"입니다. 말이 더 어려워졌는데요. 먼저 공공 데이터 포털은 국가에서 운영하는 data.go.kr을 의미합니다. 공공 데이터 포털은 우리나라 국민이 이용할 수 있는 각종 자료와 오픈 API를 제공합니다. 공개된 공공 자료에는 도로 교통 공단의 교통사고 통계 등이 있고 오픈 API는 도로명 주소 조회 서비스 등이 있습니다. 최근 전 세계를 위협하는 코로나 바이러스 (COVID-19)에 대비한 공적 마스크 판매 정보 제공 서비스도 오픈 API로 크게 활용되었습니다.

공공 API는 자바 언어도 지원하기 때문에 자바 프로그래머를 지망하는 분이라면 꼭 도전해보시기 바라는 마음에서 미니 프로젝트를 준비하였습니다.

프로젝트를 위해 몇 가지 설정을 시작합니다. Part9까지와는 다른 종류의 자바 프로젝트를 설정합니다. 그 이유는 공공 API는 데이터 포털과 네트워크로 요청과 응답을 주고받아야 하는데 자바 표준 API만 가지고는 이러한 처리를 하기 어렵기 때문입니다.

요약하면 잘 만들어진 네트워크 라이브러리를 사용할 수 있는 자바 프로젝트인 메이븐 기반의 자바 프로젝트를 준비합니다. 따라오세요.

1.1 메이븐 프로젝트 생성

메이븐(Maven)이란 무엇일까요? 메이븐은 자바 프로젝트를 빌드(build)하는 도구입니다. 빌드는 단순히 자바 소스 코드의 컴파일(compile)을 넘어 필요한 라이브러리(혹은 의존성)를 자동으로 다운받아서 설치하고 실행 파일(executables)까지 만들어주는 과정을 의미합니다.

메이븐 자체만으로 많은 내용을 담고 있기 때문에 자세한 설명은 생략하며 지금은 공공 API를 간결한 코드로 호출하기 위해 네트워크 라이브러리를 설정하는 방법을 배웁니다.

메이븐 사용 목적: 공공 API 호출을 위한 네트워크 라이브러리를 편리하게 등록하기 위함

메이븐 기반의 자바 프로젝트를 생성하는 법은 다음과 같습니다. VS Code를 실행한 후 File 메뉴 〉 Open Folder를 실행해 d:WworkWagitWcoding-java 폴더로 이동합니다.

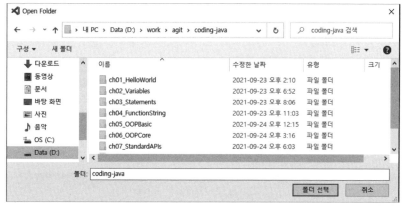

[그림 10-1] coding-java 폴더를 열기

VS Code에서 F1 버튼을 눌러 Java:Create Java Project 를 선택합니다.

[그림 10-2] 빌드 도구로 Maven을 선택

[그림 10-3] maven-archetype-quickstart 선택

여기에서 Maven을 선택하고 Create Maven Project 에서 maven-archtype-quickstart를 선택합니다.

Create Maven Project
Select a version ...
1.4
1.3
1.1
1.0

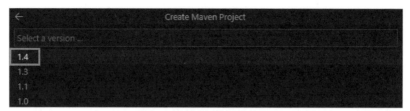

[그림 10-4] 메이븐 버전 선택 (1.4)

버전은 1.4(최신 버전)를 선택합니다.

Create Maven Project
com.yudong80.java.ch10
Input group Id of your project. (Press 'Enter' to confirm or 'Escape' to cancel)

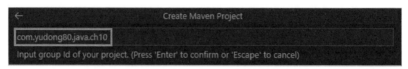

[그림 10-5] 패키지 이름 설정 (com.yudong80.java.ch10)

패키지 이름을 com.yudong80.java.ch10 으로 입력합니다.

Create Maven Project
ch10_publicapis
Input artifact Id of your project. (Press 'Enter' to confirm or 'Escape' to cancel)

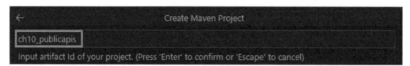

[그림 10-6] 프로젝트 이름 설정

프로젝트 이름은 ch10_publicapis 로 입력합니다.

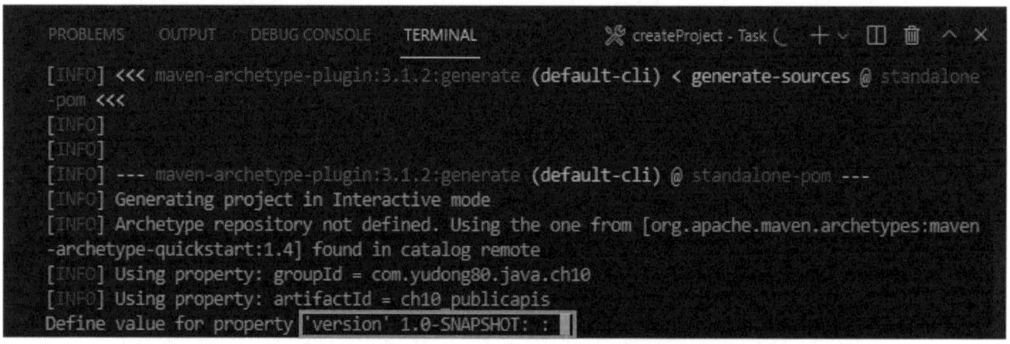

PROBLEMS
OUTPUT
DEBUG CONSOLE
TERMINAL
createProject - Task
[INFO] <<< maven-archetype-plugin:3.1.2:generate (default-cli) < generate-sources @ standalone-pom <<<
[INFO]
[INFO]
[INFO] --- maven-archetype-plugin:3.1.2:generate (default-cli) @ standalone-pom ---
[INFO] Generating project in Interactive mode
[INFO] Archetype repository not defined. Using the one from [org.apache.maven.archetypes:maven-archetype-quickstart:1.4] found in catalog remote
[INFO] Using property: groupId = com.yudong80.java.ch10
[INFO] Using property: artifactId = ch10_publicapis
Define value for property 'version' 1.0-SNAPSHOT: :

[그림 10-7] 메이븐 프로젝트 생성 중 (여기에서 엔터를 누른다)

다음과 같이 메이븐 프로젝트가 생성중입니다. 프롬프트가 나오면 엔터를 누릅니다.

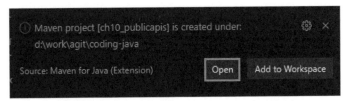

[그림 10-8] 생성된 프로젝트 정보 확인 (여기에서 엔터를 누른다)

생성된 프로젝트 정보를 확인하는 프롬프트가 나오면 다시 엔터를 누릅니다.

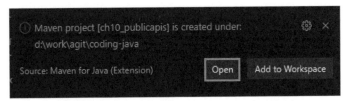

[그림 10-9] 메이븐 프로젝트 생성 완료

[그림 10-9]와 같이 메이븐 프로젝트가 생성되었습니다.

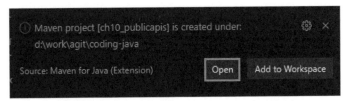

[그림 10-10] 메이븐 프로젝트로 이동 (Open 버튼을 누른다)

메이븐 프로젝트가 생성되면 우측 하단에 [그림 10-10]과 같이 메이븐 프로젝트로 이동하는 대화창이 표시됩니다.

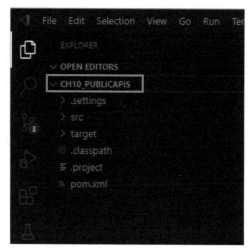

[그림 10-11] 새로운 VS Code 창이 열림 (ch10_publicapis 프로젝트)

Open 버튼을 누르면 새로운 VS Code 창이 열립니다.

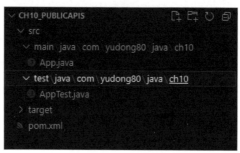

[그림 10-12] 메이븐 기반의 자바 프로젝트 구조

생성된 메이븐 기반의 자바 프로젝트의 구조는 [그림 10-12]와 같습니다.

다음은 메이븐 자바 프로젝트와 일반 자바 프로젝트의 차이점입니다.

	메이븐 자바 프로젝트	일반 자바 프로젝트
빌드 도구	메이븐	빌드 도구 없음
빌드 파일	pom.xml*	
소스 폴더	src/main/java	src
출력 폴더	target/classes	bin
장점	pom.xml에 필요한 라이브러리(의존성)을 등록할 수 있음	단순한 구조
단점	일반 자바 프로젝트에 비해 프로젝트 디렉터리 구조가 복잡함	라이브러리 jar 파일을 직접 추가해야 함

[표 10-1] 메이븐 자바와 일반 자바의 차이점

* POM은 Project Object Model의 약자입니다.

메이븐 자바 프로젝트는 일반 자바 프로젝트에 비해 프로젝트의 디렉터리 구조가 복잡하지만 라이브러리를 쉽게 추가할 수 있으며 개발자가 관리할 필요가 없다는 장점이 있습니다. 실행 방법은 일반 자바 프로젝트와 동일합니다.

일반 자바 프로젝트와 동일하게 src/main/java/com/yudong80/java/ch10 폴더에 있는 App.java 파일로 이동하여 Run 버튼을 누릅니다.

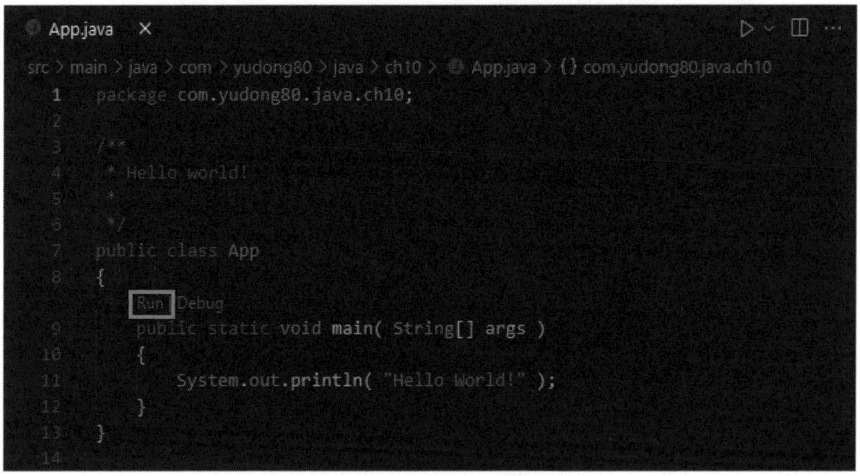

[그림 10-13] App 클래스를 실행하기

예제의 실행 결과는 다음과 같습니다.

```
Hello World!
```

1.2 기상청 단기예보 조회서비스

이제 공공 데이터 포털로 이동합니다. 웹 브라우저를 열고 www.data.go.kr로 이동합니다.

[그림 10-14] 공공 데이터 포털 홈페이지

여기에서 "단기예보 조회서비스"로 검색하면 다음과 같은 화면이 나옵니다.

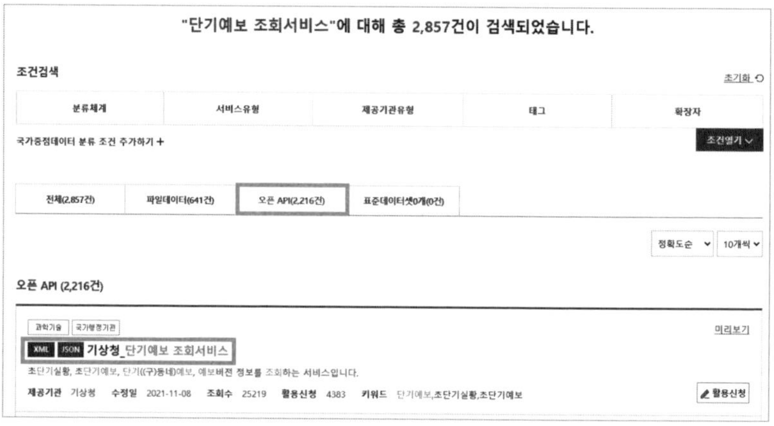

[그림 10-15] 기상청_단기예보 조회서비스 검색

여기에서 "기상청_단기예보 조회서비스"(https://www.data.go.kr/data/15084084/openapi.do)를 선택합니다. 이 서비스는 기상청의 국가 기후 데이터 센터에서 제공하는 정보로 단기 예보(구 동네예보), 초단기 실황, 초단기 예보 등을 제공합니다.

공공 API를 사용하기 위해서는 요청 데이터와 응답 데이터 정보를 알아야 합니다. 먼저 요청 데이터 정보입니다.

요청변수(Request Parameter)

항목명(국문)	항목명(영문)	항목크기	항목구분	샘플데이터	항목설명
서비스키	ServiceKey	4	필수	-	공공데이터포털에서 받은 인증키
페이지 번호	pageNo	4	필수	1	페이지번호
한 페이지 결과 수	numOfRows	4	필수	10	한 페이지 결과 수
응답자료형식	dataType	4	옵션	XML	요청자료형식(XML/JSON) Default: XML
발표일자	base_date	8	필수	20210628	'21년 6월 28일 발표
발표시각	base_time	4	필수	0600	06시 발표(정시단위)
예보지점 X 좌표	nx	2	필수	55	예보지점의 X 좌표값
예보지점 Y 좌표	ny	2	필수	127	예보지점의 Y 좌표값

[그림 10-16] 단기예보 조회서비스의 요청 변수

여기에서 중요한 것은 서비스 키, 응답 자료 형식, 발표 일자, 발표 시각과 예보 지점의 X, Y 좌표입니다. 요약하면 내가 원하는 지역(X, Y 좌표)의 일자와 시간 정보를 넣습니다. 그 외 서비스 키와 응답 자료 형식은 공공 API를 처리하기 위한 기술적인 내용입니다. 뒤에서 자세하게 다룹니다.

다음은 응답 데이터 정보입니다. 기술적인 내용보다는 어떤 정보를 넣으면(입력) 어떤 정보가 나오는지(출력) 파악하는 것이 우선입니다.

출력결과(Response Element)

항목명(국문)	항목명(영문)	항목크기	항목구분	샘플데이터	항목설명
결과코드	resultCode	2	필수	00	결과코드
결과메시지	resultMsg	50	필수	OK	결과메시지
한 페이지 결과 수	numOfRows	4	필수	10	한 페이지 결과 수
페이지 번호	pageNo	4	필수	1	페이지번호
전체 결과 수	totalCount	4	필수	3	전체 결과 수
데이터 타입	dataType	4	필수	XML	응답자료형식 (XML/JSON)
발표일자	baseDate	8	필수	20210628	'21년 6월 28일 발표
발표시각	baseTime	6	필수	0600	06시 발표(매 정시)
예보지점 X 좌표	nx	2	필수	55	입력한 예보지점 X 좌표
예보지점 Y 좌표	ny	2	필수	127	입력한 예보지점 Y 좌표
자료구분코드	category	3	필수	RN1	자료구분코드
실황 값	obsrValue	2	필수	0	RN1, T1H, UUU, VVV, WSD 실수로 제공

[그림 10-17] 동네 예보 조회 서비스의 출력 결과

여기에서 중요한 값은 자료 구분 코드(category)와 실황 값(obsrValue)입니다.

공공 API를 호출하기 위해서는 회원 가입과 서비스 키를 등록해야 합니다. 서비스 키가 필요한 이유는 디도스(DDOS; 분산 거부 공격) 공격과 같은 해커에 의한 서버의 공격을 막고 회원에 따라 사용량을 제한하는 등의 서비스 운영을 원활하게 하기 위함입니다.

웹 페이지의 우측 상단에 있는 [활용 신청] 버튼을 누릅니다.

[그림 10-18] 공공 API 활용 신청

이제 회원 가입 및 로그인이 필요합니다.

[그림 10-19] 공공 데이터 포털 회원 가입 및 로그인

로그인을 한 후 다음의 URL로 다시 들어갑니다.

링크: https://www.data.go.kr/data/15084084/openapi.do

경로: 공공 데이터 포털 〉 "단기예보 조회서비스" 검색 〉 오픈 API 〉 기상청_단기예보 조회서비스

그다음 [활용 신청] 메뉴로 다시 들어갑니다.

OpenAPI 개발계정 신청

JSON+XML 기상청_단기예보 조회서비스

제공기관	기상청	서비스유형	REST
심의여부	자동승인	신청유형	개발계정 | 활용신청
처리상태	신청	활용기간	승인일로부터 24개월 간 활용가능

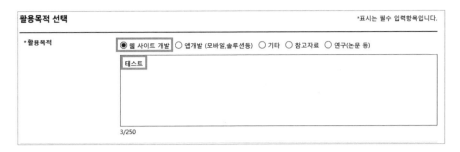

활용목적 선택

*표시는 필수 입력항목입니다.

| *활용목적 | ◉ 웹 사이트 개발 ○ 앱개발 (모바일,솔루션등) ○ 기타 ○ 참고자료 ○ 연구(논문 등) |

테스트

3/250

상세기능정보 선택

☑	상세기능	설명	일일 트래픽
☑	초단기실황조회	실황정보를 조회하기 위해 발표일자, 발표시각, 예보지점 X 좌표, 예보지점 Y 좌표의 조회 조건으로 자료구분코드, 실황값, 발표일자, 발표시각, 예보지점 X 좌표, 예보지점 Y 좌표의 정보를 조회하는 기능	10000
☑	초단기예보조회	초단기예보정보를 조회하기 위해 발표일자, 발표시각, 예보지점 X 좌표, 예보지점 Y 좌표의 조회 조건으로 자료구분코드, 예보값, 발표일자, 발표시각, 예보지점 X 좌표, 예보지점 Y 좌표의 정보를 조회하는 기능	10000
☑	단기예보조회	단기예보 정보를 조회하기 위해 발표일자, 발표시각, 예보지점 X좌표, 예보지점 Y 좌표의 조회 조건으로 발표일자, 발표시각, 자료구분문자, 예보 값, 예보일자, 예보시각, 예보지점 X 좌표, 예보지점 Y 좌표의 정보를 조회하는 기능	10000
☑	예보버전조회	단기예보정보조회서비스 각각의 오퍼레이션(초단기실황, 초단기예보, 단기예보)들의 수정된 예보 버전을 파악하기 위해 예보버전을 조회하는 기능	10000

라이선스 표시

| *이용허락범위 | 저작자표시 |
| | ☐ 동의합니다. |

취소   활용신청

[그림 10-20] 단기예보 조회서비스 활용 신청

적절한 정보를 입력한 후 [활용 신청] 버튼을 누릅니다. 일일 트래픽은 하루에 호출할 수 있는 API 호출 횟수입니다. 테스트 목적이므로 일 10,000회면 충분합니다.

신청을 마치면 다음과 같이 [마이페이지 〉 오픈 API 〉 개발 계정]에서 신청한 서비스 목록을 확인할 수 있습니다.

[그림 10-21] 활용 신청 목록

활용한 신청한 단기예보 조회 서비스를 클릭합니다.

서비스정보	
참고문서	기상청41 단기예보 조회서비스 오픈API활용가이드 최종.zip
데이터포맷	JSON+XML
End Point	http://apis.data.go.kr/1360000/VilageFcstInfoService_2.0
API 환경 또는 API 호출 조건에 따라 인증키가 적용되는 방식이 다를 수 있습니다. 포털에서 제공되는 **Encoding/Decoding** 된 인증키를 적용하면서 구동되는 키를 사용하시기 바랍니다. * 향후 포털에서 더 명확한 정보를 제공하기 위해 노력하겠습니다.	
일반 인증키 (Encoding)	
일반 인증키 (Decoding)	

[그림 10-22] 서비스 키와 참고 문서 확인

이제 공공 API를 호출할 준비가 되었습니다. 참고 문서란에는 "기상청1 단기예보 조회서비스 오픈 API 활용가이드 최종.zip" 파일에 앞서 살펴봤던 요청과 응답 프로토콜 및 예제 코드가 잘 정리되어 있으니 다운받아 읽어보시기 바랍니다.

1.3 기본 예제 코드 실행

공공 데이터 포털은 사용자가 공공 API를 호출해볼 수 있도록 프로그래밍 언어별로 예제 코드를 제공합니다. 예제 코드는 참고 문서에도 포함되어 있으니 참고 문서를 보셔도 되고 지금처럼 웹 페이지에서 확인하셔도 됩니다.

동네 예보 조회 서비스 페이지로 이동합니다.

링크: https://www.data.go.kr/data/15084084/openapi.do

경로: 공공 데이터 포털 〉 "단기예보 조회서비스" 검색 〉 오픈 API 〉 기상청_단기예보 조회서비스 아래에 있는 [샘플 코드 〉 Java]를 클릭합니다.

[그림 10-23] Java 샘플 코드 (ApiExplorer 클래스)

샘플 코드를 그대로 복사/붙여넣기 하여 com.yudong80.java.ch10 패키지에 ApiExplorer 클래스를 생성합니다.

파일 `ch10_publicapis/src/main/java/com/yudong80/java/ch10/ApiExplorer.java`

```java
package com.yudong80.java.ch10;

import java.io.InputStreamReader;
import java.net.HttpURLConnection;
import java.net.URL;
import java.net.URLEncoder;
import java.nio.charset.standardcharsets;
import java.io.BufferedReader;
import java.io.IOException;

public class ApiExplorer {
    private static final String SERVICE _ KEY = "<일반 서비스키(Encoding)>";
```

```java
public static void main(String[] args) throws IOException {
        StringBuilder urlBuilder = new StringBuilder("http://apis.data.
go.kr/1360000/VilageFcstInfoService/getUltraSrtNcst"); /*URL*/
        urlBuilder.append("?" + URLEncoder.encode("ServiceKey","UTF-8")
+ "=" + SERVICE _ KEY); /*Service Key*/
        urlBuilder.append("&" + URLEncoder.encode("pageNo","UTF-8") + "="
+ URLEncoder.encode("1", "UTF-8")); /*페이지번호*/
        urlBuilder.append("&" + URLEncoder.encode("numOfRows","UTF-8") +
"=" + URLEncoder.encode("10", "UTF-8")); /*한 페이지 결과 수*/
        urlBuilder.append("&" + URLEncoder.encode("dataType","UTF-8") +
"=" + URLEncoder.encode("XML", "UTF-8"));
/*요청자료형식(XML/JSON)Default: XML*/
        urlBuilder.append("&" + URLEncoder.encode("base _ date","UTF-8")
+ "=" + URLEncoder.encode("20151201", "UTF-8")); /*15년 12월 1일 발표*/
        urlBuilder.append("&" + URLEncoder.encode("base _ time","UTF-8")
+ "=" + URLEncoder.encode("0600", "UTF-8")); /*06시 발표(정시단위)*/
        urlBuilder.append("&" + URLEncoder.encode("nx","UTF-8") + "=" +
URLEncoder.encode("18", "UTF-8")); /*예보지점의 X 좌표값*/
        urlBuilder.append("&" + URLEncoder.encode("ny","UTF-8") + "=" +
URLEncoder.encode("1", "UTF-8")); /*예보지점 Y 좌표*/

        System.out.println("URL: " + urlBuilder.toString());

        URL url = new URL(urlBuilder.toString());
        HttpURLConnection conn = (HttpURLConnection)
url.openConnection();
        conn.setRequestMethod("GET");
        conn.setRequestProperty("Content-type", "application/json");
        System.out.println("Response code: " + conn.getResponseCode());
        BufferedReader rd;
        if(conn.getResponseCode() >= 200 && conn.getResponseCode()
<= 300) {
                rd = new BufferedReader(new InputStreamReader(conn.getInput-
Stream(),standardcharsets.UTF_8));
```

```
        } else {

            rd = new BufferedReader(new InputStreamReader(conn.getError-
Stream(),standardcharsets.UTF_8));
        }
        StringBuilder sb = new StringBuilder();
        String line;
        while ((line = rd.readLine()) != null) {
            sb.append(line);
        }
        rd.close();
        conn.disconnect();
        System.out.println(sb.toString());
    }
}
```

원래의 코드에서 몇 군데를 수정하였습니다. ApiExplorer 클래스부터 천천히 보시기 바랍니다. 먼저 SERVICE_KEY 상수에 발급받은 일반 인증키(Encoding)[40] 를 넣습니다. 그다음 한글이 깨지는 이슈가 있어서 InputStreamReader 생성자를 호출할때 StandardCharsees.UTF_8 인수를 추가했습니다.

마지막으로 공공 API 서버로 호출하는 URL을 출력하는 코드를 추가하였습니다.

이 코드에서는 정보를 출력하는 곳이 총 세 군데입니다.

❶ URL 출력
❷ 응답 코드(Response code) 출력
❸ 응답 본문(Response body) 출력

URL은 내가 올바른 API를 호출했는지 살펴보기 위함이고 응답 코드는 서버로부터 반환된 요청의 응답 결과를 의미합니다. 응답 본문은 실제 우리가 활용해야 하는 데이터가 나옵니다. 예제 실행 결과는 다음과 같습니다.

---

40 만약 URLEncoder.encode( )를 호출하는 경우에는 그 인수로 일반 인증 키(Decoding)를 넣어야 합니다.

```
URL: http://apis.data.go.kr/1360000/VilageFcstInfoService _ 2.0/getUltraS-
rtNcst?ServiceKey=%2FowjGSXksY%2BO%2FPGosCcayjdln%2Fyc5EuQIC%2Fi0DTynIb-
scPG235RMZMi1UpfpXr1qyCOpdqaEa82jfGpTap%2BG3A%3D%3D&pageNo=1&numOfRow-
s=10&dataType=XML&base _ date=20210628&base _ time=0600&nx=55&ny=127
Response code: 200
<?xml version="1.0" encoding="UTF-8"?><response><header><resultCode>10</
resultCode><resultMsg>최근 1일 간
의 자료만 제공합니다.</resultMsg></header></response>
```

URL은 문제가 없으며 HTTP 응답 코드는 200으로 정상동작입니다.[41] 응답 본문은 최근 1일간의 자료만 제공한다고 나왔습니다. 기준일이 2021년 6월 28일이므로 데이터가 제공되지 않습니다. 동일한 URL을 웹 브라우저의 주소창에 넣어봅니다.

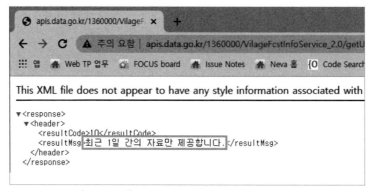

[그림 10-24] 웹 브라우저에 동일한 URL을 넣었을 때

URL을 자세히 보면 답이 있습니다. 발표 일자(base_date)가 2021년 6월 28일으로 되어 있습니다. 동네 예보 조회 서비스 〉 초단기실황조회는 최근 1일간의 자료만 제공합니다. 따라서 이것을 현재 날짜로 변경해봅니다.

파일 ch10 _ publicapis/src/main/java/com/yudong80/java/ch10/ApiExplorerV2.
java

```java
package com.yudong80.java.ch10;


import java.io.InputStreamReader;
import java.net.HttpURLConnection;
```

---

41   HTTP 상태 코드 위키 백과 https://ko.wikipedia.org/wiki/HTTP_상태_코드

```java
import java.net.URL;

import java.net.URLEncoder;

import java.text.SimpleDateFormat;

import java.util.Date;

import java.io.BufferedReader;

import java.io.IOException;


public class ApiExplorerV2 {
    private static final String SERVICE _ KEY = <서비스키>;
    private static final String TODAY = new SimpleDateFormat("yyyyM-
Mdd").format(new Date());


    public static void main(String[] args) throws IOException {
        StringBuilder urlBuilder = new StringBuilder("http://apis.data.
go.kr/1360000/VilageFcstInfoService _ 2.0/getUltraSrtNcst"); /*URL*/
        urlBuilder.append("?" + URLEncoder.encode("ServiceKey","UTF-8")
+ "=" + SERVICE _ KEY); /*Service Key*/
        urlBuilder.append("&" + URLEncoder.encode("pageNo","UTF-8") + "="
+ URLEncoder.encode("1", "UTF-8")); /*페이지번호*/
        urlBuilder.append("&" + URLEncoder.encode("numOfRows","UTF-8") +
"=" + URLEncoder.encode("10", "UTF-8")); /*한 페이지 결과 수*/
        urlBuilder.append("&" + URLEncoder.encode("dataType","UTF-8") +
"=" + URLEncoder.encode("JSON", "UTF-8"));
        urlBuilder.append("&" + URLEncoder.encode("base _ date","UTF-8")
+ "=" + URLEncoder.encode(TODAY, "UTF-8"));
        urlBuilder.append("&" + URLEncoder.encode("base _ time","UTF-8")
+ "=" + URLEncoder.encode("0600", "UTF-8")); /*06시 발표(정시단위)*/
        urlBuilder.append("&" + URLEncoder.encode("nx","UTF-8") + "=" +
URLEncoder.encode("55", "UTF-8")); /*예보지점의 X 좌표값*/
        urlBuilder.append("&" + URLEncoder.encode("ny","UTF-8") + "=" +
URLEncoder.encode("127", "UTF-8")); /*예보지점 Y 좌표*/

        System.out.println("URL: " + urlBuilder.toString());

        URL url = new URL(urlBuilder.toString());
```

```java
        HttpURLConnection conn = (HttpURLConnection)
url.openConnection();
        conn.setRequestMethod("GET");
        conn.setRequestProperty("Content-type", "application/json");
        System.out.println("Response code: " + conn.getResponseCode());
        BufferedReader rd;
        if(conn.getResponseCode() >= 200 && conn.getResponseCode()
<= 300) {
            rd = new BufferedReader(new InputStreamReader
(conn.getInputStream()));
        } else {
            rd = new BufferedReader(new InputStreamReader
(conn.getErrorStream()));
        }
        StringBuilder sb = new StringBuilder();
        String line;
        while ((line = rd.readLine()) != null) {
            sb.append(line);
        }
        rd.close();
        conn.disconnect();
        System.out.println(sb.toString());
    }
}
```

TODAY 상수를 추가하고 오늘 날짜를 입력하였습니다. 요청 자료 양식은 JSON으로 변경하였습니다. 예제 실행 결과는 다음과 같습니다.

```
URL: http://apis.data.go.kr/1360000/VilageFcstInfoService _ 2.0/getUltraS-
rtNcst?ServiceKey=%2FowjGSXksY%2BO%2FPGosCcayjdln%2Fyc5EuQIC%2Fi0DTynIb-
scPG235RMZMi1UpfpXr1qyCOpdqaEa82jfGpTap%2BG3A%3D%3D&pageNo=1&numOfRow-
s=10&dataType=JSON&base _ date=20210925&base _ time=0600&nx=55&ny=127
Response code: 200
{"response":{"header":{"resultCode":"00","resultMsg":"NORMAL _ SER-
VICE"},"body":{"dataType":"JSON","items":{"item":[{"base
```

Date":"20210925","baseTime":"0600","category":"PTY","nx":55,"ny":127,"obsr-
Value":"0"},{"baseDate":"20210925","baseTime":"0600","category":"REH","nx":5-
5,"ny":127,"obsrValue":"87"},{"baseDate":"20210925","baseTime":"0600","cat-
egory":"RN1","nx":55,"ny":127,"obsrValue":"0"},{"baseDate":"20210925","ba-
seTime":"0600","category":"T1H","nx":55,"ny":127,"obsrValue":"17.7"},{"base-
Date":"20210925","baseTime":"0600","category":"UUU","nx":55,"ny":127,"obsr-
Value":"0"},{"baseDate":"20210925","baseTime":"0600","catego-
ry":"VEC","nx":55,"ny":127,"obsrValue":"25"},{"baseDate":"20210925","ba-
seTime":"0600","category":"VVV","nx":55,"ny":127,"obsrValue":"0"},{"base-
Date":"20210925","baseTime":"0600","category":"WSD","nx":55,"ny":127,"obsr-
Value":"0"}]},"pageNo":1,"numOfRows":10,"totalCount":8}}}

정상적인 호출 결과가 나왔습니다. 이것은 어떻게 해석해야 할까요? JSON은 JavaScript Object Notation 의 약자로 객체의 내용을 사람이 읽을 수 있는 텍스트 형식으로 표현합니다. 앞서 공공 API의 출력 결과 에 있는 항목들(예, 자료 구분 코드(category)와 실황 값(obsrValue) 등)을 참고하여 그 의미를 확인할 수 있습니다. JSON 형식의 데이터를 활용하려면 다음의 사이트에 응답 본문을 넣어봅니다.

[그림 10-25] json formatter 검색

그다음 첫 번째 검색 결과에 해당하는 https://jsonformatter.curiousconcept.com 사이트로 이동하여 응답 본문을 붙여 넣습니다.

[그림 10-26] json formatter 처리

Process 버튼을 누르면 보기 쉽게 표현되어 있음을 확인할 수 있습니다.

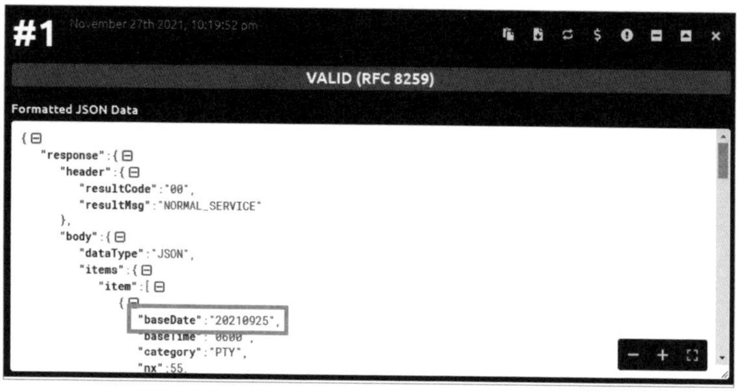

[그림 10-27] json formatter 처리 결과

처리 결과를 표로 정리해보았습니다. [42]

base_date: 20210925

자료 구분 코드 (category)	실황 값(obsrValue)	속성 값
PTY	0	강수형태
REH	87	습도
RN1	0	1시간 강수량
T1H	17.7	기온
UUU	0	동서 바람 성분
VEC	25	풍향
VVV	0	남북 바람 성분
WSD	0	풍속

[표 10-2] json 데이터 처리 결과

정상적인 데이터를 확인할 수 있습니다.

1.4 API 문서 활용하기

ApiExplorerV2 예제에서 발표 일자(base_date)를 오늘 날짜로 고쳤다면 이제는 예보 지점의 X 좌표(nx)
와 Y좌표(ny)를 다른 지점으로 변경합니다. 공공 API 홈페이지에는 지점에 대한 상세한 엑셀 파일을 별
도로 제공하고 있습니다. 오픈 API 활용가이드 문서(파일명:기상청41 단기예보 조회서비스 오픈 API 활
용가이드 최종.zip)에 포함되어 있습니다.

---

42 자료 구분 코드에 대한 내용은 동네예보 조회서비스의 오픈 API 활용 가이드 문서를 참고하세요.

파일명: 기상청41_단기예보 조회서비스_오픈API활용가이드_격자_위경도(20210401).xlsx

이 파일을 열어보면 각 지점별 X, Y 좌표가 나와 있습니다.

	A	B	C	D	E	F	G
1	구분	행정구역코드	1단계	2단계	3단계	격자 X	격자 Y
228	kor	1144061000	서울특별시	마포구	염리동	59	126
229	kor	1144063000	서울특별시	마포구	신수동	59	126
230	kor	1144065500	서울특별시	마포구	서강동	59	126
231	kor	1144066000	서울특별시	마포구	서교동	59	126
232	kor	1144068000	서울특별시	마포구	합정동	59	126
233	kor	1144069000	서울특별시	마포구	망원제1동	59	126
234	kor	1144070000	서울특별시	마포구	망원제2동	59	126
235	kor	1144071000	서울특별시	마포구	연남동	59	127
236	kor	1144072000	서울특별시	마포구	성산제1동	59	127
237	kor	1144073000	서울특별시	마포구	성산제2동	59	127
238	kor	1144074000	서울특별시	마포구	상암동	58	127
239	kor	1147000000	서울특별시	양천구		58	126
240	kor	1147051000	서울특별시	양천구	목1동	58	126
241	kor	1147052000	서울특별시	양천구	목2동	58	126
242	kor	1147053000	서울특별시	양천구	목3동	58	126

[그림 10-28] 마포구 연남동의 X, Y 좌표 (59, 127)

다음은 마포구 연남동의 X, Y 좌표를 적용한 예제입니다.

파일 ch10 _ publicapis/src/main/java/com/yudong80/java/ch10/ApiExplorerV3.
java

```java
package com.yudong80.java.ch10;

import java.io.InputStreamReader;
import java.net.HttpURLConnection;
import java.net.URL;
import java.net.URLEncoder;
import java.text.SimpleDateFormat;
import java.util.Date;
import java.io.BufferedReader;
import java.io.IOException;

public class ApiExplorerV3 {
    private static final String SERVICE _ KEY = "<서비스키>";
    private static final String TODAY = new SimpleDateFormat("yyyyM-
Mdd").format(new Date());
    private static final String COORD _ X = "59"; //마포구 연남동
    private static final String COORD _ Y = "127";
```

```java
    public static void main(String[] args) throws IOException {
        StringBuilder urlBuilder = new StringBuilder("http://apis.data.
go.kr/1360000/VilageFcstInfoService _ 2.0/getUltraSrtNcst"); /*URL*/
        urlBuilder.append("?" + URLEncoder.encode("ServiceKey","UTF-8")
+ "=" + SERVICE _ KEY); /*Service Key*/
        urlBuilder.append("&" + URLEncoder.encode("pageNo","UTF-8") + "="
+ URLEncoder.encode("1", "UTF-8")); /*페이지번호*/
        urlBuilder.append("&" + URLEncoder.encode("numOfRows","UTF-8") +
"=" + URLEncoder.encode("10", "UTF-8")); /*한 페이지 결과 수*/
        urlBuilder.append("&" + URLEncoder.encode("dataType","UTF-8") +
"=" + URLEncoder.encode("JSON", "UTF-8"));
/*요청자료형식(XML/JSON)Default: XML*/
        urlBuilder.append("&" + URLEncoder.encode("base _ date","UTF-8")
+ "=" + URLEncoder.encode(TODAY, "UTF-8"));
        urlBuilder.append("&" + URLEncoder.encode("base _ time","UTF-8")
+ "=" + URLEncoder.encode("0600", "UTF-8")); /*06시 발표(정시단위)*/
        urlBuilder.append("&" + URLEncoder.encode("nx","UTF-8") + "=" +
URLEncoder.encode(COORD _ X, "UTF-8")); /*예보지점의 X 좌표값*/
        urlBuilder.append("&" + URLEncoder.encode("ny","UTF-8") + "=" +
URLEncoder.encode(COORD _ Y, "UTF-8")); /*예보지점 Y 좌표*/

        System.out.println("URL: " + urlBuilder.toString());

        URL url = new URL(urlBuilder.toString());
        HttpURLConnection conn = (HttpURLConnection)
url.openConnection();
        conn.setRequestMethod("GET");
        conn.setRequestProperty("Content-type", "application/json");
        System.out.println("Response code: " + conn.getResponseCode());
        BufferedReader rd;
        if(conn.getResponseCode() >= 200 && conn.getResponseCode()
<= 300) {
            rd = new BufferedReader(new InputStreamReader
(conn.getInputStream()));
        } else {
```

```
        rd = new BufferedReader(new InputStreamReader
(conn.getErrorStream()));
        }
        StringBuilder sb = new StringBuilder();
        String line;
        while ((line = rd.readLine()) != null) {
            sb.append(line);
        }
        rd.close();
        conn.disconnect();
        System.out.println(sb.toString());
    }
}
```

COORD_X, COORD_Y 상수는 마포구 연남동 지점의 X, Y 좌표를 저장합니다. 이 상수들을 요청 URL 을 만들 때 예보지점 X 좌표(nx), Y 좌표(ny) 인자에 넣습니다.

예제의 실행 결과는 다음과 같습니다.

URL: http://apis.data.go.kr/1360000/VilageFcstInfoService _ 2.0/getUltraSrtNcst?ServiceKey=%2FowjGSXksY%2BO%2FPGosCcayjdln%2Fyc5EuQIC%2Fi0DTynIbscPG235RMZMi1UpfpXr1qyCOpdqaEa82jfGpTap%2BG3A%3D%3D&pageNo=1&numOfRows=10&dataType=JSON&**base _ date=20210925**&base _ time=0600&nx=59&ny=127
Response code: 200
{"response":{"header":{"resultCode":"00","resultMsg":"NORMAL _ SERVICE"},"body":{"dataType":"JSON","items":{"item":[{"baseDate":"20210925","baseTime":"0600","category":"**PTY**","nx":59,"ny":127,"obsrValue":"0"},{"baseDate":"20210925","baseTime":"0600","category":"**REH**","nx":59,"ny":127,"obsrValue":"81"},{"baseDate":"20210925","baseTime":"0600","category":"RN1","nx":59,"ny":127,"obsrValue":"0"},{"baseDate":"20210925","baseTime":"0600","category":"T1H","nx":59,"ny":127,"obsrValue":"18.3"},{"baseDate":"20210925","baseTime":"0600","category":"**UUU**","nx":59,"ny":127,"obsrValue":"-0.3"},{"baseDate":"20210925","baseTime":"0600","category":"**VEC**","nx":59,"ny":127,"obsrValue":"82"},{"baseDate":"20210925","baseTime":"0600","category":"**VVV**","nx":59,"ny":127,"obsrValue":"0"},{"baseDate":"20210925","baseTime":"0600","category":"**WSD**","nx":59,"ny":127,"obsrValue":"0.4"}]},"pageNo":1,"numOfRows":10,"totalCount":8}}}

결과를 JSON 포맷터를 사용하여 표로 정리합니다.

자료 구분 코드 (category)	실황 값(obsrValue)	속성 값
PTY	0	강수형태
REH	81	습도
RN1	0	1시간 강수량
T1H	18.3	기온
UUU	−0.3	동서 바람 성분
VEC	82	풍향
VVV	0	남북 바람 성분
WSD	0.4	풍속

[표 10–3] 마포구 연남동 데이터(2021년 9월 25일 6시 기준)

이 데이터와 공식 문서를 비교해보면 9월 25일자 6시 기준 마포구 연남동의 기상 정보는 다음과 같이 요약할 수 있습니다.

- 강수형태: 없음 (0)
- 습도 81%
- 1시간 강수량: 0 mm
- 기온: 18.3 ℃
- 동서 바람 성분: −0.3 ms
- 풍향: NE–E (북동~동)
- 남북 바람 성분: 0 ms
- 풍속: 매우 약하다 (<4)

공공 API를 통해 내가 사는 동네(예, 연남동)의 실시간 기상 정보를 알 수 있다는 점이 매우 흥미롭습니다.

2. 자바 네트워크 API

지금까지 정보 요청자의 입장에서 공공 API 활용을 배웠다면 이제는 기술적인 측면의 자바 네트워크 API에 대해 알아보겠습니다. 자바 네트워크 API는 java.net 패키지에 있으며 앞서 Part9에서 배운 입출력과 밀접한 관계를 가집니다. 예를 들면 ApiExplorer 클래스도 throws IOException 문이 있습니다.

자바 네트워크 API는 전통적인 TCP, UDP와 같은 저수준의 API도 포함하고 있으나 요즘은 이것을 직접 코딩할 일은 거의 없습니다. 여기에서는 공공 API 호출 코드를 이해할 수 있는 수준에서 가장 기본적인 클래스들을 다룹니다.

최종 목적은 공공 API를 잘 활용하는 것이므로 기본 예제 코드를 이해할 수 있는 정도면 되며, 실제 네트워크 코딩은 다음 절에서 배울 네트워크 라이브러리를 사용하는 것이 사용성과 성능 모두에서 우수합니다.

이 절에서 배우는 클래스는 다음과 같습니다.

패키지	클래스	내용
java.net	URL	공공 API 등의 서비스를 호출할 수 있는 주소
java.net	URLEncoder	특정 인코딩(예, UTF–8)에 맞게 URL을 작성하는 클래스
java.net	HttpURLConnection	HTTP 프로토콜을 활용하여 URL에 접속한다. 연결하여 요청을 전달하고 서비스의 응답을 반환한다.

[표 10–4] 자바 네트워크 클래스

다시 ApiExplorerV3 예제입니다.

파일 ch10 _ publicapis/src/main/java/com/yudong80/java/ch10/ApiExplorerV3.java

```java
package com.yudong80.java.ch10;

import java.io.InputStreamReader;
import java.net.HttpURLConnection;
import java.net.URL;
import java.net.URLEncoder;
import java.text.SimpleDateFormat;
import java.util.Date;
import java.io.BufferedReader;
import java.io.IOException;

public class ApiExplorerV3 {
    private static final String SERVICE _ KEY = <서비스 키>;
    private static final String TODAY = new SimpleDateFormat("yyyyM-
Mdd").format(new Date());
    private static final String COORD _ X = "59"; //마포구 연남동
    private static final String COORD _ Y = "127";

    public static void main(String[] args) throws IOException {
        StringBuilder urlBuilder = new StringBuilder("http://apis.data.
go.kr/1360000/VilageFcstInfoService _ 2.0/getUltraSrtNcst"); /*URL*/
```

```
go.kr/1360000/VilageFcstInfoService _ 2.0/getUltraSrtNcst"); /*URL*/
        urlBuilder.append("?" + URLEncoder.encode("ServiceKey","UTF-8")
+ "=" + SERVICE _ KEY); /*Service Key*/
        urlBuilder.append("&" + URLEncoder.encode("pageNo","UTF-8") + "="
+ URLEncoder.encode("1", "UTF-8")); /*페이지번호*/
        urlBuilder.append("&" + URLEncoder.encode("numOfRows","UTF-8") +
"=" + URLEncoder.encode("10", "UTF-8")); /*한 페이지 결과 수*/
        urlBuilder.append("&" + URLEncoder.encode("dataType","UTF-8") +
"=" + URLEncoder.encode("JSON", "UTF-8"));
/*요청자료형식(XML/JSON)Default: XML*/
        urlBuilder.append("&" + URLEncoder.encode("base _ date","UTF-8")
+ "=" + URLEncoder.encode(BASE _ DATE, "UTF-8"));
        urlBuilder.append("&" + URLEncoder.encode("base _ date","UTF-8")
+ "=" + URLEncoder.encode(BASE _ DATE, "UTF-8"));
        urlBuilder.append("&" + URLEncoder.encode("base _ time","UTF-8")
+ "=" + URLEncoder.encode("0600", "UTF-8")); /*06시 발표(정시단위)*/
        urlBuilder.append("&" + URLEncoder.encode("nx","UTF-8") + "=" +
URLEncoder.encode(COORD _ X, "UTF-8")); /*예보지점의 X 좌표값*/
        urlBuilder.append("&" + URLEncoder.encode("ny","UTF-8") + "=" +
URLEncoder.encode(COORD _ Y, "UTF-8")); /*예보지점 Y 좌표*/

        System.out.println("URL: " + urlBuilder.toString());

        URL url = new URL(urlBuilder.toString());
        HttpURLConnection conn = (HttpURLConnection)
url.openConnection();
        conn.setRequestMethod("GET");
        conn.setRequestProperty("Content-type", "application/json");
        System.out.println("Response code: " + conn.getResponseCode());
        BufferedReader rd;
        if(conn.getResponseCode() >= 200 && conn.getResponseCode()
<= 300) {
            rd = new BufferedReader(new InputStreamReader
(conn.getInputStream()));
        } else {
```

```
            rd = new BufferedReader(new InputStreamReader
(conn.getErrorStream()));
        }
        StringBuilder sb = new StringBuilder();
        String line;
        while ((line = rd.readLine()) != null) {
            sb.append(line);
        }
        rd.close();
        conn.disconnect();
        System.out.println(sb.toString());
    }
}
```

임포트문은 java.net 패키지의 URL, URLEncoder, HttpURLConnection 클래스를 임포트합니다.

URL은 Uniform Resource Locator의 약자로 인터넷상에서 정보를 제공할 수 있는 자원(서비스)의 유일한 식별자입니다. 웹 브라우저에서 입력하는 홈페이지 주소라 생각해도 좋습니다.

◀ 혼자 정리하는 자바 ▶

URL의 형식과 사례

❶ http://www.naver.com
❷ http://fs2.american.edu/alberto/www/resources/html/text.html

http는 URL의 프로토콜 부분입니다. 웹브라우저에서 사용하는 프로토콜은 크게 http 혹은 https로 구분되며, 그 밖에도 ftp, wap 등의 프로토콜이 있습니다. 단순히 웹 브라우저에서 www.naver.com이라고 하면 이는 http://www.naver.com이 축약된 형태라 인식합니다.

www.naver.com 혹은 fs2.american.edu는 서버 주소입니다. ①은 네이버의 대표 페이지로 이동할 것이며 ②는 fs2.american.edu 서버의 alberto/www/resource/html 경로에 있는 text.html 파일을 의미합니다.

❸ http://apis.data.go.kr/1360000/VilageFcstInfoService_2.0/getUltraSrtNcst?ServiceKey=〈서비스키〉&pageNo=1&numOfRows=10&dataType=JSON&base_date=20210925&base_time=0600&nx=59&ny=127

❸은 http 프로토콜이며, 서버 주소는 apis.data.go.kr이고 1360000/VilageFcstInfoService_2.0/getUtrlSrtNsct 서비스를 호출합니다. 그리고 GET 방식의 인자로 serviceKey, pageNo, numOfRows, dataType, base_date, base_time, nx, ny의 인자 값을 요청합니다.

URL 클래스의 생성자는 다음과 같습니다.

주요 생성자	내용
URL(String spec) throws MalformedURLException	문자열로 입력한 URL 클래스 생성 만약 spec 변수에 문제가 있다면 MalformedURLException 을 던집니다.
URL(String protocol, String host, String file) throws MalformedURLException	프로토콜(예, http), 호스트(예, apis.data.go.kr)와 그 외 경로 (예, VilageFcstInfoSerivce_2.0…) 로 URL 클래스를 생성

[표 10-5] URL 클래스의 주요 생성자

예제에서는 첫 번째 생성자를 활용하여 공공 API의 URL를 생성하였습니다. 단순히 문자열을 붙이는 방식이 아니라 StringBuilder로 문자열을 구성합니다. URL 클래스의 주요 메서드는 다음과 같습니다.

주요 메서드	내용
openConnection( ) throws IOException	주어진 URL로 연결하며 만약 http 프로토콜이라면 HttpURLConnection 객체를 반환 연결에 실패하면 IOException을 던짐

[표 10-6] URL 클래스의 주요 메서드

두 번째는 URLEncoder 클래스입니다. URL은 UTF-8 인코딩 방식을 따라야 하기 때문에[43] 만약 URL을 구성하는 데이터가 UTF-8 형식이 아니라면 이 클래스를 사용해서 UTF-8로 변환합니다. 사실 예제에서는 URLEncoder 클래스가 없이도 정상 동작합니다.

마지막은 HttpURLConnection 클래스입니다. 이름에서 알 수 있듯 HTTP 프로토콜을 활용하여 어떤 URL에 연결했을 때 반환됩니다. 이 클래스의 생성자는 protected 이므로 java.net 클래스 안에서만 인스턴스를 생성할 수 있습니다.

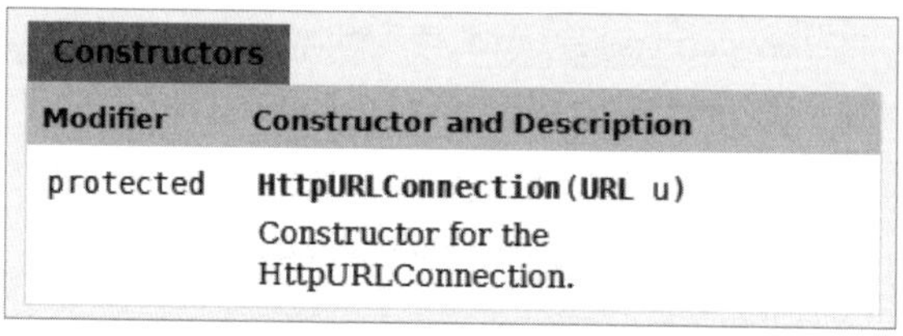

[그림 10-29] HttpURLConnection의 protected 생성자

---

[43] https://www.w3.org/TR/html40/appendix/notes.html#non-ascii-chars

이 클래스의 주요 메서드는 다음과 같습니다.

주요 메서드	내용
setRequestMethod(String method) 　throws ProtocolException	HTTP 프로토콜의 요청 메서드를 지정합니다. 호출하지 않으면 GET 메서드입니다.
setRequestProperty(String key, String value)	요청 속성들을 설정합니다.
getInputStream( )	입력 스트림을 반환합니다.

[표 10-7] 네트워크 클래스의 주요 메서드

예제에서는 setRequestMethod("GET")을 호출하여 HTTP GET 요청을 하고 setRequestProperty("Content-type", "application/json")을 호출하며 응답 형식은 JSON으로 설정합니다.

com.getInputStream( ) 메서드를 호출하면 입력 스트림을 통해 서버의 응답 본문을 얻을 수 있습니다. BufferedReader 클래스의 readLine( ) 메서드를 호출하여 본문 전체를 StringBuilder 객체인 sb 변수에 저장합니다.

마지막으로 BufferedReader와 HttpURLConnection 스트림인 rd와 conn 객체를 닫습니다. 실행 결과는 동일합니다.

요약하면 ApiExplorerV3 클래스는 다음과 같은 동작을 수행하였습니다.

❶ URL 만들기
❷ URL에 openConnection( ) 메서드를 호출하여 HttpURLConnection 객체 얻기
❸ HttpURLConnection 객체에 필요한 속성 지정하기
❹ 입력 스트림으로 공공 API 호출 결과 얻어오기
❺ 결과 출력하기

다음은 공공 API 홈페이지에서 제공된 예제를 기반으로 우리가 배운 내용을 요약한 최종 예제입니다.

파일 **ch10 _ publicapis/src/main/java/com/yudong80/java/ch10/ApiExplorerV4.java**

```java
package com.yudong80.java.ch10;

import java.io.InputStreamReader;
import java.net.HttpURLConnection;
import java.net.MalformedURLException;
import java.net.URL;
import java.io.BufferedReader;
import java.io.IOException;

public class ApiExplorerV4 {
```

```java
    private static final String SERVICE_KEY = <서비스 키>;
    private static final String SERVICE_URL = "http://apis.data.
go.kr/1360000/VilageFcstInfoService_2.0/getUltraSrtNcst";

    private URL buildUrl(String baseDate, int nx, int ny) {
        StringBuilder sb = new StringBuilder(SERVICE_URL)
        .append("?ServiceKey=" + SERVICE_KEY)
        .append("&pageNo=1")
        .append("&numOfRows=10")
        .append("&dataType=JSON")
        .append("&base_date=" + baseDate)
        .append("&base_time=0600")
        .append("&nx=" + Integer.toString(nx))
        .append("&ny=" + Integer.toString(ny));

        URL url = null;
        try {
          url = new URL(sb.toString( ));
          System.out.println("URL: " + sb.toString());
        } catch (MalformedURLException e) {
          System.out.println("MalformedURLException: " + e.getMessage());
        }
        return url;
    }


    public String httpGet(String baseDate, int nx, int ny) {
        URL url = buildUrl(baseDate, nx, ny);

        if (url == null) {
            return ""; //return nothing
        }

        StringBuilder sb = new StringBuilder();
        HttpURLConnection conn= null;
        try {
```

```
                conn = (HttpURLConnection) url.openConnection();
                conn.setRequestMethod("GET");
                conn.setRequestProperty("Content-type",
"application/json");
                System.out.println("Response code: " +
conn.getResponseCode());

                try (BufferedReader br = new BufferedReader(new Input-
StreamReader(conn.getInputStream()))) {
                    String line;
                    while ((line = br.readLine()) != null) {
                        sb.append(line);
                    }
                } catch (IOException e) {
                    System.out.println("IOException for BufferedReader:
" + e.getMessage());
                }
        } catch (IOException e) {
            System.out.println("IOException: " + e.getMessage());
        } finally {
            if (conn != null) {
                conn.disconnect();
            }
        }
        return sb.toString();
    }


    public static void main(String[] args) {
    final String baseDate = new SimpleDateFormat("yyyyMMdd").format
(new Date());
    final int nx = 59; //마포구 연남동
    final int ny = 127;

    ApiExplorerV4 api = new ApiExplorerV4();
    String response = api.httpGet(baseDate, nx, ny);
```

```
        System.out.println(response);
    }

}
```

ApiExplorerV4 클래스는 크게 buildUrl( ) 메서드와 httpGet( ) 메서드로 이루어져 있습니다. buildUrl( ) 메서드는 private 메서드로 입력받은 인수를 바탕으로 공공 API의 URL 객체를 반환합니다. 만약 생성에 실패하면 MalformedURLException을 발생하고 buildUrl( ) 메서드는 null을 반환합니다.

httpGet( ) 메서드는 pubilc 메서드로 실질적인 로직을 담당합니다. 내부적으로 buildUrl( ) 메서드를 호출하여 URL 객체인 url 변수를 정의합니다.

url 변수에 openConnection( ) 메서드를 호출하여 공공 API를 호출하고 BufferedReader 클래스를 통해 공공 API의 응답 메시지를 가져옵니다. 처음에 이 코드를 보면 어렵다고 느끼실 수도 있겠습니다. 필자도 샘플 코드를 정리할 때 다음과 같은 이유로 여러분께 권하고 싶지는 않았습니다.

❶ HttpURLConnection 클래스는 AutoClosable을 지원하지 않습니다. 따라서 try with resources 문을 사용하지 못하고 finally 문에서 disconnect( ) 메서드를 추가로 호출해야 합니다.
❷ BufferedReader 객체를 생성하기 위해서는 conn.getInputStream( )을 호출해야 합니다. 그래서 try 문이 부득이하게 중첩(nested)되었습니다.
❸ BufferedReader 사용 부분에서 try with resources 문을 사용하였지만 try 문이 중첩되고 코드를 읽기 어렵습니다.

예제의 실행 결과는 ApiExplorerV3와 동일합니다. 이제 샘플 코드는 그만 다루고 우리의 프로젝트를 시작해봅시다.

3. 공공 API 활용 프로젝트

지금까지 배운 내용을 바탕으로 단기 예보 조회서비스 공공 API를 호출하는 프로젝트를 시작합니다. HttpURLConnection보다 풍부한 기능을 제공하고 널리 사용되는 OkHttp라는 네트워크 라이브러리를 사용합니다.

3.1 OkHttp 라이브러리

OkHttp는 Square사에서 만든 오픈 소스 라이브러리로 HTTP 프로그래밍을 손쉽게 할 수 있도록 해줍니다. 기존의 동기 방식(HttpUrlConnection 클래스)뿐만 아니라 비동기 방식으로도 코딩할 수 있습니다.

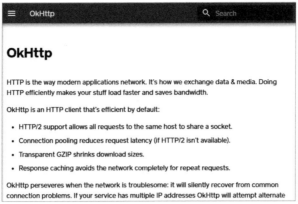
[그림 10-30] OkHttp 홈페이지

먼저 OkHttp 라이브러리의 홈페이지(https://square.github.io/OkHttp/)로 들어갑니다.

[그림 10-31] OkHttp 릴리즈 항목

홈페이지의 아래쪽을 보면 라이브러리를 추가하는 방법이 나와 있습니다.

이 내용은 무엇일까요? 자세히 보면 최신 버전이 4.9.0임을 알 수 있습니다. 그런데 라이브러리를 다운
받는 방법이 나와 있지 않습니다. 예전 방식은 OkHttp.jar 파일을 다운로드하여 내 프로젝트에 넣고 클래
스패스를 설정합니다. 그런데 최신 버전은 Maven Central에 있다고 나옵니다. Maven Central링크를 클
릭하여 이동합니다.

https://search.maven.org/artifact/com.squareup.OkHttp3/OkHttp/4.9.0/jar

[그림 10-32] 아파치 메이븐 의존성 추가

여기에서 우측 상단의 copy 버튼을 누르면 〈dependency〉 내용이 클립보드에 저장됩니다.

프로젝트의 pom.xml 파일을 연후 아래와 같이 OkHttp 4.9.0 의존성을 추가합니다.

ch10 _ publicapis/pom.xml   (<dependencies> 항목)

```xml
<dependencies>
    <dependency>
        <groupId>junit</groupId>
        <artifactId>junit</artifactId>
        <version>4.11</version>
        <scope>test</scope>
    </dependency>
    <dependency>
        <groupId>com.squareup.OkHttp3</groupId>
        <artifactId>OkHttp</artifactId>
        <version>4.9.0</version>
    </dependency>
</dependencies>
```

그다음 pom.xml 파일을 저장하면 다음과 같이 자바 프로젝트의 Maven Dependencies 에 OkHttp가 추가됩니다.

[그림 10-33] 의존성이 추가됨

okio 라이브러리는 OkHttp라이브러리가 다운로드될 때 함께 다운로드됩니다. 다른 의존성을 모두 끌어오는 것을 전이적 의존성(transitive dependency)이라고 합니다.

3.2 OkHttp 예제

이제 준비된 OkHttp 라이브러리로 간단한 HTTP GET 명령을 호출해봅시다. 여기서 사용해볼 URL은 Json placeholder에서 제공하는 https://jsonplaceholder.typicode.com/todos/1 입니다.

OkHttp로 어떤 URL의 내용을 가져오는 것은 쉽습니다. 예제는 다음과 같습니다.

파일 ch10 _ publicapis/src/main/java/com/yudong80/java/ch10/OkHttpExample.java

```java
package com.yudong80.java.ch10;


import java.io.IOException;


import OkHttp3.OkHttpClient;
import OkHttp3.Request;
import OkHttp3.Response;


public class OkHttpExample {
    private static final String URL = "https://jsonplaceholder.typicode.com/todos/1";


    public void run(final String url) {
        OkHttpClient client = new OkHttpClient();
        Request request = new Request.Builder().url(url).build();


        System.out.println("URL: " + url);
        try (Response response = client.newCall(request).execute()) {
            String res = response.body().string();


            System.out.println("결과: " + res);


        } catch (IOException e) {
            System.out.println("error: " + e.getMessage());
        }
    }
}
```

```
    public static void main(String[] args) {
        new OkHttpExample().run(URL);
    }

}
```

먼저 중요한 클래스는 OkHttpClient 클래스입니다. 실제 HTTP 클라이언트 역할을 하는 클래스로 한 번만 생성하면 됩니다.

다음은 Request 클래스입니다. OkHttpClient 클래스가 HTTP 서버에게 요청(request)할 명령을 담당합니다. 지정해야 할 요소들은 서버의 URL의 HTTP 명령(GET, POST)과 허용할 응답의 종류(plain text, JSON) 등입니다. 요청마다 필요한 것이 달라지기 때문에 Request.Builder 클래스를 사용하여 내가 원하는 것만 지정합니다. 그 외에는 기본적인 값으로 채워집니다. Request.Builder 클래스의 build( ) 메서드를 호출하면 최종적으로 Request 객체가 만들어집니다.[44]

앞서 만든 OkHttpClient 객체와 Request 객체를 활용하여 클라이언트의 newCall( ) 메서드와 execute( ) 메서드를 호출하면 HTTP GET 명령이 실행됩니다. 결과는 Response 객체으로 들어옵니다.

마지막으로 response 변수의 body( ) 메서드와 string( ) 메서드를 호출하면 HTTP 응답을 문자열 변수로 받아올 수 있습니다. try with resource 문법을 사용했으므로 자원을 해제하는 close( ) 메서드를 호출하지 않아도 됩니다. 이는 자바 플랫폼이 알아서 해줍니다.

앞 예제의 실행 결과는 다음과 같습니다.

```
URL: https://jsonplaceholder.typicode.com/todos/1
결과: {
  "userId": 1,
  "id": 1,
  "title": "delectus aut autem",
  "completed": false
}
```

---

44 이와 같이 어떤 객체를 생성하기 위해 사용되는 클래스를 빌더(Builder) 패턴이라 합니다.

3.3 OkHttp를 활용한 공공 API 호출

앞서 다듬어온 ApiExplorer 예제를 OkHttp 라이브러리로 재작성합니다. OkHttp 라이브러리를 사용하기에 훨씬 더 코드가 깔끔해졌습니다.

이번에도 앞서 배운 다음의 클래스와 메서드를 그대로 활용합니다.

클래스	메서드	비고
OkHttpClient	생성자 newCall( ).execute( )	한 번만 생성합니다.
Request.Builder (Request 객체 생성)	url( ) build( )	
Response	body( ).string( )	

[표 10–8] OkHttp 주요 클래스와 메서드

파일 ch10 _ publicapis/src/main/java/com/yudong80/java/ch10/OkPublicApi.java

```java
package com.yudong80.java.ch10;

import java.io.IOException;
import java.net.MalformedURLException;
import java.net.URL;
import java.text.SimpleDateFormat;
import java.util.Date;

import OkHttp3.OkHttpClient;
import OkHttp3.Request;
import OkHttp3.Response;

public class OkPublicApi {
    private static final String SERVICE _ KEY = <서비스 키>;
    private static final String SERVICE _ URL = "http://apis.data.
go.kr/1360000/VilageFcstInfoService _ 2.0/getUltraSrtNcst";
    private OkHttpClient client = new OkHttpClient();

    private URL buildUrl(String baseDate, int nx, int ny) {
        StringBuilder sb = new StringBuilder(SERVICE _ URL)
```

```java
        .append("?ServiceKey=" + SERVICE _ KEY)

        .append("&pageNo=1")

        .append("&numOfRows=10")

        .append("&dataType=JSON")

        .append("&base _ date=" + baseDate)

        .append("&base _ time=0600")

        .append("&nx=" + Integer.toString(nx))

        .append("&ny=" + Integer.toString(ny));


    URL url = null;

    try {

     url = new URL(sb.toString());

     System.out.println("URL: " + sb.toString());

    } catch (MalformedURLException e) {

     System.out.println("MalformedURLException: " + e.getMessage());

    }

    return url;

  }


  public String httpGet(String baseDate, int nx, int ny) {

      URL url = buildUrl(baseDate, nx, ny);


      if (url == null) {

          return ""; //return nothing

      }


      Request request = new Request.Builder().url(url).build();

      try (Response response = client.newCall(request).execute()) {

          String res = response.body().string();

          return res;

      } catch (IOException e) {

          return "error: " + e.getMessage();

      }

  }
```

```
    public static void main(String[] args) {
    final String baseDate = new SimpleDateFormat("yyyyMMdd").format(new
 Date());
    final int nx = 59; //마포구 연남동
    final int ny = 127;

    OkPublicApi api = new OkPublicApi();
    String response = api.httpGet(baseDate, nx, ny);
    System.out.println(response);
    }
}
```

기존의 ApiExplorerV4 예제와 달라진 것은 오직 httpGet( ) 메서드입니다. 이 메서드만 OkHttp 라이브러리를 사용하여 코드가 깔끔해졌습니다. 기존 ApiExplorerV4의 코드와 비교해보면 그 차이를 바로 알 수 있습니다.

예제의 실행 결과는 다음과 같습니다.

```
URL: http://apis.data.go.kr/1360000/VilageFcstInfoService_2.0/getUltraS-
rtNcst?ServiceKey=%2FowjGSXksY%2BO%2FPGosCcayjdln%2Fyc5EuQIC%2Fi0DTynIb-
scPG235RMZMi1UpfpXr1qyCOpdqaEa82jFGpTap%2BG3A%3D%3D&pageNo=1&numOfRow-
s=10&dataType=JSON&base_date=20210925&base_time=0600&nx=59&ny=127
{"response":{"header":{"resultCode":"00","resultMsg":"NOR-
MAL_SERVICE"},"body":{"dataType":"JSON","items":{"item":[{"base-
Date":"20210925","baseTime":"0600","category":"PTY","nx":59,"ny":127,"obsr-
Value":"0"},{"baseDate":"20210925","baseTime":"0600","category":"RE-
H","nx":59,"ny":127,"obsrValue":"81"},{"baseDate":"20210925","base-
Time":"0600","category":"RN1","nx":59,"ny":127,"obsrValue":"0"},{"base-
Date":"20210925","baseTime":"0600","category":"T1H","nx":59,"ny":127,"obsr-
Value":"18.3"},{"baseDate":"20210925","baseTime":"0600","catego-
ry":"UUU","nx":59,"ny":127,"obsrValue":"-0.3"},{"baseDate":"20210925","ba-
seTime":"0600","category":"VEC","nx":59,"ny":127,"obsrValue":"82"},{"base-
Date":"20210925","baseTime":"0600","category":"VVV","nx":59,"ny":127,"obsr-
Value":"0"},{"baseDate":"20210925","baseTime":"0600","category":"WSD","nx-
":59,"ny":127,"obsrValue":"0.4"}]},"pageNo":1,"numOfRows":10,"totalCount":8}}}
```

3.4 GSON을 활용한 JSON 데이터 분석

공공 서버로부터 받은 JSON 데이터를 내가 원하는 정보로 분석합니다.

링크: https://github.com/google/gson

```
Download

Gradle:

dependencies {
  implementation 'com.google.code.gson:gson:2.8.9'
}

Maven:

<dependency>
  <groupId>com.google.code.gson</groupId>
  <artifactId>gson</artifactId>
  <version>2.8.9</version>
</dependency>
```

[그림 10-34] GSON 라이브러리 의존성 추가 (메이븐)

JSON 데이터를 파싱할 때는 GSON 라이브러리를 사용합니다. OkHttp 라이브러리를 추가할 때와 마찬가지로 [그림 10-34]의 내용에만 주목합니다.

```
JAVA PROJECTS                  + ↦ ↻ 🗗 …
  ch10_publicapis
    src/main/java
      { } com.yudong80.java.ch10
    src/test/java
    JRE System Library [JavaSE-1.7]
    Maven Dependencies
      annotations-13.0.jar C:/Users/yudong/.m2/...
      gson-2.8.8.jar C:/Users/yudong/.m2/reposit...
      hamcrest-core-1.3.jar C:/Users/yudong/.m2/...
      junit-4.11.jar C:/Users/yudong/.m2/reposito...
      kotlin-stdlib-1.4.10.jar C:/Users/yudong/.m...
      kotlin-stdlib-common-1.4.0.jar C:/Users/y...
      okhttp-4.9.0.jar C:/Users/yudong/.m2/repos...
      okio-2.8.0.jar C:/Users/yudong/.m2/reposito...
```

[그림 10-35] GSON 라이브러리가 추가됨

[그림 10-35]와 같이 예제 프로젝트의 pom.xml 파일에 [그림 10-34]의 내용을 추가하고 저장합니다.

다음은 변경된 pom.xml 파일입니다.

파일 `ch10 _ publicapi/pom.xml (<dependencies> 항목)>`

```xml
<dependencies>
    <dependency>
      <groupId>junit</groupId>
      <artifactId>junit</artifactId>
      <version>4.11</version>
      <scope>test</scope>
    </dependency>
    <dependency>
      <groupId>com.squareup.OkHttp3</groupId>
      <artifactId>OkHttp</artifactId>
      <version>4.9.0</version>
    </dependency>
    <dependency>
      <groupId>com.google.code.gson</groupId>
      <artifactId>gson</artifactId>
      <version>2.8.8</version>
    </dependency>
</dependencies>
```

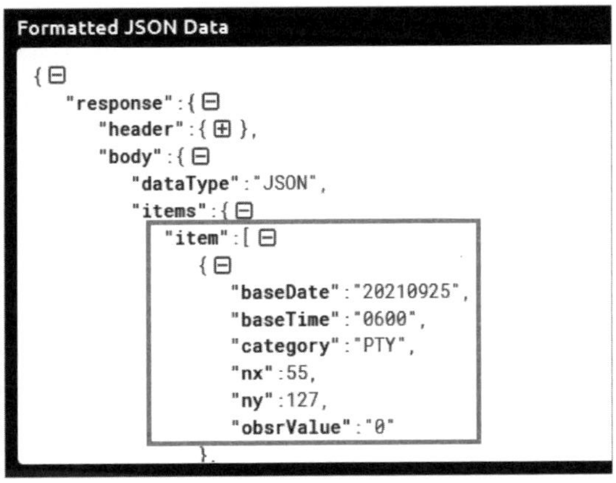

[그림 10-36] 공공 API 데이터 구조 분석

앞서 분석한 공공 API 데이터는 항목별로 [그림 10-36]과 같은 구조를 갖습니다.

GSON 라이브러리를 사용하면 내가 분석하고자 하는 데이터를 특정 클래스로 바로 읽어올 수 있습니다. 이름은 WeatherItem 클래스입니다.

파일 `ch10 _ publicapis/src/main/java/com/yudong80/java/ch10/WeatherItem.java`

```java
package com.yudong80.java.ch10;

public class WeatherItem {
    String baseDate;
    String baseTime;
    String category;
    int nx;
    int ny;
    String obsrValue;
}
```

여기에서 중요한 점은 JSON 데이터의 이름과 내가 만든 클래스(WeatherItem)의 멤버 변수의 이름이 같아야 한다는 점입니다. 그래야 GSON 라이브러리가 자동으로 데이터를 분석하여 목적 객체로 대입해줍니다.

WeatherItem 클래스를 활용하는 예제는 다음과 같습니다.

파일 `ch10 _ PublicAPIs/src/main/java/com/yudong80/java/ch10/OkPublicApiV2.java`

```java
package com.yudong80.java.ch10;

import java.io.IOException;
import java.net.MalformedURLException;
import java.net.URL;
import java.util.ArrayList;
import java.util.List;

import com.google.gson.Gson;
import com.google.gson.JsonArray;
import com.google.gson.JsonElement;
import com.google.gson.JsonParser;
```

```java
import OkHttp3.OkHttpClient;
import OkHttp3.Request;
import OkHttp3.Response;

public class OkPublicApiV2 {
    private static final String SERVICE_KEY = <서비스 키>;
    private static final String SERVICE_URL = "http://apis.data.
go.kr/1360000/VilageFcstInfoService_2.0/getUltraSrtNcst";
    private OkHttpClient client = new OkHttpClient();

    private URL buildUrl(String baseDate, int nx, int ny) {
        StringBuilder sb = new StringBuilder(SERVICE_URL)
        .append("?ServiceKey=" + SERVICE_KEY)
        .append("&pageNo=1")
        .append("&numOfRows=10")
        .append("&dataType=JSON")
        .append("&base_date=" + baseDate)
        .append("&base_time=0600")
        .append("&nx=" + Integer.toString(nx))
        .append("&ny=" + Integer.toString(ny));

        URL url = null;
        try {
         url = new URL(sb.toString());
         System.out.println("URL: " + sb.toString());
        } catch (MalformedURLException e) {
         System.out.println("MalformedURLException: " + e.getMessage());
        }
        return url;
    }

    public String httpGet(String baseDate, int nx, int ny) {
        URL url = buildUrl(baseDate, nx, ny);
```

```java
        if (url == null) {
            return ""; //return nothing
        }

        Request request = new Request.Builder().url(url).build();
        try (Response response = client.newCall(request).execute()) {
            String res = response.body().string();
            return res;
        } catch (IOException e) {
            return "error: " + e.getMessage();
        }
    }


    public List<WeatherItem> parseJson(String json) {
        JsonElement element = JsonParser.parseString(json);
        JsonArray itemArr = element.getAsJsonObject()
        .get("response").getAsJsonObject()
        .get("body").getAsJsonObject()
        .get("items").getAsJsonObject()
        .get("item").getAsJsonArray();


        Gson gson = new Gson();
        List<WeatherItem> result = new ArrayList<>();
        for (int i=0; i< itemArr.size(); ++i) {
            WeatherItem item = gson.fromJson(itemArr.get(i),
WeatherItem.class);
            result.add(item);
        }


        return result;
    }


    public void printResult(List<WeatherItem> items) {
        for (WeatherItem item: items) {
```

```
                  System.out.println(item.category + ": " + item.obsrValue);
            }
        }

    public static void main(String[] args) {
            final String baseDate = new SimpleDateFormat("yyyyMMdd").
format(new Date());
            final int nx = 59; //마포구 연남동
            final int ny = 127;

        OkPublicApiV2 api = new OkPublicApiV2();
        String response = api.httpGet(baseDate, nx, ny);
        List<WeatherItem> items = api.parseJson(response);
        api.printResult(items);
        }
}
```

새로 추가된 메서드는 parseJson( )과 printResult( )입니다. parseJson( ) 메서드는 GSON 라이브러리를 활용하여 앞서 분석한 item 요소까지 접근합니다.

```
JsonElement element = JsonParser.parseString(json);
JsonArray itemArr = element.getAsJsonObject()
.get("response").getAsJsonObject()
.get("body").getAsJsonObject()
.get("items").getAsJsonObject()
.get("item").getAsJsonArray();
```

먼저 JsonParser.parseString( ) 메서드는 공공 API 호출 결과의 본문을 그대로 입력받아 JsonElement 객체를 넘깁니다. 앞서 분석한 대로 response → body → items → item 요소까지 차례로 접근합니다. 중요한 것은 각 JSON 요소가 JsonObject혹은 JsonArray인지 구별하는 것입니다. 만약 다르다면 오류가 발생합니다.

마지막으로 item 요소는 JsonArray 객체로 받았습니다. item 요소는 다수의 JSONObject를 포함하고 있는데 이 각 JSON 객체를 WeatherItem 객체로 자동 변환해주는 것이 Gson 객체의 fromJson( ) 메서드입니다. 인수로 itemArr 변수의 i번째 요소 (get(i)) 와 WeatherItem.class 객체입니다. 그 결과로 WeatherItem 객체가 반환됩니다. 이것을 result 변수에 추가합니다.

printResult( ) 메서드에서는 parseJson( ) 메서드에서 반환한 List〈WeatherItem〉 객체를 인수로 받습니다. 그다음 for 반복문을 실행하여 각 객체의 category와 obsrValue 멤버 변수의 값을 출력합니다.

예제 실행 결과는 다음과 같습니다.

```
URL: http://apis.data.go.kr/1360000/VilageFcstInfoService _ 2.0/getUltraS-
rtNcst?ServiceKey=%2FowjGSXksY%2BO%2FPGosCcayjdln%2Fyc5EuQIC%2Fi0DTynIb-
scPG235RMZMi1UpfpXr1qyCOpdqaEa82jfGpTap%2BG3A%3D%3D&pageNo=1&numOfRow-
s=10&dataType=JSON&base _ date=20210925&base _ time=0600&nx=59&ny=127
PTY: 0
REH: 81
RN1: 0
T1H: 18.3
UUU: -0.3
VEC: 82
VVV: 0
WSD: 0.4
```

마포구 연남동(좌표: 59, 127)의 금일 강수 형태(PTY)는 비 없음(0)이고 습도(REH)는 81%입니다. 1시간 강수량(RN1)은 없고(0) 기온(T1H)은 18.3도입니다. 동서 바람 성분(UUU)은 −0.3m/s이고 풍향(VEC) 은 82도, 남북 바람 성분(VVV)은 0m/s이고 풍속(WSD)는 0.4m/s입니다.

이번 장의 마무리

이번 장에서는 "기상청_단기예보 조회서비스"라는 공공 API를 활용하는 프로젝트를 만들어 보았습니다. 공공 데이터 포털의 기본 예제를 리팩터링하면서 공공 API의 정보 구조와 활용 방법을 알아보았으며, 다음으로는 그에 필요한 자바 네트워크 API의 주요 클래스를 공부하였습니다.

마지막으로 메이븐 기반으로 OkHttp 와 GSON 라이브러리 의존성을 추가하고 공공 API의 호출 결과를 분석하는 기능을 넣었습니다.

연습문제

01 다음은 무엇에 대한 설명인가?

[빈 칸] 은 공공 데이터 포털 OPEN API를 의미합니다. 공공 데이터 포털(data.go.kr)은 국가에서 보유하고 있는 다양한 데이터에 관한 오픈 API를 제공합니다.

02 다음 중 메이븐(Maven)에 대한 설명으로 틀린 것을 고르시오.

① 자바 프로젝트의 빌드 도구(build tools)로 소스를 컴파일하고 실행 파일을 만든다.

② 메이븐은 원격 저장소의 특정 라이브러리 버전을 다운로드할 수 있다.

③ 메이븐의 의존성은 build.xml 파일에 추가한다.

④ 빌드한 자바 클래스들은 target/classes 폴더에 저장된다.

03 다음중 OkHttp 라이브러리에 대한 설명으로 맞는 것을 고르시오.

① OkHttp는 메이븐으로만 의존성을 추가할 수 있다.

② 매번 HTTP 요청을 할 때 OkHttpClient 객체를 생성해야 한다.

③ HTTP 응답을 받은 후에는 Response 객체에 close( ) 메서드를 호출해야 한다.

④ OkHttp는 다른 라이브러리를 의존하지 않는 단독 라이브러리이다.

04 공공 API를 호출하면 결과가 JSON(혹은 XML) 형식으로 나온다. JSON 내용 분석에 대한 내용으로 틀린 것을 고르시오.

① JSON 응답은 온라인 JSON 포맷터로 가시화할 수 있다.

② GSON 라이브러리를 활용하면 JSON 데이터를 일반 클래스로 자동 변환해준다.

③ 항상 맞는 데이터만 반환되므로 예외 처리는 고려하지 않아도 된다.

④ GSON 라이브러리는 자체 내장 JSON 파서를 제공한다.

연습&실습
문제 정답

연습 & 실습 정답

Part1 연습 문제 정답

01 객체 지향

02 자바 가상 머신(Java Virtual Machine, JVM)

03 ②

04 ④

05 ③

06 ②

Part2 연습 문제 정답

01 ①

02 static final 혹은 final(둘 다 정답)

03 ③ (n이 맞습니다. Bool은 C++언어에서의 부울형 데이터 타입입니다.)

04 System.in

05 int[], grades.length

Part2 실습 문제 정답

01 double[]
int[]를 넣으면 실행시 소수점 이하가 잘려 평균 점수가 84로 나옵니다. 그 이유는 int형 데이터와 int형 데이터를 덧셈(+)하면 그 결과가 int형이 되기 때문입니다. 따라서 grades 배열은 double[] 이어야 합니다.

grades.length
4를 넣어도 정상 동작하지만 배열에 있는 원소의 개수에 확장성을 가질 수 있도록 배열의 크기인 grades.length를 넣어주는 것이 좋습니다.

Part3 연습 문제 정답

01 ③ (let 문은 자바 문법이 아닙니다.)

02 ③ (반복횟수만 넣는 for 문법은 유효하지 않습니다.)

03 Age>=19, 13<=age&&age<19(두 번째 것은 13<=age 만 적어도 정답)

04 myCode, default: (반드시 콜론(:)까지 붙어 있어야 함)

Part3 실습 문제 정답

01 2 > dan || dan > 9
i사용자가 2단에서 9단까지만 선택할 수 있다면 어떤 조건식이든 정답입니다.

int i=1; i<=9; ++i
구구단은 1부터 9까지 반복합니다. 1부터 9까지만 반복된다면 모두 정답입니다.

Part4 연습 문제 정답

01 함수

02 인수(Argument)

03 ④

04 3 (nextInt() 메서드는 Scanner 클래스에 있습니다.)

05 000034783478 (str1="00003478", str2="3478")

06 poem.indexOf("yellow")

Part4 실습 문제 정답

01 input.lastIndexOf("0")

input.substring(lastIndex + 1);

lastIndex가 아니라 lastIndex+1이라는게 중요합니다. lastIndex변수는 마지막 "0"의 위치이기 때문에 그 다음이 되어야 합니다.

Part5 연습 문제 정답

01 A(객체), B(메서드)

02 ②

03 ② (명시적인 생성자가 있으면 기본 생성자를 사용할 수 없다.)

04 4-1) public void setAge(int age) {this.age=age;}
4-2) public void setHeight(double height) {this.height=height;}
4-3) public void getAge() {return age;}

05 Public int shoot(int power, double angle)

Part5 실습 문제 정답

01 distance = speed * hours;

실행 결과를 보고 run() 메서드의 내용을 유추해야 합니다. 속도는 100km/h 이고 운행 시간은 50시간이며 주행 거리가 5000km 이므로 주행거리 = 속도 * 시간입니다.

Tesla t = new Tesla("모델Y", 100);
생성자의 원형에 맞게 객체를 생성합니다.

t.getDistance()
주행 거리를 산출하려면 run() 메서드 호출 후에 getDistance() 메서드를 호출해야 합니다.

Part6 연습 문제 정답

01 ④ (인터페이스는 public 메서드만 가질 수 있습니다.)

02 ①, ②, ④ (Car supercar=new SuperCar()이 맞습니다. 반대로는 불가능합니다.)

03 ③ (자바는 단일 상속만 지원합니다.)

04 ① @ Override public int add (int a, int b, int c) { return a + b + c; }
2) public int substract(int a, int b) { return a − b; }

Part6 실습 문제 정답

01 implements PrintService

PrintServiceImpl 클래스는 PrintService 인터페이스를 구현합니다. 코드 아래 오버라이드(@Override)된 메서드 이름을 참고하세요.

file.endsWith(".pdf")
원래 PrintService 인터페이스의 print() 메서드의 인자 이름은 documentPath인데 file로 변경하였습니다. 오버라이드할 때 인자의 이름은 자유롭게 변경 가능합니다.

new PrintServiceImpl()
PrintService 인터페이스를 구현한 PrintServiceImpl 클래스의 객체를 생성합니다.

Part7 연습 문제 정답

01 ③

02 "날짜: 20211008
시간: 11:13"

03 ④ (StringBuilder 클래스에는 remove() 메소드가 제공되지 않습니다.)

04 1) Math.abs(num1)
2) Math.round(num2)

Part7 실습 문제 정답

01 System.currentTimeMillis()

시간 측정을 할 때는 이 메서드를 호출하세요. 반환형은 long 입니다.

System.currentTimeMillis()

(double)(eTime - sTime) / iteration

sTime, eTime은 long형입니다. 따라서 double로 형변환하지 않고 iteration으로 나누게 되면 소수점 이하가 나오지 않습니다.

Part8 연습 문제 정답

01 ④ (HashSet 클래스는 값의 중복을 허용하지 않습니다.)

02 Integer (int가 아니라 래퍼 클래스인 Integer를 넣어야 합니다.)

03 ③ (List에서 특정 위치의 값을 제거하면 뒤에 있는 값들이 한 칸씩 당겨집니다.)

04 ② (Map 인터페이스의 키들을 가져올 때 KeySet() 메서드를 호출합니다.)

05 실행 시 java.lang.UnsupportedOperationException 런타임 오류가 발생하고 프로그램이 중단됩니다.

06 1) m.keySet()
2) m.get(key)

Part8 실습 문제 정답

01 Map⟨String, AccountInfo⟩

map 변수에는 키로 String을 값으로 AccountInfo 객체를 사용합니다.

map.get(GOOGLE)

map.get(AMAZON)
구글과 아마존의 AccountInfo 객체를 가져옵니다.

amazonAccount.setPassword("113333")
아마존 계정 정보를 담고 있는 amazonAccount 객체에 setPassword() 메서드를 호출합니다.

Part9 연습 문제 정답

01 ③ (close() 메서드를 반드시 호출해야 합니다.)

02 1) FileReader 2) readLine()

03 ④ (flush() 메서드는 매번 호출할 필요는 없습니다.)

04 ③ (실행 시 java.lang.UnsupportedOperationException 런타임 오류가 발생하고 프로그램이 중단됩니다.)

05 1) BufferedWriter bw = new BufferedWriter(new FileWriter(file))
2) IOException ioe

Part10 연습 문제 정답

01 공공 API

02 ③ (pom.xml입니다. Build.xml 파일은 다른 빌드 도구(Ant)에서 사용합니다.

03 ③

04 ③ (API 문서를 바탕으로 예외적인 상황도 고려해야 합니다.)

찾아보기

영진닷컴
프로그래밍 카페 개설!

개프로 ★ 개발자 되기 프로젝트

https://cafe.naver.com/codingbeginner/

☑ 스텝들이 올려주는 다양한 코딩 꿀팁을 얻을 수 있어요! 엄청 유용할 거예요.

☑ 코생아, 코린이들의 코딩 일상을 공유해 보세요. 서로 응원하며 힘을 내기도 하고, 자극을 받고, 꾸준히 자기계발을 할 수 있어요.

☑ 궁금한 점이 있으면 편하게 물어보고 빠르게 해결할 수 있어요! 스텝뿐 아니라 회원분들이 함께 여러분의 가려운 곳을 긁어드릴 거예요.

☑ 같은 책을 구입하신 분들끼리 모여 스터디를 진행할 수 있어요. 끈기 있게 마무리할 수 있도록 진행은 스텝들이 도와드릴테니, 포기하지 말고 끝까지 참여해주세요.

★ 카페정보
나의활동

개프로 | 매니저 **다코미**
since 2022.02.23.
카페소개

📁 코딩은 처음이라
└ 🗐 입문자 필독!
└ 🗐 자바 Java
└ 🗐 딥러닝 Deeplearning

📁 그림으로 배우는
└ 🗐 프로그래밍 구조
└ 🗐 알고리즘 Algorithm
└ 🗐 파이썬 Python ⊙
└ 🗐 C programming
└ 🗐 C# programming ⊙
└ 🗐 C++ programming ⊙
└ 🗐 Java programming ⊙

☑ 개발자 정보

전체글보기   더보기

C# programmin...	파이썬(Python) ...	C++ 장점 단점 ⊙	파이썬(Python) ...	자바(Java)는 어디...	파이썬(Python) 어...
다코미	개프로 스텝	부매니저	부매니저	부매니저	개프로 스텝
14:24	13:40	13:29	08:37	22.03.28.	22.03.28.

컴파일 + 프로그램 ...	C++ 코드 입력 방법	C언어 C++ C# 차이점	IT 개발자 직무 종류...	자바(Java) 바로 알기	C언어 바로알기[1]
다코미	부매니저	부매니저	부매니저	부매니저	다코미
22.03.28.	22.03.25.	22.03.25.	22.03.25.	22.03.24.	22.03.24.

코딩은 처음이라
with
자바

1판 1쇄 발행 2022년 4월 25일

저   자 | 유동환
발 행 인 | 김길수
발 행 처 | (주)영진닷컴
주   소 | (우)08507 서울특별시 금천구 가산디지털1로 128
           STX-V 타워 4층 401호
등   록 | 2007. 4. 27. 제16-4189호

©2022. (주)영진닷컴

ISBN | 978-89-314-6608-9

YoungJin.com **Y.**
영진닷컴